KB131343

상담 사례개념화 연습하기

금명자 저

Practice of Case Conceptualization

학지사

본 저서는 2020학년도 대구대학교 학술연구비 지원에 의한 연구 결과물입니다.

머리말

대부분의 사람은 전문적 상담자가 마음이 따뜻한 사람일 것으로 생각하지만 상담자는 따뜻하기보다는 진정성이 있고, 관계중심적이기를 기대하지만 자료에 기반한 통합인지적 특성을 지닌 자이다. 상담심리 교육은 학문(science)과 실제(practice), 과학(science)과 예술(art)의 각 측면들이 조화를 이루어 진행된다. 이들 요소는 실제로 대학원 과정에서 학점을 취득하면서, 수련 장소에서 상담을 진행하면서 체험적으로 마음과 머리에 체득되어 간다. 또한 상담한 내용들을 가지고 개인적으로 혹은 공개적으로 내담자의 특성과 상담한 과정을 하나하나 짚어 가면서 통합하는 초인지적 슈퍼비전 과정을 거치며 종합된다. 상담자는 내담자로부터 의도적으로 혹은 비의도적으로 나오는 다양한 정보를 차곡차곡 받아서 분류하고, 통합하여 내담자와 문제를 이해해 가면서 동시에 개입해 가는 매우 복잡한 공정을 지닌 작업을 진행한다. 그래서 상담은 매우 인지적인 작업이다.

사례개념화는 상담 과정의 결과물이다. 내담자가 왜 그런 문제를 호소할 수밖에 없는지, 상담자는 왜 그렇게 개입했는지를 기술하고 설명하는 설명서이다. 상담자의 머릿속에 있는 것들을 글로, 말로 풀어놓은 결과이자 상담에서 무엇을 했는지를 한눈에 드러내는 증거물이다. 사례개념화는 상담자 역량의 결정판이다.

그래서 어떤 상담자도 예외 없이 사례개념화를 잘하고 싶어한다. 이 사례개념화 역량은 상담자가 가지고 있는 기본적 인지적 역량에 영향을 받는다.

기본적 인지적 역량이 부족한 사람은 연습밖에는 답이 없다. 특히 마음이 따뜻하기는 한데, 내담자가 쏟아 놓는 정보를 잘 정리하기 어려워하는 상담자는 연습을 해야 한다. 수학이나 과학적 소양이 부족하여 상담자의 길을 택한 사람도 사례개념화 연습이 더욱 요구된다.

이 책은 상담자가 되려는 사람들이 사례개념화를 연습하여 상담을 보다 효과적으로 할 수 있도록 돕고자 집필되었고, 7개의 장으로 구성되어 있다. 제1장은 사례개념화에 대한 전반적 이해를 위해 사례개념화 역량 증진의 필요성, 사례개념화의 정의, 다양한 학자의 사례개념화 구성요소를 제시하였다. 제2장은 저자가 구성한 사례개념화의 구성요소 5가지를 구체적으로 소개하였다. 저자가 제시한 구성요소들은 내담자의 인구학적 정보와 의뢰 과정, 진단적 기술, 임상적 설명, 상담 개입의 방향성, 상담 과정의 주의점이다. 제3장부터는 다양한 방법으로 연습을 시도하였다. 제3장은 이미 작성된 사례개념화에 점수를 주면서 좋은 사례개념화의 준거를 익히는 연습을 하게 하였다. 5가지 기준—타당성, 포괄성, 체계성, 논리성, 희망성—을 제시하였고, 이 기준에 의해 척도를 만들어 평가할 수 있도록 하였다. 제4장과 제5장은 정보수집하기와 논리 구성하기 연습을 하게 하였고, 제6장은 이미 작성된 사례개념화를 구성요소와 논리에 맞추어 다시 기술해 보는 연습을 하게 하였다. 마지막으로 제7장은 사례를 제공하여 모든 과정을 진행해 보도록 하였다.

상담자가 되려면 사례개념화 능력이 매우 중요한데도 사례개념화 이론서는 많지만 실제를 다룬 책이 상대적으로 적었다. 이는 사례를 필연적으로 다루어야 하고, 비밀보장과 관련한 윤리문제가 있었기 때문일 것이다. 이 책을 쓸 때에도 그 문제가 참 어려웠다. 여기에는 5가지 사례가 대표적으로 제시되었다. 신청서, 접수면접기록지, 사례개념화, 1회기 축어록 등 실제 내담자의 정보들이 들어 있다. 물론 인구학적 정보와 문제의 구조들을 각색하여 직접 내담자와 상담자에게 보여 주어 확인받았고, 사용동의서도 받았다. 그래도 얼마나 조심스러운지 모른다. 무엇보다 상담윤리 교육을 열심히 하고 있는 저자로서는 매우 부담스러운 작업이었다. 다행히 상담자들과 내담자들이 동의해 주어 이렇게 책이 나올 수 있었음에 감사한다.

끝으로 이 책을 출판해 주신 학지사의 김진환 사장님과 집필을 약속해 놓고 무수한 세월을 지낸 저자를 언제나 따뜻하게 기다려 주신 박용호 전무님, 책 표지 등 까다로운 요구와 사례를 넣느라 편집이 쉽지 않은 초고를 멋지게 편집해 주신 김현주 선생님께 감사의 마음을 전한다.

저자 금명자

차례

□ 머리말 / 3

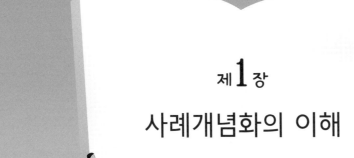

제**1**장

사례개념화의 이해

1. 사례개념화 훈련의 요구

1) 사회의 상담심리, 상담자에 대한 요구

현재 상담심리 영역은 가장 활성화되어 있는 직업 분야이다. 이는 이미 15여 년 전부터 공공적으로 예언되었다. 한국직업능력개발원에서는 2005년 이후 일관되게 심리상담자를 장래에 가장 유망하고 발전할 직업 중 하나로 소개하였고, 2007년 조선일보(2007. 5. 5.)에는 가장 발달할 직업 1위로 심리 상담자가 선정된 바 있다. 이러한 사회적 기대를 반영하듯, 상담자로 일하는 사람과 상담자를 준비하는 사람이 정말 많아졌다. 이와 같은 상황은 우리로 하여금 무거운 사회적 책임감을 가지게 한다.

이러한 현상은 사회적 상황을 그대로 반영한 결과이다. 20세기 말 우리나라에서는 교통수단의 대형사고, 건물 붕괴, 외환 위기 등 각종 대형 사건 사고가 많았으며 이는 우리 생활을 위협했다. 이로 인해 가정, 학교와 같은 비교적 보수적이고 안정된 구조가 흔들렸고, 그 속의 사람들은 여러 가지 심리적 문제를 호소하였다. 인간관계 갈등을 호소하며 분노와 외로움, 우울 등의 부정적 정서 문제가 대두되었다. 가까운 사람들 간의 대화가 소원해지고 우울이 심화되면서 자살로 그 문제가 드러났고, OECD 국가 중 자살률 1위라는 불명예를 오랫동안 유지하고 있다. 2007년에 세워진 사행산업통합감독위원회는 도박중독문제로 시작되었고 청소년의 온라인게임 중독의 문제는 국가 주요 부처의 난제가 되었다. 최근에는 세월호 사건 등 위기, 재난 등으로 외상 후 스트레스장애(Post Traumatic Stress Disorder: PTSD)와 같은 안타까운 호소를 쉽게 접할 수 있다. 이러한 사회적 상황과 요구들은 상담자의 세분화된 전문화를 더욱 촉구한다.

2) 과학자-임상가 모델

사회적 기대와 요구에 맞추어 학계는 대학원 과정을 통해서 자격증으로, 훈련계는 체계적 수련 과정을 통해서 상담자로 하여금 전문성을 갖추게 하고자 노력하고 있다. 상담자의 전문성은 대체로 과학자-임상가(scientist-practitioner) 모델에 맞추어 양성된다. 이 모델은 1949년 미국의 GECP(Graduate Education in Clinical Psychology)에서 주최한 심리학 박사 훈련 표준화를 논의하기 위한 Boulder Conference에서 발표된 모델이다. 우리나라에서도 상담 시장에서 인정받고 있는 전문 상담 자격증들이 필기시험과 수련 및 수련을 점검하는 면접시험으로 평가 방식을 채택한 것도 이 모델에 근거하고 있다.

과학자로서의 훈련은 대학원 과정에서 심리학, 상담이론, 심리평가, 연구방법론 등을 수학하고 학위논문을 통해 이들 이론적 공부를 적용해 봄으로써 검증된다. 임상가로서의 훈련은 체계적 과정을 통해 심리평가 실시 및 지도와 다양한 상담 실시 및 지도로 이루어진다. 이 책에서 다루고자 하는 사례개념화는 임상가 훈련 과정에서 상담자가 실제 내담자를 상담해 가는 과정 중에서 내담자와 내담자 문제를 이해하고, 상담해 가는 과정을 체계적으로 생각하고 정리하는 것을 말한다.

3) 계약으로서의 상담

상담자가 과학자로서의 훈련을 통해 보다 과학적인 사례개념화를 하고, 이에 근거하여 임상가로서의 성공적 수행을 해야 하는 이유는 상담이 계약(contract) 과정이기 때문이다. 상담은 일정 시간 동안 상담자와 내담자가 서로 합의한 목표를 성취하기 위해 노력하는 계약 과정이다. 계약이 되었다는 것은 정한 시간 내에 목적한 것을 얻는다는 약속이 이루어졌다는 것으로 성과성이 전제되고, 이 목적을 성취하기 위한 과정에 집중함을 의미한다. 실제로 최근의 상담은 굳이 시간제한 상담(time-limited counseling)이 아니더라도 10회 내외로 진행되는 경우가 많다. 학교, 특히 대학교의 경우는 한 학기가 15주 정도로 구성되어 있어 두 번의 시험이나 휴일로 인해 10회 상담도 쉽지 않다. 이러한 환경적 맥락에서, 비교적 짧은 시간 그리고 정해진 시간 안에 목표 성과물을 얻었는지가 평가되는 계약 관계가 상담이라고 하겠다.

또한 필수적인 사항은 아니지만 이 계약 과정에는 재화의 거래가 있다. 상담을 요청한 내담자는 일정 상담료를 지불하고, 상담자는 상담 과정을 통해 약속한 목표를 성취시켜야 하는 책무를 갖는다. 근거기반실천(Evidence Based Practice)이 제기된 이유도 바로 심리상담이 재화가 거래되는 계약 과정이기 때문이다. 미국은 2004년 시작된 국민건강보험(National Health Service)에서 상담료를 지불하고 있기 때문에, 이곳에서 상담성과를 약속하는 과학적이고 체계적인 상담 계획을 엄격하게 요구한다. 미국 상담전문가와 이야기를 나누는 과정에서 보험으로 지불되는 상담료로 인하여 상담자들이 겪는 어려움을 들은 적이 있다. 이를 통해 내담자의 문제에 대해 명문화된 진단을 내려야 하기 때문에 문제가 과진단화되는 경향과 사례개념화 형식 및 내용을 채우기 위하여 많은 시간이 소요되는 것 등이 사례개념화에 대한 급진적 요구가 이루어지게 했음을 이해할 수 있었다. 우리나라에서는 각종 자격증 시험에서 사례를 제시하고 그 사례에 대해 여러 가지 심층면접을 하는데 내담자의 문제를 제대로 이해하고 있는지, 그 이해의 근거가 과학적인지, 치료 전략이 적절한지, 내담자 이해와 치료전략이 논리적으로 맞는지 등을 확인할 수 있는 질문을 한다. 사례에 대한 심층면접이 바로 사례개념화의 수준을 확인하는 과정이라고 하겠다.

4) 상담 과정 단계와 초기 목표설정 과제

상담은 과정을 거쳐 성과를 내며, 과정은 대체로 초기, 중기, 종결기로 구분한다. 초기의 초두에 계약을 하고, 종결기에 계약 과정이 잘 이행되었는지 확인하면 계약이 해지된다. 이러한 상담 과정의 단계별 나눔은 칼로 자르듯 나누어지는 것은 아니지만 다루는 주제가 과정의 단계마다 질적으로 다르다. 예를 들어, 10회의 상담에서는 대개 1회에서 3회까지 초기, 4회에서 8회기 정도까지 중기, 9회와 10회는 종결기로 나누어지는데, 각 단계마다 상담자와 내담자가 함께 수행하고 이루어야 할 과제가 다르다. 상담 초기의 주요 과제는 내담자의 호소문제를 듣고 탐색하면서 내담자를 상담에 대해 동기화, 구조화 시키고, 상담자와 내담자의 관계를 문제해결에 도움이 되도록 형성하고, 상담목표를 정하는 것까지 포함된다. 중기 5회기 동안 변화를 위해 상담자는 내담자에게 여러 개입을 소개하고 실행한다. 나머지 2회기의 종결기에서는 초기에 정했던 목표들이 성취되었는지, 어떤 과정을 통해 성취되었는지를 확인하고, 비록 계약관계였지만 매우 특수하고 특별한 상담자-내담자 관계를 해지하는 과정을 수행한다.

상담 초기에서 목표를 정한다는 것은 단순히 내담자가 호소한 문제를 해결하는 것으로 심각한 것을 완화시키거나, 낮은 것은 높게 하고, 없는 것을 있게 하고, 있는 것을 없게 하겠다고 명문화하는 데 그치지 않는다. 상담목표를 정하려면 내담자의 호소문제를 정의해야 하고, 그 문제의 형성 과정과 유지 과정이 설명되어 어떻게 해결해 가야 할지 방법까지 설명하면서 목표를 정한다. 초기 3개의 상담회기는 시간 수로는 약 3시간 정도이지만 상담자는 상담 회기가 아닌 때에도 그 내담자와 내담자의 호소문제를 생각하고 음미하고, 자신이 가지고 있는 지식과 체험을 통합시켜 가면서 내담자와 내담자 문제를 이해하려고 노력해야 한다.

5) 사례개념화: 목표 성취를 위한 청사진

이렇듯 돈과 마음, 시간을 들여서 해결해야 하는 내담자의 인생문제를 10여 시간의 짧은 시간 동안 집중적으로 치열하게 상담해 나가려면 전체 그림과 계획서가 있어야만 가능하다. 바로 이것이 사례개념화이다. 사례개념

화는 상담을 이끄는 청사진으로 내담자 문제에 대한 종합적·논리적 이해
가 포함된 해결 전략 노트이자 타당성이 전제된 로드맵이다. 내담자의 호소
와 탐색을 통해 사례개념화를 하지만, 사례개념화를 하면서 내담자의 문제
가 더 명확해지기도 한다. 10회기의 단기상담이라도 최소한 3달 이상이 소요
되는데, 이 기간 동안 상담이 안정적이고 효율적으로 진행되게 하는 것도 사
례개념화의 기능 중 하나이다. 상담에서는 상담자와 내담자의 관계가 중요
한 치료적 실체이지만, 상담자나 내담자의 인지적 역량도 매우 중요한 요소
가 된다. 특히 사례개념화는 자료 수집, 통합적 이해, 조직, 체계, 가설검증
등 매우 인지적 작업들이 이루어져야 하기 때문에 기본적 지능은 물론이고
지속적인 훈련이 필요하다.

6) 사례개념화의 요구

이렇게 중요하면서도 훈련이 되어야만 획득할 수 있는 사례개념화가 최근
까지 소홀하게 다루어진 이유는 무엇일까? Perry, Cooper와 Michels(1987)은
그 이유들로 장기적 사례나 숙련된 상담자에게는 사례개념화가 불필요하고,
오히려 사례개념화에 시간만 들이고, 미리 정리한 사례개념화 때문에 이에
얽매여 내담자를 개방적으로 볼 수 없게 만들 수 있기 때문이라고 하였다.
이것들이 일부 사실일 수 있지만, 이제는 단기상담이 주된 유형이고 숙련된
상담자라도 시간을 관리하면서 상담을 진행하려면 사례개념화라는 종합설
명서가 있어야 할 것이다. 오히려 Eells는 Sperry와 Sperry(2012) 책의 추천
사에 최근에 사례개념화에 대한 관심이 높아지고 관련 연구, 출판물이 많아
진 3가지 이유를 제시하고 있다. 우선, 미국에서 보험회사에서 상담료를 지
불하면서 명확한 상담목표와 근거, 방법들을 요구하기 때문이며, 다음으로,
사례를 근거로 지금까지 드러난 많은 연구의 결과물을 적용하려는 노력의
일환으로 사례개념화에 관심을 갖는다고 하였다. 마지막으로, 치료의 근거
중 하나인 정신질환 진단 및 통계편람(Diagnostic and Statistical Manual of

Mental Disorders: DSM)과 같은 진단기준들은 대개가 평면적이고 기술적인 서술로 이루어지기 때문에 왜 그런 증상들이 생겼는지, 어떻게 이 증상들을 다루어야 하는지에 대한 설명이 없어 실제 상담 과정에 적용하는 데 한계가 있다. 반면, 사례개념화는 나타난 증상을 수집하고 그 원인과 치료방법들을 논리적으로 구성한 결과물이기 때문에 사례개념화에 대한 관심이 높아졌다는 것이다. 이러한 이유들은 현재 우리나라에서도 사례개념화를 체계적으로 훈련시켜야 한다는 요구의 근거가 된다.

2. 사례개념화의 정의

1) 사례공식화

우리나라에서는 '사례공식화(case formulation)'라는 명칭을 먼저 사용했다. 사례공식화는 주로 정신역동적 접근에 근거한 것으로 '상담 초기에 내담자의 문제를 정확하게 이해하고 적절한 개입계획을 세우는 일'이며, 사례에 대한 평가, 설명 또는 가설과 유사하게 사용되는 용어였다(김수현, 1994; 1997; 2006; 장재홍, 1999). 사례공식화는 내담자의 문제가 무엇이고, 어디에서 왔으며, 무엇이 문제를 지속시키는지, 문제해결을 위해서는 무엇이 필요한지 등에 관한 가설이다. 즉, 초기 아동기 외상, 병적 학습경험, 생물학적 또는 유전적 영향, 사회문화적 영향, 현재 작동하는 강화 유관성, 자신과 타인에 대한 부적응적 믿음과 이에 기초한 소인적 취약성 등이 포함된 환자의 정신병리의 본질, 즉 환자의 성격구조, 발달에 대한 임상적 추론이 위계적으로 잘 조직된 것을 말한다. 그러나 Sperry와 Sperry(2012)는 일반적으로 사례개념화가 더 널리 사용되고 있어 사례개념화라는 용어를 사용하지만, 사례개념화의 구성요소에서는 진단적 공식화, 임상적 공식화 등 사례공식화를 사용하고 있으며, 이는 보다 구체적인 과정을 의미한다고 하였다.

2) 다양한 사례개념화 정의

2000년에 들어서면서 우리나라에서도 여러 학자들을 통해 사례개념화 (case conceptualization)가 본격적으로 연구, 소개되었다. 손은정(2002)은 상담자가 내담자로부터 얻은 단편적인 정보를 통합하여 내담자 문제의 본질과 원인에 대해 가설을 세우는 것이라고 Eells(1997), Pearsons(1989) 등의 정의를 제시하였다. 이 정의는 단편적인 정보의 통합과 인과 가설을 강조하고 있다. 또한 이윤주(2001)는 자신이 개발한 사례개념화 구성요인들을 가지고 '내담자의 심리적·대인관계적·행동적 문제, 이 문제와 관련된 원인 및 촉발, 유지요인들, 내담자가 가진 강점을 파악하고 이에 대한 종합적 이해, 이에 근거하여 문제해결의 방향과 전략, 기법을 계획하는 것'으로 사례개념화를 정의하였다. 손은정이 말한 단편적인 정보들 속에는 이런 요소들이 포함되며, 이를 종합적으로 엮어서 문제해결 방법까지 제시하는 것을 말한다. 이명우(2004)도 사례개념화를 '내담자의 주호소문제와 관련 있는 다양한 정보를 통해 현재까지 내담자의 문제가 지속적으로 유지되는 원인과 경로를 가설적으로 검토한 후 내담자의 주호소문제를 해결하기 위한 상담전략들을 수립하는 일련의 과정'이라고 정의한다. Sperry와 Sperry(2012)는 '내담자에 대한 정보를 모아서 조직화하고, 내담자의 상황과 부적응적 패턴을 이해하고 설명하며, 상담을 안내하고 초점을 맞추고, 도전과 장애를 예상하고, 성공적인 종결을 준비하기 위한 방법 및 임상적 전략'으로 정의하고 있다. 대개의 정의가 사례개념화를 하는 과정이나 구성요소들을 열거하고 있다. 종합해 보면 사례개념화는 상담 초기에 이루어져야 하는 과정으로, 내담자에 대한 여러 가지 정보를 이론에 근거하여 통합하여 내담자의 문제를 종합적으로 이해, 설명하고, 이에 근거하여 상담 개입을 계획하는 것이 포함된다.

3) 사례개념화의 작성 시점

사례개념화가 상담 여정에서 목표를 성공적으로 성취하기 위한 근거적 청사진이라고 한다면, 상담 초기에 이루어져야 하는 것이 합리적이다. 그래야 그 청사진에 따라 상담의 여정을 진행할 수 있기 때문이다. 사례개념화가 상담 초기에 이루어지는 과정이라고 하였지만, 실제로 상담자들은 슈퍼비전을 위한 사례보고서를 작성할 때 진지하게 구성하기 때문에, 상담자가 내담자 문제를 체계적으로 연구할 때 사례개념화가 이루어진다고 할 수 있다. 그러나 내담자와 합의하여 상담목표를 설정하는 상담 초기의 말미에는 열린 사례개념화가 한 차례 이루어지는 것이 합당하다. 여기서 '열린'이라고 한 이유는 상담을 하면서 나타나는 정보와 추론에 의해서 얼마든지 변화할 수 있기 때문이다. 어쩌면 상담이 종료되어 종결보고서를 작성할 때 완성된 사례개념화가 만들어진다고도 하겠다.

3. 다양한 사례개념화 구성틀

사례개념화는 단편적이고 흩어진 정보들을 인과로 설명되는 체계물이다. 그래서 그 속에는 관찰, 탐색, 경험적 사상(event, 事象) 등으로 얻어진 낱개의 정보들이 있지만, 그것들이 논리적으로 일관성 있게 배열되어 내담자를 입체적으로 이해하게 한다. 그리고 나서는 그 내담자를 변화시킬 방법들이 제시된다. 학자에 따라 사례개념화를 구성하는 요소와 틀이 조금씩 다르다. 이 절에서는 이윤주(2001), 김용태(2014), Gehart(2016), 이명우(2004), 한국상담심리학회(2018), Sperry와 Sperry(2012)의 구성요소를 소개하고, 이를 종합하여 저자의 틀을 제공한다. 이 상담학자들이 제안한 구성요소는 저서, 번역서 등을 통해 우리나라에서 구할 수 있는 자료들이다. 이윤주(2001), 김용태(2014), Gehart(2016), 한국상담심리학회(2018)의 사례개념화 구성틀을 먼저 소개하는데, 이 구성요소는 이 책에서 다루려는 집약된 사례개념화이기보다는 사례보고서를 작성할 때 포함되어야 할 항목이다. 다시 말해 상담자가 슈퍼비전을 받기 위해 사례에 대한 보고서를 작성하거나 사례연구보고서를 작성할 때 포함되어야 할 항목이며, 이 책이 다루고 있는 사례개념화보다는 훨씬 내용이 많고 확대적이다. 반면, 이명우(2004), Sperry, Sperry(2012)의 구성요소는 사례보고서에 포함된 내담자의 문제특성과 이해, 상담 개입 목표와 전략 등이 집약되어 기술된 항목이다. 각 상담전문가의 구성요소를 열거하며 제시하는 이유는 이들 요소를 살펴보면서 내담자를 이해하기 위해 수집되어야 할 정보에는 어떤 것이 있는지, 이 정보를 어떻게 구성해야 하는지를 다양하게 반복적으로 학습할 수 있는 기회를 주기 위함이다. 마지막으로, 저자가 이 학자들의 구성요소와 상담현장의 경험을 종합하여 5개의 대범주 구성요소틀을 제시하고, 이 구조 및 요소에 맞추어 사례개념화를 이해하고 연습할 것이다.

1) 이윤주의 사례개념화 구성틀

사례개념화 관련 연구의 한 축은 사례개념화에 포함되어야 할 구성요소에 대한 연구이다. 특히 이윤주(2001)는 8개의 하위유목에 27개의 요소로 구성된 매우 포괄적인 요소 목록을 〈표 1-1〉과 같이 제시하고 있다. 이윤주의 요소목록은 슈퍼비전을 받기 위한 사례보고서 구성에 적절해 보이며, 8개의 하위유목 중에 포함된 '문제와 내담자에 대한 종합적 이해'는 이 책에서 관심을 갖는 사례개념화에 가깝다.

〈표 1-1〉 이윤주의 사례개념화 구성틀

	하위유목		요소목록
1	내담자의 현재 문제, 상태 및 관련 증상	1	지금 찾아오게 된 계기
		2	구체적 호소들
		3	증상
		4	핵심문제 및 정서
		5	객관적 정보
2	문제와 관련된 역사적 배경	6	발달적 역사
		7	문제의 기원
		8	과거 문제력 및 그 당시 상황
3	문제와 관련된 내담자의 개인적 요인	9	자아개념
		10	통찰수준 및 내용
		11	인지적 스타일 및 특징
		12	정서적 스트일 및 특징
		13	신체, 생리, 행동적 특징
		14	원함(wants)
4	문제 관련 내담자의 외(상황적) 요인	15	문제와 관련된 현재 생활여건
		16	문제를 지속시키는 상황적 요인
5	내담자의 대인관계 특성	17	대인관계 양상
		18	대인관계 문제 영역
6	내담자의 자원 및 취약성	19	긍정적 상황과 강점
		20	대처 전략
		21	부정적 상황과 약점
7	문제와 내담자에 대한 종합적 이해	22	핵심 문제에 대한 이론적 설명
		23	내담자 및 내담자관련 요인들에 대한 종합적 이해
8	상담목표 및 계획	24	최종목표(장기목표)
		25	과정목표(단기목표)
		26	상담전략
		27	상담목표 달성에 장애로 예상되는 요소

2) 김용태의 사례개념화 구성틀

김용태(2014)의 사례개념화 구성틀에서는 호소문제와 사회적 정보 및 상담경위가 포함된 내담자에 대한 기본 정보와 내담자 문제, 임상관찰, 발달사가 포함된 임상자료가 제시된 후 사례개념화와 상담목표가 제시된다. 이후에는 상담 과정과 평가를 제시하고 있는 바, 김용태의 사례개념화는 사례연구보고서에 해당하는 내용으로 이해된다. 여기에는 기본 정보 중 슈퍼비전받고 싶은 내용이 포함되어 있어 슈퍼비전을 받기 위해 사례보고서를 준비할 때 참고할 수 있다. 또한, 한 사례를 마치면서 사례연구 종합보고서를 작성할 때 활용할 수 있다. 김용태의 사례개념화는 상담자의 이론적 입장을 제시하고, 그 이론적 입장에 맞추어 내담자의 문제를 이해하는 기술로 이루어지며, 이후 상담목표와 전략이 제시된다.

---

1. 기본 정보
  1) 호소문제
  2) 내담자의 사회적 정보
    (1) 개인사항
    (2) 가족사항
      ① 현재가족
      ② 원가족
      ③ 가계도
    (3) 사회활동 사항
    (4) 상담 경위
      ① 내방 경위
      ② 상담 경험
      ③ 상담 시점
  3) 슈퍼비전 받고 싶은 내용
    (1) 동료상담자에게 도움 받고 싶은 내용
    (2) 슈퍼바이저에게 도움 받고 싶은 내용

2. 임상 자료
  1) 내담자의 문제
    (1) 심리내적 문제
      ① 감정
      ② 생각
      ③ 행동
    (2) 관계 형태
      ① 현재 가족과의 관계 형태
      ② 원가족과의 관계 형태
      ③ 사회적 관계 형태
    (3) 영적 상태
    (4) 심리검사 결과
      ① 원자료 제시
      ② 해석 자료 제시
  2) 내담자의 임상 관찰
    (1) 전반적인 행동 특성
    (2) 상담자와의 관계 행동 형태
  3) 문제 발달사
    (1) 전반적 생육사
    (2) 문제 형성사

3. 사례개념화와 상담목표
  1) 사례분석
    (1) 이론적 입장
      ① 상담자가 서 있는 입장
      ② 입장에 따른 개념 설명
    (2) 이론적 개념과 원자료의 연결
      ① 각각의 개념에 해당하는 자료 제시
      ② 사용하는 모든 개념에 대해서 자료 제시
    (3) 사례개념화
    (4) 도식

2) 상담목표

    (1) 합의된 상담목표

    (2) 임상적 상담목표

3) 상담전략

    (1) 초기 전략

    (2) 중기 전략

    (3) 후기 전략

4. 상담 과정

  1) 상담진행

    (1) 전체적 흐름

    (2) 회기 요약

  2) 축어록

5. 상담 평가

  1) 내담자에 대한 평가

    (1) 상담목표의 달성 여부

    (2) 내담자의 자원에 대한 평가

  2) 상담 과정에 대한 평가

    (1) 상담의 순조로움

    (2) 상담의 깊이

    (3) 상담 과정 속의 사건들

    (4) 상담자와 내담자의 상호작용

  3) 상담자 자신에 대한 평가

    (1) 상담자의 태도

    (2) 상담자의 개입 방식

    (3) 상담자의 변화

3) Gehart의 사례보고서 구성틀

그의 책『Case Documentation in Counseling and Psychotherapy: A Theory-Informed, Competency-Based approach』(2016)에는 사례보고서 구성틀이 5단계로 소개되어 있다. 이 책이야말로 의료보험체계 안에서 상담이 진행될 때 제삼자, 즉 보험회사에게 상담수가를 지불 요청의 근거자료로서 제시하는 상담사례보고서에 해당하므로 다른 사례개념화틀보다는 포괄적이고 타당성을 담보로 하고 있다. 1단계의 지도그리기는 다양한 경로를 통해 수집된 내담자에 대한 이해 자료들이며, 객관적 자료로 사실적 정보들이고, 2단계의 임상적 평가와 진단은 정신상태검사를 통해 평가하고, 진단체계에 맞추어 증상들을 정리, 숙고해 보는 단계이다. 1단계와 2단계는 내담자에 대한 특성 기술과 이에 대한 진단적 기술을 포함한다. 1단계 마지막에 이론적 개념화가 있기는 하나 미약하게 다루어지고 있다. 3단계에서는 정해진 상담목표와 개입 전략을 제시한다. 4단계에서는 계획된 대로 상담이 진행된 과정을 기술한다. 마지막으로, 상담 과정 및 성과에 대한 평가를 정리한다. Gehart의 사례개념화 구성틀은 실제 상담이 진행된 과정을 기술하고 성과까지 제시하는 것이므로 사례연구보고서 용으로 활용할 수 있다.

1단계: 지도그리기(사례개념화)
 1. 내담자 소개
  1) 내담자: 성별, 연령, 인종, 현재 직업/직위 상태나 학교 성적, 가족 상태, 성적 지향 등
  2) 중요한 타인들: 연령, 성별, 인종, 관계, 직업/지위, 기타

 2. 호소문제
  1) 문제에 대한 내담자의 보고
  2) 문제에 대한 중요한 타인 및 가족의 보고
  3) 문제에 대한 다양한 체계(참고인, 교사, 친척, 법적 체계 등)의 보고

3. 배경정보
   1) 트라우마, 학대 이력
   2) 약물사용, 남용
   3) 촉발 사건(최근 삶의 변화, 최초의 증상, 스트레스 요인 등)
   4) 관련된 역사적 배경(가족력, 관련문제, 이전 상담 경험, 의료/정신
      건강 기록 등)

4. 강점과 다양성에 대한 평가
   1) 개인적 강점과 다양성: 능력, 자질
   2) 관계적, 사회적 강점과 자원: 사회적 지지 연결망
   3) 영적 자원
   4) 다양성: 자원과 한계

5. 이론적 개념화

2단계 임상적 평가와 진단
  1. 임상적 평가

  2. 위험성 관리

3단계 치료계획
  1. 목표 작성하기

  2. 개입하기

4단계 기록하기

5단계 상담성과 평가하기
  1. 성과 평가하기

4) 한국상담심리학회의 사례개념화 구성틀

　　한국상담심리학회(2018)에서는 개인상담사례 슈퍼비전을 받기 위한 보고서를 작성할 때 다음과 같은 형식을 갖추도록 권장하고 있다. 이 보고서의 두 번째 유목에 해당하는 '내담자 사례개념화와 상담 방향성'에 포함된 내담자 이해와 상담의 목표와 전략이 사례개념화에 해당한다.

〈표 1-2〉 한국상담심리학회의 사례개념화 구성틀

A. 내담자 기본 정보	1. 인적 사항	
	2. 상담신청 경위	
	3. 주 호소문제	
	4. 이전 상담 경험	
	5. 가족 관계	
	6. 인상 및 행동 특성	
	7. 심리검사 결과 및 주요 해석 내용	
	8. 내담자 강점 및 자원	
B. 내담자 사례개념화와 상담방향성	9. 내담자 이해	상담경위
		주호소문제
		근본 원인과 그로 인해 내담자가 현재 받고 있는 영향
		내담자가 받은 부정적 영향과 관련된 내담자 욕구
		내담자 이해를 바탕으로 한 상담 방향성
	10. 상담목표와 전략	목표
		전략
	11. 슈퍼비전을 통해 도움받고 싶은 점	
C. 상담진행 과정과 상담내용	12. 상담진행 과정 및 회기 주제	
	13. 상담회기 내용	

5) 이명우의 사례개념화 구성틀

　이명우(2004, 2017)의 사례개념화 구성틀은 집약된 사례개념화 구조로 기본 정보, 사례이해 및 상담계획 등 3개의 범주로 구성되어 있다. 기본 정보에는 호소문제, 촉발요인 및 내담자 문제의 패턴이 포함되어 있고, 문제 패턴을 유발요인과 유지요인으로 이해할 수 있도록 돕고 있는데, 이는 정신역동적 조망을 하고 있음을 알 수 있다. 내담자 문제의 패턴에 대해 상담자가 취하는 상담이론에 근거하여 사례를 이해한 후 상담 계획을 제시한다. 상담목표를 임상목표와 합의목표로 나눈 것을 보면 역시 정신역동적 조망을 하고 있음을 알 수 있다.

〈표 1-3〉 이명우의 사례개념화 구성틀

범주		내용			
1	기본 정보	1	호소문제		
		2	촉발요인		
		3	패턴발생 경로	부적응적 패턴	
				유발요인	
				유지요인	– 요인
					+ 요인
2	사례이해	4	상담자의 이론		
3	상담계획	5	임상 목표		
		6	합의 목표		
		7	상담 전략		
		8	상담단계별 주요 상담 개입	초기 단계	
				중기 단계	
				종결 단계	
		9	예상되는 장애		

6) Sperry와 Sperry의 사례개념화 구성틀

Sperry와 Sperry(2012)의 사례개념화 구성틀은 진단적 평가와 임상적 평가
에 근거하여 다음의 구성요소로 사례개념화가 이루어진다. 4가지 유형의 공
식화에 17개의 요소로 구성되어 있다. 진단적 공식화, 임상적 공식화 및 상
담개입 공식화는 다른 사례개념화에서도 찾을 수 있는 공통적인 요소이지만
문화적 공식화는 다른 곳에서 찾아볼 수 없는 특별한 요소이다. 문화적 공식
화는 다문화 사회인 미국의 상황을 잘 반영하고 있다.

〈표 1-4〉 Sperry와 Sperry의 사례개념화 구성틀

공식화 유형			주요 요소
1	진단적 공식화	1	호소문제
		2	촉발요인
		3	부적응적 패턴: 관계스타일, 성격스타일
		4	DSM 진단
2	임상적 공식화	5	유발요인
		6	유지요인
3	문화적 공식화	7	문화적 정체성
		8	문화적응과 문화적응 스트레스
		9	문화적 설명
		10	문화 대 성격
4	상담 개입 공식화	11	상담목표
		12	상담의 초점
		13	상담 전략
		14	상담 개입
		15	상담의 장애물과 도전과제
		16	문화적 상담
		17	상담의 예후

7) 이 책의 사례개념화 구성요소

이 책의 사례개념화는 인구학적 정보와 의뢰 과정, 진단적 기술, 임상적 설명, 상담 진행의 방향성 그리고 상담 진행시 주의점 등 5가지 요소로 구성되어 있다. 다른 사례개념화 구성요소와 비교했을 때, 인구학적 정보와 의뢰 과정을 사례개념화 첫머리에 기록하도록 하였으며, 진단적 기술과 임상적 설명은 Sperry와 Sperry(2012)의 구성요소를 참고하였다. 차이점이 있다면 Sperry와 Sperry의 경우 공식화라는 용어로 모든 구성요소의 기술을 지칭하였다면, 여기에서는 진단적 기술은 관찰된 것들로 객관적이고 보다 사실적인 정보를 기술(description)하는 것으로, 임상적 설명은 진단적 기술들을 심리학이나 심리치료이론에 근거하여 인과를 설명(explanation)하는 것으로 강조하였다. 상담 과정에서의 주의점은 상담을 진행하면서 내담자의 의뢰 과정이나 관계 특성, 내담자의 시대적, 공간적 특성에 의한 문화와 가치관 등이 상담 과정과 관계에 영향을 미칠 수 있다는 것으로, 이곳에서는 상담자가 유념하고 있어야 할 내용을 기술하도록 하였다.

1. 대표적 인구학적 정보 및 의뢰 과정
• 인구학적 정보: 연령(+학년), 성별, 첫인상 외모 등
• 상담을 신청하거나 의뢰하게 된 촉발상황이나 호소문제
• 의뢰 과정이나 특성, 상담 자발성 등

2. 진단적 기술
• 내담자의 호소 증상
• 내담자 문제의 심리적 구성들: 정서, 행동, 인지, 신체적 증상, 관계, 관계 패턴, 생활 과제 기능 등
• 심리검사 결과 참고
• DSM의 진단기준 참고

3. 임상적 설명
- 발달적 역사
- 가족의 역동, 부모 양육태도
- 관계 패턴, 스트레스 대처양식, 방어기제, 동기수준 등
- 상담이론에 근거한 내담자 문제에 대한 설명

4. 상담 개입의 방향성
- 목표
- 전략

5. 상담 과정의 주의점

4. 사례개념화 훈련과 연습 방법

1) 다양한 사례개념화 훈련 방법들

사례개념화만을 주제로 독립적으로 훈련해야 한다는 흐름은 비교적 최근의 일이다. 앞에서 소개한 사례개념화 구성틀을 제안한 학자들의 연구 시기를 보면 우리나라 학자들은 2000년대 이후이고, 외국에서는 1980년대 이후로 발표되고 있으며 이 책이 참고하고 있는 책은 주로 2010년대 이후 발간된 책이다. 우리나라에서는 이명우(2013, 2017), 이윤주(2020) 등이 관련한 연구물을 발표하였고, 외국에서는 Loganbill, Stoltenberg(1983), Cabaniss, Cherry, Doulas, Graver와 Schwart(2013)를 비롯한 몇몇 학자의 방법을 소개하고 있다.

이 방법은 크게 세 가지 방법으로 구별되는데, 상담이론 적용 방법, 인지기술적 방법의 적용 그리고 사례개념화 구성요소별 정보 탐색과 정리 방법이다. 상담이론 적용 방법의 예는 Murdock(1991)의 방법을 들 수 있는데, 1단

계에서는 인간의 핵심동기, 건강한 성격 특징, 중요한 발달단계, 대인관계 등 상담이론의 주요 지식을 습득하고 2단계에서는 사례에 이 이론을 적용하여 분석, 종합, 평가한다고 하였다. 이 방법은 뚜렷한 자신의 상담이론을 가지고 있는 학자가 사용하며, 주로 정신역동적 입장을 지향하는 학자들이 선택하고 있다. Cabaniss 등(2013)은 정신역동적 공식화에서 환자의 문제와 패턴을 기술하기(describing) - 환자의 발달력을 검토하기(reviewing) - 발달에 대해 조직화된 생각을 활용하여 문제와 패턴을 과거력과 연결하기(linking)의 3단계 과정으로 훈련한다고 설명하였다.

두 번째는 상담자의 이론보다는 초이론적 인지기술모형을 제시하여 사례개념화를 학습한다. 예를 들어, Cumming 등(1990)은 인지도를 활용하는데, 내담자의 문제에 대하여 지속적으로 인지도를 그리게 하여 슈퍼바이저에게 평가, 지도받도록 하는 방법을 제시하였다. 손은정(2001)은 이 방법을 참고하여 상담경력이 많은 사람과 적은 사람 간의 사례 인지도의 개념과 연결에 차이가 있음을 보고하기도 하였다. 경력이 많은 사람은 인지도에 등장하는 개념들도 많고, 개념들이 매우 복잡하게 연결되어 있다고 하였다. Morran, Kurpius, Brack, & Rozecki(1995)도 인지기술 모형에 근거하여 사례개념화를 학습시키는데, 상담자, 내담자 그리고 상담관계 등 상담의 세 가지 요소에 집중하여 정보를 수집하고, 수집된 정보를 다양한 가설과 개념화로 다양하게 조직 통합하는 연습을 하고, 다시 조직 통합한 가설에 근거하여 상담 개입을 계획, 적용하도록 훈련한다. 우리나라의 류진혜(1999)가 이 방법을 활용하여 사례개념화 훈련을 소개하였다. 류진혜의 훈련은 두 단계로 이루어지는데, 첫 단계는 가설 형성하기 연습으로 녹음된 모의상담사례를 훈련생들에게 들려주고, 그속에서 정보를 수집하여 범주화하면서 가설 형성하기 연습을 한다. 두 번째 단계는 2인 1조로 실제 모의상담을 실시하여 녹음한 후 재생하면서 상담자의 혼자말로 가설을 형성해 가는 자기교시(self-instruction) 방략을 실행한다. 그리고 형성된 가설에 근거하여 전략을 형성하고 적용 시기를 계획하는 과정을 서로 논의, 피드백하고 지도자에게 지도를 받는다.

　세 번째 방법은 사례개념화 구성요소를 제시하고, 구성요소에 들어갈 정보를 찾고, 기술하는 연습을 하는 방법이다. 예를 들어, Loganbill과 Stoltenberg (1983)는 인구학적·기술적 정보, 현재의 문제, 관련 역사, 대인관계 스타일, 환경적 요인 그리고 인지·정서·행동적인 성격요인 등 6가지의 구성요인을 제시하였는데, 상담자들이 자신의 사례에서 이들 6가지 범주에 속하는 정보를 찾아내어 구성하고 발표하면 지도자가 피드백하고, 합의에 이를 때까지 지속적으로 토론하는 방법으로 사례개념화를 학습한다. 이명우(2004)도 크게는 호소문제, 촉발요인, 패턴발생 경로 등이 포함된 기본 정보와 사례이해, 상담계획 등으로 사례개념화 구성요소를 제시하였는데, 먼저 자신의 이론적 관점을 정리하고 이 구성요소의 내용을 익히고 사례개념화 양식을 익혀 진술문을 작성해 보는 연습을 한 후 자신의 사례에 적용해 보는 프로그램을 만들어 그 효과를 확인하였다.

2) 이 책의 훈련 방법

　이 책에서 제시하는 사례개념화 훈련 과정은 3단계로, 기본 훈련, 적용 훈련 그리고 전문화 훈련으로 구성되어 있다. 기본 훈련은 사례개념화의 구성요소를 제시하여 그 내용을 이해하고, 이미 작성된 다양한 수준과 특성의 사례개념화들을 평가하는 과정을 통해 전반적 사례개념화 틀을 숙지하는 훈련이다. 적용 훈련은 여러 사례를 제시하여 구성요소별로 자료를 수집하고, 논리적으로 기술하는 연습을 하는 훈련이다. 마지막으로, 전문화 훈련은 좀 더 능숙하고 세련되게 기술하는 연습과 상담 영역별로 특수화시킬 수 있는 역량을 키울 수 있는 훈련이다. 이 책은 사례개념화를 잘 하기 위해서 연습하는 책이기에 사례개념화 구성과 내용의 적절성과 체계성 등에 초점을 맞춘다. 그러나 내용의 타당성과 정확성을 갖춘 사례개념화를 하기 위해서는 상담이론적 지식이 축적되어야 하고, 상담목표와 개입 전략과 관련된 기술을 습득하고 있어야 하며, 우선 이들 중 적절한 것을 선택할 수 있는 인지적 논리성 능력을 갖추고 있어야 함을 전제로 한다.

(1) 구성요소의 이해

앞에서 제안했던 5가지 구성요소 각각이 왜 사례개념화에 포함되어야 하는지, 상담자가 상담을 진행하는 데 그 요소가 명세화되는 것이 왜 중요한지, 어떤 내용들이 포함되어야 하는지 지식으로 이해한다. 그리고 여러 과제를 하면서 그 지식을 의미부호화하여 머리에 저장하게 한다.

(2) 사례개념화 평가 연습

좋은 사례개념화란 무엇이며, 평가(evaluation)하는 기준을 제시하여 숙지한다. 그리고 여러 수준의 사례개념화를 그 기준에 맞추어 평가하는 연습을 하여 좋은 사례개념화의 감을 잡도록 한다. 평가는 기준에 맞추어 구성된 객관식 질문지와 주관적 기술보고서를 사용한다.

(3) 구성요소별 자료 수집 연습

사례개념화를 할 수 있는 정보를 다양한 자료에서 찾아보는 연습을 한다. 신청서, 접수면접기록지, 회기기록지, 사례연구보고서 등에서 정보를 찾아본다. 정보수집은 의뢰 과정과 촉발사건, 진단적 기술 연습에서 많이 이루어진다. 임상적 설명과 상담의 방향성 그리고 주의할 점은 자료 수집보다는 상담자의 전문적 역량에 더 의존한다.

(4) 논리적 기술 연습

진단적 기술과 임상적 설명의 논리성, 진단적 기술과 임상적 설명 그리고 상담의 방향성의 논리성 등에 대하여 설명하고, 논리성을 점검하는 연습을 한다.

⑸ 기술의 능숙화

다양한 사례를 주어 사례개념화 연습을 많이 하여 능숙하게 한다.

⑹ 다양한 영역별 특성화 연습

다양한 사례 중 다양한 영역의 특성을 소개하고, 그 특성이 잘 드러난 사례를 제시하여 영역별로 사례개념화 시 무엇을 염두에 두어야 하는지를 살펴보도록 한다. 군대상담, 청소년상담, 북한이탈주민상담, 기업상담 등이 다루어질 것이다.

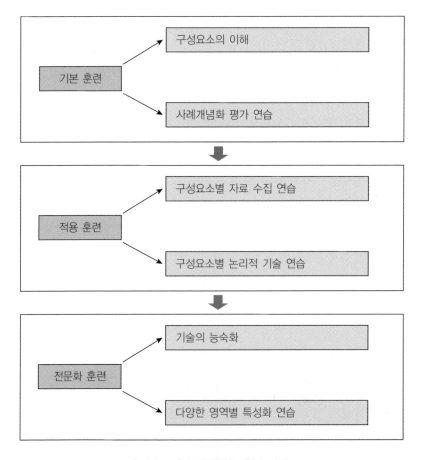

[그림 1-1] 사례개념화 훈련 과정

🖐 1장을 마치며

다음의 주제를 생각하면서 1장을 정리합시다.

1. 상담에서 사례개념화가 필요한 이유는 무엇인가요?

2. 사례개념화에 어떤 내용이 있으면 상담에서 내담자를 더 잘 도울 수 있을까요? 그리고 그 이유는 무엇일까요?

3. 제시된 여러 학자들의 사례개념화틀 중 어떤 틀이 인상적이며, 그 이유는 무엇인가요?

📑 참고문헌

김수현(1994). 정신역동적 사례공식화: CCRT와 PF를 중심으로. 충북대학교 학생생활연구, 19(1), 85-121.

김수현(1997). 정신역동적 사례공식화: 계획공식화 방법과 개별적 갈등공식화 방법을 중심으로. 한국심리학회지: 상담 및 심리치료, 9(1), 129-155

김수현(2006). 심리치료 사례공식화 방법의 개관과 비교. 한국심리학회지: 상담 및 심리치료, 18(2), 255-284.

김용태(2014). 슈퍼비전을 위한 상담사례보고서: 이론과 실제의 통합적 관점에서 본 해설과 개념화. 서울: 학지사.

류진혜(1999). 상담자 교육을 위한 인지 기술 훈련 프로그램의 개발. 한양대학교 대학원 박사학위 논문.

손은정(2001). 상담자 발달 수준별 사례 개념화의 차이: 개념도를 통한 인지구조를 중심으로. 이화여자대학교 대학원 박사학위 논문.

이명우(2004). 상담사례개념화 교육 프로그램 개발 연구. 연세대학교 대학원 박사학위논문.

이명우(2013). 사례개념화 집단교육의 효과분석. 예술심리치료연구, 9(3), 113-131.

이명우, 박명희(2015). 근거이론에 의한 사례개념화 교육 경험 분석. 예술심리치료연구, 11(3), 67-90

이명우(2017). 효과적인 상담을 위한 사례개념화의 실제: 통합적 사례개념화 모형(IC-CM-X). 서울: 학지사.

이윤주(2001). 상담 사례개념화 요소목록 개발 및 슈퍼비전에서 중요하게 지각되는 사례개념화요소 분석. 한국심리학회지: 상담 및 심리치료, 13(1), 79-93.

장재홍(1999). 계획공식화 방법에 의한 심리치료 과정분석. 고려대학교 대학원 박사학위논문.

한국상담심리학회(2018). www.krcpa.or.kr, 사례연구위원회 게시판.

Berman, P. S. (2015). *Case Conceptualization and Treatment Planning: Integration Thepry with Clinical Practice.* 이윤주 역(2020). 상담전문성 향상을 위한 사례개념화: 원리와 실제. 서울: 학지사

Cabaniss, D. L., Cherry, S., Doulas, C. J., Graver, R. L., & Schwart, A. R. (2013). *Psychodynamic Formulation.* 박용청, 오대영, 조유빈 역(2019). 카바니스의 정신역동적 공식화: 부모라면 꼭 알아야 할 아이들의 마음. 서울: 학지사.

Cummings, A. L., Hallberg, E. T, Martin, J., Slemon, A., & Hiebert, B. (1990). Implication of counselor conceptualizations for counselor education. *Counselor Education and Supervision, 30*(2), 120-134.

Eells, T. D. (1997). *Handbook of Psychotherpy Case Formulation.* New York: Guilford Press,

Gehart D. R. (2016). *Case Documentation in Counseling and Psychotherapy: A Theory-Informed Competency-Based Approach.* Wadsworth, Cengage.(이동훈, 성균관대학교 외상심리건강연구소 역(2019). 상담 및 심리치료 사례개념화. Cengage Learning Korea Ltd.

Loganbill, C., & Stoltenberg, C. (1983). The case conceptualization format: A training device for practicum. *Counselor Education and Supervision, 22,* 3, 235–241

Morran, D. K., Kurpius, W. J., Brack, G., & Rozecki, T. G. (1995). Relation between counselors' clinical hypotheses and client ratings of counselor effectiveness. *Journal of Counseling and Development, 72,* 655–660.

Murdock N. L. (1991). Case conceptualization: Applying theory to individuals. *Counseling Education and Supervision, 30,* 355–365.

Pearsons J. B. (1989). *Cognitive Therapy in Patient: A Case Formulation Approach.* New York: W. W. Norton & Company.

Perry, S., Cooper, A., & Michels, R. (1987). The psychodynamic formulation: Its purpose, structure, and clinical application. *American Journal of Psychiatry, 144,* 543–551

Sperry, L. & Sperry, J. (2012). *Case Conceptualization: Mastering this Competency with Ease and Confidence.* New York: Routledge. 이명우 역(2014). 상담실무자를 위한 사례개념화 이해와 실제. 서울: 학지사.

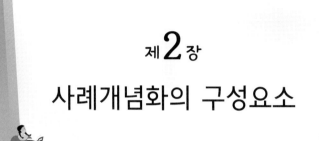

제 **2** 장

사례개념화의 구성요소

이 장에서는 앞의 장에서 저자가 제안했던 5가지 구성요소에 따라 각각의 요소에는 어떤 내용이 포함되어야 하는지, 왜 그것이 중요한지, 그것을 어떻게 수집할 수 있는지 그리고 어떻게 기술해야 하는지 등을 설명한다.

1. 내담자에 대한 대표적 인구학적 정보 및 의뢰 과정

이 요소는 상담을 요청한 고객으로서의 내담자에 대한 연령이나 성별과 같은 인구학적인 정보와 어떻게 상담을 하게 되었는지와 같은 내용으로, 내담자 이해의 도입과 같은 역할을 하며 객관적인 정보를 간략하게 드러내는 부분이다. '간략하게'라고 표현했지만, 간단한 정보 속에는 내담자의 발달과제, 사회적 관습과 기대, 상담과 관련한 목적과 기대 등이 들어 있다. 상담자가 이 부분을 기록할 때에는 그러한 내재된 의미를 인식하고 있어야 한다. 포함될 수 있는 내용에는 1) 연령과 학년, 성별, 직업 상태, 결혼 및 가족상황이 포함된 인구학적 정보와 2) 상담을 의뢰하게 된 사건이나 간략한 호소문제, 3) 자발성과 의뢰 과정, 4) 특기할 정보 등 4가지 요소가 있다.

다음의 사례개념화 도입 부분인 '내담자의 인구학적 정보와 의뢰 과정'을 읽고 내담자에 대해 상상해 보자. 내담자가 어떻게 그려지는가?

'내담자는 초등학교 4학년 남학생으로, 학교에서 실시된 학생정서행동특성검사에서 고위험군으로 분류되어 담임교사가 어머니에게 전달하였고, 어머니와 함께 Wee 센터를 방문하였다. 평소에도 또래의 놀림에 의한 괴로움을 호소하였으며, 최근 학교를 가기 싫다는 얘기를 했었다고 한다.'

이제 여기에 속한 내용을 개별적으로 살펴보자.

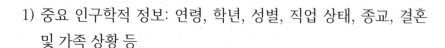

1) 중요 인구학적 정보: 연령, 학년, 성별, 직업 상태, 종교, 결혼 및 가족 상황 등

(1) 연령과 학년

내담자의 연령과 학년을 통해 우리는 우선 그의 사회적 발달 특성을 알 수 있다. 내담자의 발달 과제나 발달 수준은 내담자가 호소하는 문제와 연결 지어 내담자와 내담자 문제를 이해하는 데 도움이 된다. 실제로는 발달 과제가 내담자의 주요 어려움에 영향을 미치는데도 내담자는 이를 인정하지 않고, 자신이나 가족, 상담자에게 비판받지 않고 수용될 수 있을 문제를 호소하는 경우가 허다하다.

초등학생의 경우 운동을 하면서 친구들과 어울려야 하는데, 신체 능력이 아직 발달하지 않아 운동 성취가 미비할 때 따돌림을 당했다고 호소하기도 한다. 대학생의 경우에는 대학교 4학년 학생이 졸업 후의 진로나 취업의 문제가 중요한데도 불구하고, 이러한 내용보다는 대인관계 문제를 호소문제로 제시한다면 인구학적인 정보를 보면서 상담자는 내담자의 진로와 취업문제가 지금의 내담자 호소문제에 어떻게 영향을 미치는지를 확인해야 한다.

연령과 학년과 관련해서 상담자는 각 발달단계의 신체적·심리적·대인관계적·학업-교육적 발달적 특성을 알고 있어야 한다. 내담자가 보이는 특성과 일반적 발달적 특성과의 차이점을 발견하기 위해서이다. 내담자의 특성이 나이에 어울리는가를 알아차리려면, 상담자의 일반 발달에 대한 기본적 이해가 필수적이다. 또한 특별히 연령이 어리거나 많은 내담자들은 그를 둘러싸고 있는 환경이 그들의 생활, 동기, 수행에 영향을 줄 수 있는 환경인지를 평가해야 한다. 환경 속에는 부모를 비롯한 가족 환경이 있고, 경제사회적 환경도 매우 중요하다. 연령에 맞는 친구들과의 관계를 확인하는 것도 필요하다.

다음에는 사례개념화에서 제시된 이 구성요소 부분을 예로 제시하였고, 그 예에 맞추어 의미와 중요성, 기술 등을 설명하였다. 간단한 내용이지만 이 내용 속에는 상담자가 내담자를 이해하고 상담을 진행하는 데 참고해야 할 정보가 무궁하다. 다른 박스에는 대학생 사례개념화 첫 구성요소를 제시하였다. 이전의 사례처럼 그 연령과 학년이 주는 의미를 생각해 보라.

연령, 학년 정보의 의미

'초등학교 4학년 남학생으로, 학교에서 실시된 학생정서행동특성검사에서 고위험군으로 분류되어 어머니에 의해 본 상담에 의뢰되었다. 평소에도 또래의 놀림에 의한 괴로움을 호소하였으며, 최근 학교를 가기 싫다는 얘기를 했었다.'

• 초등학교 4학년이면 11세이고, 신체적 발달로는 키가 약 145~150cm 정도이고 몸무게도 40kg 정도 된다고 보고된다. 성장통(growing pains)이라고 불리우는 증상이 나타나는 시기로, 그만큼 신체적 성장이 빠르게 이루어지는 시기이다. 또한 모든 운동근육이 발달되어 이 시기의 아동은 운동을 통해 기쁨과 성취감을 맛본다고 발달심리 교과서에서 언급된다. 남아는 여아에 비해 다소 느리지만 11세 정도면 사춘기가 시작된다.

  - 상담자는 내담자를 꼼꼼히 관찰하면서 평균의 아동과 비교해서 키가 큰지, 작은지, 몸이 뚱뚱한지, 가냘픈지 등을 보아야 한다. 상담실을 걸어 들어오는 모습을 보면서 씩씩한지, 비실비실한지 등으로 신체적 특성과 이로 인한 심리적, 사회적 영향 등을 생각해야 한다.
  - 상담자의 눈에 이러한 특성이 인지되면 이 구성요소에 기록해야 한다.
    '초등학교 4학년 남학생으로, 키와 몸이 왜소하다.'
    '초등학교 4학년 남학생으로 안경을 끼고 있다.'

• 인지적으로는 Piaget의 발달단계 중 세 번째 단계로, 구체적 조작기에 해당한다. 구체적 조작기 아동은 우선 탈중심화가 가능하고, 위계적 유목화, 서열화, 가역성, 전이적 추론, 공간 추론 등이 가능하다. 초등학교 4학년이면 이런 인지적 발달 특성이 비교적 완성되어 있는 상태이기 때문에 초등학교

고학년으로 분류되고, 학습 내용이 질적으로 어려워진다. 이러한 인지적 발달은 학습에도 활용되지만 사회생활, 언어생활에도 영향을 미친다. 친구와의 관계에서도 비교가 가능하고, 추론을 할 수 있어 관계의 특성이 형성된다.

- 상담자는 내담자의 학습이 어떻게 이루어지고, 성과는 어떤지에 대해 관심을 가져야 한다. 우리나라의 경우에는 학습 성과가 모든 생활에 가장 중요한 요소이기 때문에 이를 간과해서는 안 된다. 호소하는 문제가 친구관계나 부적응적 행동이라고 하더라도 학습 성과를 꼭 확인하는 과정이 필수적이다.
- 대학생이나 성인을 상담을 하더라도 따돌림 경험이나 친구와의 갈등 경험, 문제의 발달 시기를 확인해 볼 때, 이상하리만큼 초등학교 5학년이라고 대답하는 경우가 많다. 저자의 개인적 경험이지만 많은 슈퍼비전 사례에서도 비슷한 특성을 확인할 수 있었다. 이는 10세 초반의 인지적 발달에 의해 자기 인식(self-cognition)의 왕성한 기능이 이루어지고 있음으로 이해된다.
- 또한 친구의 따돌림, 교사의 무관심과 편애, 가정문제나 부모 갈등 등을 인식하고 이를 호소할 수 있는 것도 이때의 특성이다.

(2) 성별

내담자들은 여성이 많지만 연령에 따라 그 정도는 약간씩 다르다. 초등학생인 경우에 자발적으로 상담을 요청하는 경우는 거의 없으며 여아는 심리적 어려움이 있더라도 위축된 채 드러내지 않고 지내기 때문에 여간 어려움이 심하지 않으면 어른에 의해서라도 상담실 방문이 잘 이루어지지 않는다. 반면, 남아는 친구들과의 싸움이나 가출, 부주의한 사건 등 외현적인 경우가 많아 부모가 직접 어려움을 겪기 때문에 부모의 의뢰로 상담실 방문이 쉽다. 그래서 초등학생인데 여학생이 의뢰되었다면, 부모가 의뢰하였다고 하더라도 본인이 상담받고 싶다고 했다거나 너무 심각할 정도로 일상생활이 안 되어 부모가 의뢰할 가능성이 있다. 그러나 중·고등학생이나 대학생의 경우에는 여학생이 자발적으로 상담 요청을 많이 한다. 오히려 남학생이 자발적으로 상담을 요청했다면 좀 더 관심을 갖는 것이 필요하다.

호소문제에 따라서도 성별이 주는 의미가 많이 달라진다. 관계의 어려움을 호소했더라도 여자 내담자의 경우에는 가족의 출생순위나 형제의 성별의 특성을 살피면서 이해해야 할 경우가 많다. 예를 들어, 형제 간의 갈등(sibling rivalry)이나 남자 형제와의 부당한 대우 등을 직접 호소하지 않았더라도 가족관계를 살피면서 이해할 필요가 있다. 반면, 남자 내담자가 관계를 호소한다면 가족에 대한 주제를 말하지 않더라도 아버지나 형과의 힘겨루기 문제 등에 대한 이해가 필요할 때가 많다. 남자 내담자의 경우, 상담 호소문제로 관계에 대한 이야기를 하지 않더라도 직장 내의 책임감, 권력 등에 관심을 놓쳐서는 안 될 때가 종종 있다.

(3) 직업상태 혹은 학교 상태

직장을 다니면서 상담을 한다면 직장 내 문제거나 그게 아니더라도 직장에 대한 어려움이 있을 때가 많다. 직장에서 생산성에 있어 인정을 받고 있으면 심리적 어려움을 견딜 수 있기 때문이다. 직장 내 문제가 아니라면 내담자가 겪고 있는 문제로 직장 근무에 위협을 받을 수 있기 때문에 상담자는 직장 근무 기능에 대해서도 확인하는 과정이 필요하다. 대부분은 직장을 휴직하고 있거나 퇴직하여 과업 수행이 잘 안 되고 있을 때, 심리적 문제가 확산되어 상담을 요구할 때가 많다. 이럴 때는 호소하는 문제가 이 영역의 주제가 아니더라도 이를 다루는 것이 필요하다.

중·고등학생의 경우는 학교 상태가 문제와 직결이 되어 있다. 자퇴를 하거나 휴학을 한 것이면 그것 자체가 중요 문제가 된다. 청소년상담복지센터는 이미 학교를 자퇴하거나 학업을 중단하여 학교 밖 청소년으로 분류된 내담자가 보다 많을 것이고, Wee 센터 등에는 학업중단의 위기나 전학, 처벌 등으로 학교 상태가 달라질 위기에 있는 내담자가 의뢰된다. 전학과 관련된 정보도 여기에 기록해 둔다.

대학생인 경우에는 더욱 분명하다. 학년에 따라 대학생활 과제가 달라지기 때문이다. 1학년은 대학생활 자체를 독립적으로 해야 하기 때문에 적응의 어려움이 있지만, 2학년의 경우에는 전공이 심화되어 전공 공부가 어려워지기 때문에 생활의 스트레스가 된다. 이러한 스트레스는 진로에 대한 고민을 하게 한다. 3학년 2학기나 4학년 학생이 관계 문제를 호소한다면 상담자는 진로는 어떻게 준비하고 있는지를 반드시 확인해야 한다. 3·4학년 학생은 진로결정의 과제가 있는데도 불구하고 그것을 결정하지 못하고 있는 것을 부끄럽게 생각하면서 차마 이 주제를 꺼내지 못하는 경우도 허다하다. 휴학생인 경우에는 성격이나 부적응적 행동, 관계의 주제를 가지고 상담에 임했다고 하더라도 무엇 때문에 휴학을 했는지, 어떻게 휴학생활을 하고 있는지, 복학 계획 등을 확인해야 한다.

군상담의 경우, 일반 병사상담은 이병과 일병은 대체로 군대 적응의 문제, 상병과 병장은 전역 후의 진로나 적응의 문제로 호소할 때가 많다. 상병과 병장이 성격이나 군대 내에서의 관계 문제를 호소하더라도 전역 후에 어떤 계획을 가지고 있는지, 혹시 학교 복학을 한다면 진로 계획은 세웠는지를 꼭 다루어야 한다. 기업체 상담인 경우에는 직장 내 부서와 직급 등에 따라 전형적인 스트레스원이 따로 있기 때문에 상담자는 이러한 정보를 간과해서는 안 된다.

(4) 경제사회적 상태

인간의 생활에 단연 영향을 미치는 조건은 경제적 상황이다. 사람은 주머니에 돈이 있으면 문제가 심각해도 심리적으로 그렇게 위축되지 않는 경우가 많다. 돈이 없으면 계속 무엇인가에 쫓기는 불안을 보인다. 경제적 여유는 내담자가 진지하게 자신의 심리적 문제를 다룰 기반을 마련해 준다. 경제적 상황은 현재 자신의 문제를 다룰 지지기반을 마련해 주기도 하지만 내담자가 호소하는 문제 발달에도 영향을 주었던 요인일 수도 있다.

경제적 조건은 가족의 심리적 상황에 영향을 미치기 때문에 어린 시절 경제적 안정성은 내담자의 안전과 여가생활 등에 영향을 미쳤을 것이다. 또한 경제적 여건은 사회적 권력, 독립과도 연결된다. 상담자는 내담자의 돈과 권력에 대한 생각이나 신념이 내담자의 현재 문제에 영향을 미쳤을 가능성도 생각해 보아야 한다. 경제적 여건은 내담자의 문제해결의 동기와 여러 적극적 행보에 영향을 미친다. 내담자가 지금 보이고 있는 진로 발전에 자신 없어 하고, 공연히 여러 이유를 대면서 저항하는 모습에는 인식하지 못하는 어린 시절의 경제적 어려움이 있었을지 모른다. 경제적 여건이 심리적 의기소침으로 연결되었을 수 있기 때문이다.

⑸ 결혼 및 가족상태

슈퍼비전을 받기 위한 사례연구보고서에 가족에 대한 소개가 더 자세하게 있지만 사례개념화의 첫머리에 내담자 문제와 관련되거나 스트레스원이 될 수 있는 결혼 및 가족상태를 제시한다. 결혼 상태인데, 자녀의 문제로 어머니가 상담을 의뢰했다면 아버지는 이 문제에 대해 어떤 태도를 가지고 있는지, 의뢰한 아내와 어떻게 소통하고 있는지를 확인해야 한다. 만약 이혼 상태인데, 자녀의 문제로 어머니가 상담을 의뢰했다면 아버지 부재나 이혼한 엄마로서 자녀 양육에 대한 부담감이 양육 그 자체보다 더 클 수 있다.

이혼, 사별, 별거, 불화 등의 결혼 상태는 내담자가 당사자이든 자녀이든 간에 지대한 영향을 미친다. 이런 결혼 상황은 내담자들에게 일종의 트라우마가 되기 때문에 내담자의 호소문제가 무엇이든 영향을 받지 않을 수 없다. 상담자는 이러한 조건이 내담자 문제에 어떻게 얼마나 영향을 미치는지를 확인하면서 문제를 이해하고 다루어 가야 한다.

필요에 따라서는 가족 상황도 간단하게 기술할 수 있다. 호소문제와 관련하여 가족 상황이나 구조가 영향을 미치고 있을 때에는 문제를 종합적으로 이해하기 위해 간단하게 정보를 적는다. 내담자가 남자이며 1남 3녀 중 막내라고 한다면, 남자 자녀에 대한 가족의 기대나 그로 인한 내담자의 심리적 부담 등을 내담자 호소문제 이해에 통합할 수 있다. 내담자가 4대 독자의 아버지를 둔 딸만 셋인 자매 중 셋째라면 이 가족적 배경이 내담자에게 영향을 미치지 않을 수 없기에 첫 구성요소에 기술해 두는 것이 필요하다.

(6) 종교

자신의 종교를 밝힌 우리나라 국민은 약 50% 정도이고, 개신교, 불교, 천주교의 순으로 신도들이 많다(통계청, 2015). 종교만큼 우리에게 문화적, 신념적 영향을 미치는 것이 없다. 상담신청서에 자신의 종교를 밝힌다는 것은 그 종교가 내담자의 생활에 영향을 미치고 있음을 의미한다. 각 종교가 지향하는 인간관, 생활관 등을 상담자들이 속속히 알지는 못하더라도 현재의 호소문제에 어떤 영향을 미칠 수 있음을 이해하는 것은 중요하다. 문제의 발단에도 종교적 특성이 영향을 미치기도 하지만, 해결에도 영향을 미친다. 때로는 가정의 종교와 내담자 자신의 종교가 달라서 발생하는 호소문제도 허다하다. 종교문제로 가족 간의 관계 문제가 드러나기도 하고, 종교 문제가 진로문제 등 다른 호소문제로 둔갑하여 나타나기도 한다. 내담자에 따라서는 종교를 적는 칸에 굳이 무교라고 쓰는 내담자가 있기도 하고, 없으면 비워놓아도 되느냐 묻는 내담자도 있다. 상담자는 무교라고 쓴 내담자에게 종교가 주는 의미를 확인하는 과정이 필요할지도 모른다.

또한, 종교는 내담자의 영적 자원을 확인해 줄 수 있는 정보원이 된다. 많은 경우 종교는 내담자의 심리적, 영적 지원 체계가 된다. 때로는 물리적 지원도 종교를 통해 이루어지기도 한다.

2) 상담을 의뢰하게 된 사건이나 간략한 호소문제

내담자들이 직접 호소한 문제들은 상담신청서에 적혀있거나 접수면접기록지에서 수집할 수 있다. 내담자가 직접 말하거나 적은 말 그대로 적는 것이 필요하다. 수면장애가 있다고 하더라도 '잠을 실컷 자고 싶어요.' '잠이 빨리 들었으면 좋겠어요.' '깊은 잠을 잘 수가 없어요.'는 똑같이 잠을 주제로 다뤘지만 그 내용이 다르다. 내담자의 호소문제는 내담자에게는 상담실에 오기까지 다듬고 다듬어서 온 내용이기 때문에 매우 고유하며, 그래서 구체적 탐색이 필요하다. 많은 경우 호소문제는 상담의 목표와 관련된다. 내담자가 직접 상담을 신청하지 않고, 부모나 친인척, 교사가 의뢰하여 상담을 신청하였을 때는 의뢰자의 호소문제와 내담자 본인의 호소문제도 간략하게 기록한다.

불편함이나 바람을 구어체로 적는 경우도 있지만 상담신청서에 그저 '진로', '수면 문제', '인간관계' 등 단어로 적어 놓는 내담자도 허다하다. 내담자의 호소문제와 관련해서 김용태(2014)는 내담자가 말하거나 기술한 대로 적는 것과 변경되는 호소문제의 관련성에 관심을 갖는 것이 중요하다고 지적하였다. 이명우(2017)는 내담자 본인과 의뢰인의 호소문제가 다를 수 있음과 내담자가 말로 보고하는 언어적 호소문제와 관찰되는 행동적 특징의 차이점 등을 인식하고 있어야 한다고 조언한다. Gehart(2016)는 사례보고서에 호소문제를 적을 때 내담자의 보고, 가족의 보고 그리고 교사 등의 다른 참조인의 보고까지를 적도록 하고 있다. 상담은 내담자의 호소문제에서 시작되는데, 내담자의 말 그대로를 적지만 상담자가 여러 가지 경로를 통해 얻는 내담자의 정보들을 종합하여 진정한 내담자의 변화요구가 무엇인지를 이해해야 한다. 이러한 상담자의 조망으로 이해된 내담자의 호소문제는 진단적 기술과 임상적 설명에서 소개한다.

호소문제와 더불어 상담실에 오게 된 촉발사건을 간략하게 기록하기도 한다. '학교에서 실시한 정서행동검사에서 고위험군으로 분류되어 상담을 받도록 권유받아 상담에 오게 됨', '이틀 동안 잠을 잘 수가 없었고, 무슨 소리가 들리는 것 같아 상담실에 오게 됨'과 같은 촉발 사건과 계기를 적는다. 호소문제처럼 촉발사건이나 상황도 그렇게 단순하지 않다. 자동차에 치어서 다리가 부러져 이번 학기 수업에 전념할 수 없어 결국 학사경고를 받았다는 내담자의 호소문제에서 자동차 사건이 문제의 촉발사건처럼 보이지만 오히려 그 사건은 내담자 문제의 결과일 수 있다. 불안하거나 딴 생각을 하느라 자동차의 접근을 인식하지 못했을 수도 있고, 교통질서에는 통 관심이 없는 내담자일 수 있다. 오토바이를 타던 고등학생의 '그 사고만 아니었어도 지금과 같지는 않을 것이다.'라는 호소에 어떻게 고등학생이 오토바이를 타게 되었는지는 촉발사건의 진정한 근거를 요구한다. 부모와의 갈등, 오토바이는 누구와 함께 탔는가 등은 쉽게 생각해 볼 수 있는 대목이다.

3) 자발성과 의뢰 과정

상담자는 내담자의 상담의 자발성과 의뢰 과정도 기술해야 되는데, 이는 앞의 의뢰사건이나 호소문제와 관련이 있다. 초등학생이나 중·고등학교 학생의 경우에는 의뢰되어 부모와 함께 오는 경우가 많다. 대학생의 경우에도 자발적으로 개인상담을 신청하는 경우보다는 간접적으로 의뢰되거나 요청되기도 한다. 또한 수업의 일환으로 심리검사와 그 결과를 해석받으면서 상담으로 초청되기도 한다. 개인상담을 받고 싶더라도 직접 신청하기보다는 심리검사를 먼저 신청하고 자연스럽게 후속 상담을 하는 경우도 있다. 대학생이 자발적으로 개인상담을 신청하는 경우에는 오랫동안 호소한 문제로 고민을 하다 결국은 상담을 하게 되는 경우가 많다. 내담자 본인이 생각할 때 자기 문제가 정신과적인 문제로 생각되는데, 차마 정신과 병원에는 스티그마(stigma, 오점) 때문에 갈 수 없어서 차선책으로 상담실을 오기도 한다. 이들 모두 자발적이지만 상담에 그렇게 동기화되어 있다고는 할 수 없다. 실제로 대학생이 자발적으로 상담을 왔을 때에 정신과적 문제가 있는 경우가 점점 많아지고 있다.

초등학생과 중등학생이 학교로부터 의뢰되어 올 경우에는 상담 동기는 없을 뿐 아니라 벌을 받는 마음으로 시간을 때우려고 한다. 언제라도 일어나 나갈 자세로 건성으로 대답하고, 또 와야 되느냐는 반문을 하기도 한다. 부모가 자녀를 데리고 오더라도 '학교에서 교사가 한번 가 보라.'고 해서 왔기 때문이라고 불쾌한 투로 말한다. 이럴 때, 나이가 어린 자녀일 경우 조기 종결될 가능성이 높다. 마음에도 없는 상담실까지 데리고 오고, 가는 것은 매우 번거로운 일이기 때문이다.

4) 특기사항

사례개념화는 기록물이지만 내담자와 문제에 대한 입체적 이해를 가능하게 하는 종합적 기술문이다. 예를 들어, 내담자가 어릴 적 소아마비를 앓아서 장애를 가지고 살아왔음에도 불구하고, 사례개념화에 다루어지지 않아서 그 정보를 빼놓고 내담자를 이해한다면 제대로 내담자를 이해했다고 할 수 없을 것이다. 소아마비 장애는 내담자 삶에 지대한 영향을 미쳐왔을 것이고 현재의 내담자 문제에도 영향을 미치고 있을 것이기 때문이다. 내담자에게는 장애가 오랫동안 있어 온 것이기에 그렇게 적응되었고, 그래서 내담자는 현재의 호소문제와 별개로 생각하여 상담에서 굳이 이 얘기를 하지 않으려고 한다. 오히려 자신이 겨우겨우 다스려 잠재운 자신의 장애를 끄집어 내어 이야기하고 싶어 하지 않을 때가 더 많다. 슈퍼비전을 하는 가운데 내담자의 특성이 주어진 자료만으로 이해하기 어려울 때 확인하는 과정에서 발견되는 내담자의 장애나 부모 이혼이나 작은 키, 비만, 혐오적인 치열 등은 비록 내담자가 이야기하지 않더라도 내담자의 인생에 지속적으로 영향을 미치고 있음을 이해해야 한다. 그래서 상담자 눈에 띄는 내담자의 개인적 특성은 사례개념화의 첫 부분에 드러나 있어야 한다.

연습 1 내담자에 대한 대표적 인구학적 정보 및 의뢰 과정

다음에 몇 가지 사례개념화의 첫 부분인 내담자에 대한 대표적 인구학적 정보 및 의뢰 과정의 예를 제시하였다. 몇 줄 안 되는 내용이지만 이 정보만을 가지고 내담자가 어떻게 그려지고, 무엇이 탐색되어야 할지 생각해 보자.

1) 23세 대학 4학년 1학기, 여학생. 위로를 받기 위해 자발적으로 상담을 신청하였다고 하였으며, 키가 150cm 정도의 작은 키에 뚱뚱한 편이고, 허리까지 내려오는 검은 생머리를 하고 있다.

   이 내용을 놓고 다양하게 내담자를 상상하고 생각해 보자.

   ----

2) 만 23세 남자. 군대 갔다가 대학 3학년에 복학함. 나를 알고 싶고, 살면서 뭘 해야 할지 잘 모르겠다는 호소를 하며 작년부터 다니고 있는 정신과에서 상담을 권유하여 자발적으로 상담을 신청함.

   이 내용을 놓고 다양하게 내담자를 상상하고 생각해 보자.

   ----

3) 중 1, 12세 남학생. 교사의 추천으로 모와 함께 내방함. 담임교사가 지시를 이해하지
   못하고, 심한 장난, 욕설 등을 하여 모에게 상담을 권하였다고 하나 마지못해 옴.

   이 내용을 놓고 다양하게 내담자를 상상하고 생각해 보자.

   ----

4) 11세, 초등학교 4학년 남학생. 학생정서행동특성검사의 고위험군으로 나와 학교에서
   상담을 권유하여 모와 함께 내방함. 학교에서 또래 괴롭힘을 당한 적이 있으며, 학교
   가기 싫다고 하여 부모도 문제를 인식하고 있음.

   이 내용을 놓고 다양하게 내담자를 상상하고 생각해 보자.

   ----

5) 35세 여성, 교사, 3년 전 결혼하였고 아직 자녀 없음. 기독교, 엄마 생각만 해도 가슴이 떨리고 겁이 난다는 호소를 하며 자발적으로 센터에 상담을 신청하였음.

이 내용을 놓고 다양하게 내담자를 상상하고 생각해 보자.

----

6) 72세 여성, 15년 전 남편 사별하였고, 결혼한 아들과 미혼 딸이 있음. 불교, 유수대학 졸업, 흐트러지지 않은 몸매무새와 말씨. 아들이 집 산다고 빌려간 돈은 갚지 않고, 여행하려고 일부 갚으라고 하니 오히려 짜증을 내어, 헛살았다는 마음이 크다고 호소함. 상담 교육을 받던 중 상담자에게 하소연하려고 이야기하였으나 정식 상담을 하자고 하니 망설였지만 일주일 후에 상담 하겠다고 연락이 와서 상담이 시작됨.

이 내용을 놓고 다양하게 내담자를 상상하고 생각해 보자.

----

2. 진단적 기술

사례개념화를 간단하게 말한다면 내담자의 지금 상태가 어떤지를 명료하게 밝히고, 왜 그런지를 이론에 근거해서 설명하는 것이라고 할 수 있다. 진단적 기술은 전자에 해당하는 것으로 내담자가 간단하게 진술하는 호소문제를 보다 다양한 측면을 살피면서 종합적으로 소개하는 부분이다. 즉, 내담자 호소문제의 구체적 내용과 호소문제를 경험할 때의 심리적 특성, 인지적 내용, 정서적 내용, 행동적 내용을 기술한다. 또한 진단적 기술은 호소문제에 관련되어 있는 내담자의 인구학적 상황이나 스트레스인, 내담자의 관계 특성, 신체적 특성이나 증상, 생활 과제 기능 등 내담자의 현재 모습을 그릴 수 있게 하는 정보이다. 상담의 초기 회기에서 내담자가 이야기한 내용이 모두 여기에 해당한다. 사례개념화를 할 때에는 상담자가 그 문제에 대해 어떤 이론으로 설명할 것인가를 생각하면서 현재의 문제와 상태를 기술하게 된다.

예를 들어, 내담자의 호소문제가 행동주의적 이론으로 설명할 수 있는 것이라면 행동주의적 이론을 염두에 두고 기술되어야 할 것이다. 폭력의 가해자로 상담에 의뢰된 내담자의 진단적 기술은 폭력행동이 얼마나 자주, 어떤 맥락에서 나타나는지가 '자극-반응'의 형태로 소개되어야 할 것이다. 왜냐하면 학습된 맥락이 소개되지 않고는 내담자의 행동을 기술할 수 없기 때문이다. 동일한 폭력행동이라도 대인관계나 역동으로 설명할 것이라면 폭력을 실행하게 된 부정적 행동의 근거인 정서적인 특성이 기술되어야 한다. 물론 행동주의 입장에서도 부정적 정서가 자극이 되는 경우가 더 흔하다.

더불어 심리검사를 통해 드러난 다양한 내담자의 평가 내용도 기술한다. 여기서 드러난 기술적 정보를 가지고 DSM에 기초하여 진단명을 제시할 수 있다. 진단적 기술에서 주의할 점은 드러난 내담자의 심리적 · 신체적 · 사회적 특성이 객관성을 유지해야 한다는 것이다. 자칫 주관적 해석을 미리 하지 않도록 하는 것이 중요하다. 주관적 해석은 다음 구성요소인 임상적 설명에서 다루어진다.

1) 내담자 호소문제의 구체적 상황이나 특성

상담자는 촉발사건이나 호소문제를 보다 구체적으로 탐색하여 사실적 정보를 정리하여 기술한다. 내담자도 괴로움을 겪는 것에 집중되어 괴로움 자체만을 이야기하려고 하고, 그 문제가 어떻게 나타났는지나 맥락을 잘 이야기하지 않는다. 내담자가 그 맥락을 안다면 상담을 하러 오지 않았을지 모른다. 왜냐하면 사건을 객관적으로 이해할 수 있다면 해결할 수 있는 방법을 찾았을 것이고, 마음도 잘 조절할 수 있기 때문이다. 조절이 가능하기 때문이다. 그래서 상담에서 내담자의 상황을 객관적으로, 사실적으로 확인하는 과정이 매우 중요하다. 그런데 상담자도 내담자의 감정과 같은 주관적 경험에만 주목하여 사실적 정보를 등한시하는 경우가 많다. 상담이 내담자로 하여금 자신을 객관적으로 이해하게 도와주는 과정임을 안다면 이 부분은 결코 소홀하게 다룰 수 없는 영역이다.

하나의 도움을 제공한다면, 내담자의 호소문제를 영상으로 만들어 보기 위한 정보를 수집하고 정리한다고 생각하면 도움이 된다. TV에서 가끔 상담 프로그램을 진행하면서 내담자의 호소문제를 상황 영상으로 만들어 이해를 돕고자 시도하는데, 이러한 영상을 만들려면 장소와 상황이 묘사되어야 하며 주인공이 말만 하는 것이 아니라 표정도 있어야 하고 행동도 있어야 한다. 또 주위 사람들도 등장해 말하고 행동한다. 다시 말해 내담자의 호소문제 탐색은 생생하게 입체적으로 확인하는 것이 중요하다. 그래서 공간과 시간이 확인되어야 하고, 등장인물, 내담자가 한 행동, 상대가 한 행동, 맥락 등이 확보되어야 대본을 만들 수 있다.

그렇다고 너무 많은 정보를 나열하기보다는 상담자 수준에서 호소문제 상황 영상을 그릴 수 있는 정보를 기술한다. 호소문제의 구체적 상황 외에 특성을 적시한 이유는 내담자나 내담자 문제의 고유성이나 독특성을 드러낼

2. 진단적 기술 59

수 있는 정보와 기술이어야 하기 때문이다. 내담자가 폭력사건의 가해자로서 학교의 의뢰로 내방하게 되었다면, 어떤 폭력이었는지, 폭력이 일어난 구체적 상황 묘사, 폭력을 할 수밖에 없었던 이유에 대한 내담자의 인지, 내담자의 정서, 상대의 반응, 이러한 폭력 상황이 발생하기 전에는 어떠했는지 등이 기술되어야 내담자를 한 사람으로 입체적으로 이해할 수 있게 된다. 그래야 다음의 범주인 임상적 설명에 대한 근거가 될 수 있다. 다른 예로, 내담자가 우울하다는 호소를 한다면 내담자가 경험하는 우울이 개별적이고 구체적으로 확인되어야 한다. 어떤 내담자는 모든 것이 생각한 대로 되지 않고, 다 부족하고, 창피하여 다른 사람과 같이 있고 싶지도 않고 말하고 싶지도 않으며, 그냥 아무 생각 없이 시간표대로 움직이고 있을 때 우울하다고 지각한다. 다른 내담자는 그저 죽고 싶다는 생각만 나고, 아무것도 하고 싶지도, 할 수도 없을 때 우울하다고 생각한다. 또 다른 내담자는 즐거워 웃을 일이 없고, 지루하며, 공연히 짜증이 나고 미운 사람이 많아질 때 우울하다고 생각한다.

2) 내담자와 내담자 문제의 심리적 구성

사례개념화의 두 번째 구성요소는 내담자 문제를 객관적으로 기술하는 '진단적 기술'이고, 진단적 기술의 첫 부분은 '호소문제의 구체적 상황이나 특성'이고, 두 번째는 내담자 문제의 심리적 구성들이다. '호소문제의 구체적 상황이나 특성'이 내담자와 내담자 문제가 특별한 실제적 예라면, '내담자의 심리적 구성'은 내담자의 일반적인 심리적 특성을 말한다. 다시 말해, 내담자의 호소문제는 내담자의 심리적 특성의 결과물인 셈이다. 그래서 앞의 호소문제 특성과 겹쳐지는 부분이 있겠지만 호소문제보다 더 오래되고 지속되어 온 내담자의 심리적 특성, 예를 들어 정서, 인지, 행동, 관계, 신체적 증상, 생활기능 정도 등이 포함된다. 면담의 내용, 관찰, 심리검사 등을 통해 자료가 수집된다.

3) 호소문제의 심리적 구성을 찾는 방법 1: 면담과 관찰

상담이 시작되면 내담자는 호소문제에 대해서도 이야기하게 되고, 관련된 발달 과정과 가족과의 관계에 대해서도 이야기한다. '그런 어려움이 이번이 처음이신가요?'라고 묻는 상담자의 질문에 대부분의 내담자는 '똑같지는 않아도 비슷한 어려움이 있다.'고 말하면서 이 문제가 사건이 아니라 자신의 성격적 특성임을 제시하면서 자신을 탐색할 준비가 되었음을 보인다. 이렇게 되면 내담자는 상담에 대한 동기화나 구조화가 어느 정도는 이루어진 셈이다. 금명자(1992)가 상담 초기의 상담 과제로 '상담자의 안내에 따라 내담자 문제 탐색 및 이해'를 제시하였는데, 상담자가 내담자의 호소문제를 들으면서 상담자의 전문적 지식에 근거하여 내담자를 여러 방향으로 탐색하게 되어 '안내에 따라' 탐색한다고 기술하였다. 내담자의 호소문제가 역사가 깊은 것이고 초기 발달단계의 문제라고 생각되면, 상담자는 어린 시절의 부모님과의 관계나 형제 간의 관계를 확인할 것이다. 혹은 공교육 과정에서 학업의 실패나 학교생활의 부적응에 의해 영향을 받은 것이라면 그에 관해 질문하고 탐색하게 될 것이다. 그래서 '상담자의 안내에 따라' 내담자는 자신의 이야기를 하고, 이러한 정보들을 체계적으로 기술한 것이 내담자 문제의 심리적 구성이다. 내담자의 인지적 특성은 내담자의 말이나 드러난 행동과 정서를 통해 추론할 수 있다. 그러나 정서는 내담자의 다양한 수준의 행동을 통해 드러난다. 말하는 정서보다는 관찰된 정서가 내담자에 대해 더 정확한 이해에 도움이 될 때가 더 많다. 우리나라 내담자들이 호소하는 감정에 '억울함'이 꽤 많은 편인데, 이는 감정으로 호소되지만 '공평하지 않다'는 인지적 해석이 포함되어 있다. 그래서 억울한 사람은 화가 많이 나 있고, 미워하고, 씩씩거린다. 때로는 수동공격적 행동으로 나타나고, 내담자 자신은 인식하지 못한 채 신체적 증상으로 나타나기도 한다.

4) 호소문제의 심리적 구성을 찾는 방법 2: 심리검사, DSM의 범주

주로 상담에서 내담자가 이야기하거나 드러내는 행동적 특성으로 내담자의 심리적 구성을 연결 지어 이해하게 되지만, 필요에 따라서 심리검사 결과를 통해 더욱 분명해지거나 더 탐색할 영역을 확인하게 된다. 심리평가(assessment)라 함은 내담자를 이해하기 위한 과정이므로, 상담자는 심리검사를 활용하여 보다 확신을 가지며 내담자 이해를 수행할 수 있다. 내담자가 우울하다고 하더라도 MMPI에서 4번과 함께 2번이 올라갈 때와 6번과 함께 2번이 올라갈 때는 우울의 이유와 진전 정도가 다르며, 검사결과를 보면서 내담자에 대한 이해를 보다 완성도 있게 할 수 있다. 문장완성검사(SCT)를 통해서 내담자의 인식된 문제들을 이해할 수 있지만 문장 완성의 정도, 기술된 내용의 수준 등을 통해 인지적 기능도 이해 가능하다.

DSM의 진단 기준도 내담자 문제의 심리적 구성을 기술하는 데 도움이 된다. DSM은 특정 진단을 받은 사람들이 보이는 증상들을 통계적으로 확인한 결과를 제시하고 있기 때문에 내담자의 호소를 DSM이 제시하는 진단기준과 대조하면서 드러나지 않은 내담자의 심리적 구성요소를 찾을 수 있다. 예를 들어, 내담자가 우울하다고 호소하면서 우울감과 무기력, 자살사고를 호소한다면, 상담자는 내담자가 호소하지 않은 체중감소나 수면장애, 우유부단했던 에피소드를 탐색하여 보다 통합적으로 내담자를 이해할 수 있다. DSM에는 주요우울증으로 9가지 진단기준을 제시하고 있는데, 내담자가 우울증으로 진단을 내릴 정도의 심각성을 보이지 않더라도 이 기준을 참고할 수 있다.

5) 진단적 기술 내용 1: 지, 정, 의

우리가 심리상담을 한다는 것은 내담자의 심리적 상태를 변화시킨다는 것인데, 심리라 함은 대표적으로 지, 정, 의를 말한다. 예를 들어, 내담자가 정서를 호소하면 그 속에는 생각이 있고, 행동으로 드러나므로 이를 기록한다.

이는 소위 말하는 내담자의 핵심 감정과 관련된 인지와 행동을 의미한다. 우리가 알고 있는 상담이론은 각각의 심리적 요소 중 하나를 강조하며, 강조한 심리요소의 변화를 통해 심리적 변화를 만들고 결국 내담자 생활의 변화를 일으키려 한다. 그래서 내담자가 심리적 요소 중 하나를 강조하더라도 그 속에는 다른 요소들이 함께 동반되므로 상담자는 늘 이 세 가지 심리적 요소가 어떻게 연결되어 있는지 확인해야 한다. 우울하다고 호소하는 어떤 내담자는 느리게 행동할 것이고, 자기는 되는 것이 하나도 없다고 생각하고 있을 것이다. 우울하다고 하는데 빠르게 걸어 상담실을 들어온다면 무엇인가 다시 탐색해야 할 것이다.

6) 진단적 기술 내용 2: 관계, 신체적 증상, 생활기능 등

심리적 상태뿐 아니라 내담자 인간관계의 양상과 특성도 기술한다. 인간관계의 특성은 상담이나 상담자에 대한 태도를 살필 때 보다 생생하다. 내담자들은 자신의 인간관계를 자기중심적으로 소개한다. '다른 사람들이 내 마음을 몰라준다.' '나는 잘했는데, 상대방이 나를 미워한다.' '내가 무조건 잘못해서 이런 일이 있었다.' 식으로 자기의 인간관계를 이미 해석하여 소개한다. 그래서 상담자는 내담자의 인간관계에 대해 맥락과 등장인물의 행동, 마음 등에 대해 탐색하는 것이 필요하다. 또한 상담자가 상담 과정에서 경험하는 내담자와의 관계는 해석되지 않은 생생한 관계가 된다. 상담에서 경험되는 내담자와의 관계 체험은 내담자가 설명하는 자신의 대인관계 특성보다 더 생생하므로 매우 중요한 자료가 된다. 그러나 이러한 경험이 상담자에 의해 왜곡되지 않기 위해서 상담자는 자신의 전이관계 특성을 늘 점검해야 하고, 그래서 교육분석을 받기를 추천하게 된다.

더불어 필요하면 내담자의 신체적 증상도 살펴야 한다. 내담자가 상담의 호소문제와 연결하지는 않지만 지속되어 온 소화기 질병, 가끔씩 재발되는 허리 통증, 스트레스와 연결된 두통, 피부 질환, 천식 등은 내담자의 심리적 상황과 매우 긴밀한 관련성을 가지고 있다. 신체적 증상은 심리적 상황의 결과이기도 하고, 때로는 원인이 되기도 한다. 또한 연령이나 상황에 맞는 삶의 과제에 대한 관심과 수행 정도도 확인하는 것이 필요하다. 사례개념화 첫 번째 구성요소인 인구학적 정보를 통해 내담자의 발달적 과제에 관심을 가져야 함을 설명하였는데, 이와 관련된 정보를 두 번째 구성요소인 진단적 기술에 적을 수 있다. 20대 대학생이 인간관계와 성격에 대한 호소를 하더라도 진로나 학업 상황은 어떤지 꼭 탐색해야 한다. 30대 내담자가 진로에 대한 주제로 이야기한다면 관계, 특히 이성관계에 대한 탐색이 필수적이다. 40대 중반의 주부가 자녀와의 문제로 호소하더라도 남편과의 관계 특히 부부 성생활에 대한 탐색은 매우 중요하다.

다음의 '연습 2. 쓰여진 진단적 기술로 내담자 그려 보기'는 이미 작성된 '진단적 기술' 부분을 가지고 내담자를 그려 보면서 내담자가 충분히 상상되는지, 아니면 무엇인가 빠져 있어 내담자를 그리는 데 충분하지 않은지를 평가하면서 진단적 기술을 어떻게 구성해야 하는지를 가늠해 볼 수 있게 한다.

연습2 쓰인 진단적 기술로 내담자 그려보기

다음에 제시된 진단적 기술 부분을 보면서 내담자가 입체적으로 그려지는지, 내담자의 호소문제와 일반적 심리적 특성요소가 논리적 개연성을 가지고 연결되는지를 생각해 보시오. 또한 어떤 내용들이 더 탐색되어야 할지 생각해 보시오.

1. 18세. 고등학교 자퇴. 여자, 무기력, 미래와 진로에 대한 막연함.

　　자퇴 이후에 혼자 있는 시간이 많아졌으며 사람들이 있는 장소에는 가기 힘들어함. 특별한 일이 없으면 주로 집에 있으며 반복되는 일상으로 기운이 없고 축 처지는 느낌. 검정고시에 합격하여 대학 진학을 위한 수능 공부를 하고 있지만 앞으로 무엇을 하며 살아야 할지 막연하다.

----

2. 57세 여성, 34세 딸과 함께 살고 있음. 7년 전 남편 사별. 두통과 불면이 심하고, 자주 심장이 벌렁된다고 함. 항상 짜증이 나고, 싸우고 싶고, 사람 만나는 것이 두렵다고 함.

　　자녀가 자신의 말을 듣지 않으면 쉽게 분노하며 물건을 집어 던지거나 때리는 행동을 보임. 자녀들이 자신을 잘 챙겨주겠다는 말이 공허하게 들림. 집안에서의 생활과는 달리 밖에서는 몸이 떨릴 정도로 긴장하고, 말을 못 함. 밖에서는 눈치를 보다가 스트레스가 쌓이기 때문에 대인관계를 피함. 술을 마시고 상담센터에 전화해서 불만을 이야기함.

----

3. 23세 남자 3학년 대학생. 불면, 두통, 생각하고 싶지 않은 싫은 기억들이 계속 떠오
른다. 자살 시도함.

　잠을 잘 자지 못하고, 늘 기분이 저하되어 있다. 머리가 깨질 것 같은 두통이 있어
서 뇌 촬영하였으나 이상 소견 없음. 학과 친구들과 교류가 없고, 수업에 집중하기
어려움. 3학년이 되면서 '이제 어떻게 공부해야 하나, 졸업하면 뭐하고 살지' 하는 생
각을 하다가 두통이 심해지고 핑 돌아 쓰러지기도 함. 가족들과 주변사람들이 '예민
하게 굴지 마라.', '네 할 일만 하면 된다.'고 말만 반복한다고 함. 행동이 느리고, 말도
느리며 축 늘어진 모습임. 자기 증상에 대해서는 이야기를 하나, 가족이나 과거 경험
에 대해서는 이야기를 하지 않으려고 함.

----

4. 26세 대학 4학년 여학생. 얼마 전 남자친구와 헤어진 후, 마음이 공허하고, 이를 극
복하기 위해 동아리 등 모임에 참석하지만 다시 공허해짐. 나에 대해 더 알고 싶다고
하면서 자발적으로 상담 신청함.

　내담자 아버지 사망 소식을 남자친구에게 알렸으나 너무 건조하게 대응하는 남자
친구에게 실망하여 오래 사귀던 남자친구였지만 헤어졌음. 공허감을 느끼며 공허하
게 살아온 자신을 보면서 삶의 의미에 질문하게 됨. 공허하다고 하니 어머니가 오히
려 비난을 함. 늘 상처와 결핍이 있는 삶이었지만 그때마다 정신을 바짝 차리고 여기
서 벗어나야 한다는 생각으로 주어진 일에 매진하였음.

----

5. 10세 초등 3학년 남학생, 외동. 반 친구들과 어울리지 못하고, 친구들에게 '칼로 죽이 겠다'고 하는 등의 폭력적 언어를 사용하여 담임교사가 부모에게 상담받도록 추천하 여 상담 신청함.

친구들과 상호작용이 적음. 분노를 욕설로 표현함. 게임조절을 못하여 엄마가 자 기를 게임중독이라고 한다고 함. '줄이고 싶은데, 제 손이 자꾸 게임을 하고 싶어 해 요.', '입도 지 맘대로, 손도 지 맘대로 해요.' 7세 이후 지속적인 언어치료, 기초학습 치료 등을 받았었음. 6세 때 또래관계 적응이 잘 안 되어(수업이 안되고, 자꾸 돌아다 님) 검사받았으나 ADHD 소견은 없고 발달이 1~2년 정도 느리다는 평가 있었음. 상 담 중에 '생각 안 난다.'고 했다가, 상담자가 이야기하니까 '다 알아요.', 다시 상담자 가 아는데 아까는 생각 안 난다고 했구나라고 하니까 '아……. 속았지롱. 선생님 속았 어요. 저는 속이는 걸 엄청나게 좋아하거든요.'라고 함.

----

3. 임상적 설명

임상적 설명은 내담자 호소문제에 대한 상담자의 전문적 이유를 적는 것을 말한다. 앞 절의 진단적 기술이 결과라면, 임상적 설명은 그 결과의 원인에 대한 설명에 해당한다. 이 설명은 심리치료 이론에 근거하여 기술한다. 각각의 이론은 인간에 대한 조망, 성격이나 특징적 심리의 구조, 인성 발달 과정, 마음에서 일어나고 있는 심리적 구조의 관계에 대해 소개하고 있으며, 내담자가 호소하는 문제의 발생에 대한 설명, 그래서 그것을 어떻게 개선시킬 수 있는지에 대한 개입 전략을 제시한다. 그래서 하나의 증상이나 문제라도 각 이론에 따라 설명의 내용이 다르다.

예를 들어, 내담자가 지금 우울하고, 아무것도 하고 싶지 않고, 죽고 싶다고 이야기한다면, 이 우울이 어떻게 해서 일어났는지를 이론적으로 설명하고, 우울과 아무것도 하고 싶지 않은 무기력, 자살사고들의 관계적 특성을 이론적으로 설명하는 부분이다. 정신역동에서는 우울과 자살사고는 분노와 공격성이 그 대상에게로 표현되거나 전달되지 못하여 자기에게로 향해 있을 때 경험한다고 설명한다. 원래 분노나 공격성은 관심과 애정을 기대했던 사람이나 대상에게 발생하는 감정이지만 강력한 힘이나 권력, 죄책감, 사회적 요구 등에 억압이나 왜곡될 때 경험된다. 그렇기 때문에 우울을 설명하려면 이 내담자의 분노에 대해 알고 이해해야 한다. 내담자는 우울을 호소하고 자신이 쓸모없는 사람이라고 이야기하지만, 그속에 잠재되어 있는 특정 대상에 대한 분노와 증오의 역사를 탐색하고 기술해야 한다. 이러한 설명은 정신역동적 입장이지만 학습된 무기력으로 설명하는 행동주의적 입장과는 다르다. 인지적으로 우울은 비합리적 신념과 왜곡된 인지 과정이 매개되어 있다. Higgins(1987)의 자기불일치이론에 따르면, 사람들은 이 정도는 되었으면 하고 바랐던 이상적 자기(ideal self)와 현재의 실제 자기(real self)를 비교하여 차이가 있을 때 우울을 경험한다. 이렇듯 우울이라도 이론에 따라 설명이 달라진다.

그래서 임상적 설명을 위해서 상담자는 자신의 이론을 정립할 것을 권유받는다. 상담자는 하나의 이론에 근거하여 다양한 내담자와 그들의 문제를 합리적으로 설명할 수 있도록 이론에 능통해야 한다. 그러나 각 이론이 갖는 한계가 사례개념화 설명에도 적용되는데, 그 이론을 잘 설명할 수 있는 문제가 있는 반면, 좀처럼 설명도 어렵고 적용하기도 어려운 문제도 있다는 한계가 있다. 호소문제에 따라 게슈탈트로 이해, 개입을 적용하는 것이 적절하기도 하고, 현실치료적으로 설명, 개입하는 것이 더 효과적인 사례도 있다. 고전적으로 소개되는 심리치료 이론들은 내담자의 성격의 형성에서부터 관심을 가지고 변화에 이르는 비교적 장기간의 상담을 진행할 때 적용할 수 있다. 그러나 현재의 심리상담 현장은 호소문제 중심의 비교적 단기간의 상담과정이 추천되고 있다. 특히 의료보험이 적용되지 않는 유료상담의 현실에서는 더욱 그러하기 때문에 한 가지 이론의 적용보다는 절충적 혹은 통합적 심리치료 적용이 이루어지고 있으므로 내담자 문제의 설명도 역시 절충적 설명이 이루어진다. 아들과 아버지의 비슷한 행동패턴을 설명할 때 정신역동의 동일시 현상으로 설명되지만 비슷한 상황에서 아버지의 반응을 모델링 학습으로 설명할 수 있다. 주어진 시간, 내담자의 이해와 협조 수준, 상담자 개입의 친숙도 등을 고려하여 보다 일관성 있게 설명할 수 있는 이론을 선택해서 설명하는 것이 필요하다.

상담자들이 배우는 심리치료 이론들은 심리학개론에서 인간을 조망하는 이론으로 소개된다. 또 인간의 성격이 어떻게 형성되고, 기능하는지 설명하는 성격심리학에서도 심리적 문제가 왜 생기고 어떻게 치료해 가야 하는지를 심리치료 이론을 통해 배운다. 정신분석, 행동주의, 인간중심이론, 인지행동적 치료 등 4가지 주요 핵심적 이론 말고도 Corsini는 이론적 구조나 과정이 비교적 체계가 있는 이론을 수집해 보니 200여 개가 넘었고, 그중에 60여 가지를 추려서 소개한다고 그의 『Handbook of innovative Psychotherapies』(2003)에서 밝히고 있듯이 심리치료 이론은 정말 다양하다.

현재 우리나라에서는 4가지 대표적 심리치료 이론 외에 대상관계이론, 융분석, 아들러치료, 게슈탈트, 현실치료이론, 해결중심적치료, 다양한 가족치료 이론 등의 전문가들이 활동하고 있다. 또한 심리치료이론이 아니어도 앞에서 소개했던 Higgins의 자기불일치이론도 있고, 귀인이론과 같은 일반적 심리적 이론으로도 내담자의 문제를 설명할 수 있다. Gehart(2016)은 그의 책에 크게 7가지 접근방법을 제시하고 그 이론에 맞추어 내담자의 문제를 임상적으로 설명하는 예시를 제공하고 있다. 그러나 인본주의적 접근방법에 Rogers와 게슈탈트를 함께 소개하고 있고, 가족치료 접근방법에 더 많은 치료이론을 제공하고 있다는 것은 내담자 문제를 잘 설명할 수 있는 조망이 매우 다양함을 의미한다고 하겠다.

내담자의 문제가 동일한 단어로 하소연되더라도 결코 같은 문제는 없다. 내담자의 배경이 다르기 때문이다. 또한 상담자가 그 문제를 바라보는 이론적 조망이 다르기 때문에 전혀 다르게 해석되기도 한다. 전문적 상담이라 함은 한 내담자에 대해서 상담자마다 다 다르게 상담이 진행되며, 한 상담자라도 동일한 문제를 호소하는 여러 내담자를 동일하게 상담해 가지 않는다는 의미가 있다. 그래서 전문적 심리 상담에서는 매뉴얼이 없다. 이 장의 뒷부분에 현장에서 자주 만날 수 있는 몇 가지 내담자의 문제에 대해 이론들은 어떻게 설명하고 있는지를 정리하여 제시하였다.

연습3 자기 사례의 문제에 대한 이론적 설명 알아보기

자신이 최근에 진행했던 상담의 내담자가 호소했던 문제에 대해 여러 이론에서는 어떻게 설명하고 있는지 찾아보는 연습을 해 본다.

내담자의 호소문제: _____

_____

_____

_____

A _____ 이론의 설명

_____

_____

_____

B _____ 이론의 설명

_____

_____

_____

C _____ 이론의 설명

_____

_____

_____

연습4 관심 문제에 대한 이론적 설명 알아보기

평소에 관심을 갖고 있는 내담자의 문제는 무엇인지 기술하고, 그것에 대해 각 이론은 어떻게 설명하고 있는지를 찾아보고 공부하는 연습을 해 본다.

평소에 관심을 가지고 있는 내담자 문제: _____

_____

_____

_____

A _____ 이론의 설명

_____

_____

_____

B _____ 이론의 설명

_____

_____

_____

C _____ 이론의 설명

_____

_____

_____

상담자는 적어도 내담자 호소문제에 대해 각 이론은 어떻게 설명하고 있는지를 미리 공부해 놓아야 한다. 상담자는 책꽂이에 각 이론서와 사례 적용서를 비치하고 꾸준하게 수시로 공부해야 한다. 내담자는 상담자가 지속적으로 공부하고, 새로운 전문적 지식과 기술을 습득하고 있는 것을 긍정적으로 평가한다.

4. 상담 개입의 방향성: 목표와 전략

앞에서 진단적 기술에 의해 내담자의 문제 행동이 정리되었고, 임상적 설명에 의해 내담자의 문제 행동의 이유가 제시되었으므로, 상담 개입의 방향성은 이에 근거하여 문제 행동을 어떻게 교정할 것인가를 제시하는 것으로 목표와 전략이 포함된다. 사례연구보고서에도 목표와 전략을 제시하는 항목이 있으며, 보다 개조식으로 명세화된 상담의 목표와 전략이 기술된다. 그러므로 이것과 구분하여 사례개념화의 상담 개입의 방향성은 말 그대로 상담자가 생각하는 임상적 목표와 전략이 포함된 보다 전문적인 개입의 서술이다. 다시 말해, 사례개념화의 상담 개입의 방향성에서 제시한 목표와 전략은 내담자와 합의할 필요는 없다.

상담 슈퍼비전을 하면서 상담의 목표를 내담자와 합의했느냐를 확인할 때가 종종 있다. 슈퍼바이저에 따라서는 임상적 목표와 합의된 목표를 구분하기도 한다. 전문적인 임상적 목표와 전략은 이론에 근거하여 보다 전문적인 용어로 서술된 내용들이다. 임상적 목표와 합의한 목표를 구분하는 경우는 대체로 정신역동적 이론적 배경을 가지고 있는 상담자나 슈퍼바이저들에게 받아들여진다. 왜냐하면 그들에게는 내담자가 굳이 이론적 개념을 알고 있을 필요가 없기 때문이다. 반면 행동주의나 인지행동적 입장에서는 이론이 지향하는 인간관이나 문제 발생의 원리를 내담자와 공유해야 함으로 구지 임상적 목표를 구분할 필요는 없다. 또 상담 과정을 초기, 중기, 종결기로 구분하여 각 단계별 전략을 제시하도록 하는 슈퍼바이저도 있고, 상담의 궁극적 목표와 과정 목표를 구분하여 생각하게 하는 슈퍼바이저도 있다. 이런 다양한 입장 중에서 여기서 말하는 상담 개입의 방향성은 상담자가 생각하고 있는 전문적이고 임상적인 목표이고, 이를 이루기 위한 전략을 의미한다. 그러나 이때에도 그것이 어떻게 내담자의 호소문제를 변화시킬 수 있는지가 기술되어야 한다.

예를 들어, '손목을 칼로 긋는 자해행동'으로 의뢰된 청소년 내담자의 경우 '자해행동의 멈춤'과 '대안적 행동'이 목표가 될 수 있다. 그러나 이 자해행동에 대해 상담자가 생활의 특정상황에서 반복되는 외상사건에 의한 플래시백과 처리할 수 없는 증폭된 감정을 자해행동으로 처리하는 학습된 행동으로 임상적 설명을 하였다면, 상담 개입의 방향성에서는 외상사건에 대한 재구조화 및 대안적 행동 학습이 목표가 되고 이를 위한 외상사건에 대한 안전한 디브리핑(debriefing)과 정서의 명세화와 타당화 등이 전략이 될 것이다.

상담의 목표는 내담자의 호소문제와 맞닿아 있으므로, 상담자는 이 호소문제를 변화가능한 형태로 수정하는 것이 필요하다. 상담목표와 전략과 관련한 정보를 준다면 내담자가 원하는 것이어야 하고, 내담자가 이해할 수 있어야 하며, 상담에 희망을 가지고 동기화될 수 있어야 할 내용이어야 한다는 것이다. '자녀와 좋은 관계가 되었으면 좋겠어요.'라는 내담자의 호소에서 내담자가 그리는 좋은 관계의 행동적 모습을 찾아내어 언어화시켜야 한다. '자녀와 싸우지 않고 대화할 수 있었으면 좋겠다.' '자녀가 하는 얘기를 끊거나 간섭하지 않고 끝까지 들을 수 있었으면 좋겠다.' '자녀가 내 사랑의 마음을 알아주었으면 좋겠다.' 등으로 언어화되어야 한다. 이러한 목표에 도달하려면 '자녀와 이야기하기 시작하면 싸운다.' '자녀의 이야기를 끝까지 듣지 않는다.' '자녀가 나를 무시한다고 생각한다.' 등의 진단적 기술이 정리되어야 하고, 전략을 세우려면 대화기술의 부족, 자녀와의 소통 부재, 자신의 원가족 소망과 욕구 등에 대한 임상적 설명이 제시되어 있는 맥락에서 가능하다.

각 심리치료 이론은 지향하는 인간의 건강 상태를 제안하고 있으므로 내담자의 호소문제를 이론적 조망에 맞추어 변경할 수 있다. 정신역동적 이론은 자신의 방어기제에 대한 통찰과 통제, 일과 관계의 균형을 지향한다. Rogers의 인간중심적 치료는 현재의 자기를 왜곡이나 부인하지 않고 자기와 유기체의 일관성을 지향하고, 자기실현을 강조한다. 행동주의나 인지행동주의에서 지향하는 상태는 내용적으로는 없지만 자기 행동이나 인지에 대한 인식과 통제력이 중요한 목표 지향점일 것이다. 전략은 선택한 이론이 제시하는 방법을 참고하여 결정할 수 있다. 사용할 상담자의 개입을 모두 다 기술할 필요는 없으나, 중요하게 적용하고자 하는 개입 전략을 중심으로 기술한다. 특히 다룰 주제나 방법도 상담의 방향성에 기술한다.

연습 5 이론별 목표와 전략 알아보기

각 이론이 지향하는 일반적 목표와 전략을 찾아보자. 왜 그런 목표를 지향하는지 생각해 보고, 이론이 제시한 전략이 그 목표를 어떻게 이루어 낼 수 있는지도 생각해 보자.

A. _____ 이론

삶의 목표:

_____

전략:

_____

B. _____ 이론

삶의 목표:

_____

전략:

_____

C. _____ 이론

삶의 목표:

_____

전략:

_____

D. _____ 이론

삶의 목표:

_____

전략:

_____

5. 상담 과정의 주의점

마지막으로 상담하는 과정에서 나타날 수 있는 문제나 염두에 두고 있어야 할 내용을 기술한다. 지금까지의 구성요소는 내담자의 호소문제와 관련하여 기술된 것이기 때문에, 내담자가 호소하지는 않았지만 분명 내담자 문제의 발생과 유지, 변화에 기여하고 있을 것이 여기 상담 과정의 주의점에서 다루어야 할 내용이다. 이 구성요소에는 내담자의 호소문제보다는 상담 과정이나 성과에 영향을 미칠 수 있는 내담자의 상담에 대한 동기나 태도, 관계적 특성, 장단점, 지원 환경 등이 포함된다.

1) 상담 동기와 태도

내담자의 상담 비자발성 문제로 인한 상담 참여의 어려움, 내담자 문제의 심각도나 내담자 특성에 기인한 상담의 지속성 여부, 초기 면담에서 확인할 수 있는 내담자의 언어적 특성(말하기 어려워하거나 너무 작은 목소리 등), 부모나 교사의 상담에 대한 생각에 기인한 협조성 정도, 청소년 내담자의 경우 학교 처벌이나 학적 상태, 상담 윤리와 관련된 문제 등이 포함된다. 내담자에게 내재화되어 있는 사회문화적 신념, 상담에 대한 스티그마, 성격적 특성에 따른 상담자와 내담자의 관계, 상담에 대한 순수하지 않은 목적 등이 내담자가 해결해야 하는 문제 외에 상담자가 상담을 진행하면서 염두에 두고 있어야 할 내용이다.

내담자의 이전의 상담 경험을 확인해 보면 내담자의 상담에 대한 태도를 예상해 볼 수 있다. 이전의 상담을 어떻게 종결했는지, 얼마나 진행했는지 등은 이번 상담에도 나타날 수 있으므로 미리 예상하고 조치해 두어야 한다. 또 내담자의 중요한 사람이 상담에 대한 태도를 염두에 두고 소홀히 다루어서는 안 된다. 초·중고등학생의 상담에서 부모는 상담의 지속에 매우 큰 영향을 미치므로 이에 대해 주의를 해야 한다. 담임교사가 이 상담에 대해 어떤 태도를 가지고 있느냐에 따라 상담자는 정기적 보고나 협조를 계획해야 한다. 일선학교 Wee 클래스 상담교사의 경우에는 상담을 하고 있는 학생 내담자와 이중관계의 문제에 노출되어 있으므로 이를 예상하고 다룰 수 있어야 한다. 학교에서의 의뢰 과정을 염두에 두고 있다면 상담 기록이나 검사 결과를 잘 정리해 두어야 하고, 비밀보장과 관련한 문제로 갈등하지 않도록 미리 준비하고 있어야 한다.

2) 내담자의 성격적 특성

내담자가 가지고 있는 성격적 특성이 상담관계에 영향을 미치는 것은 당연하다. 내담자가 호소하는 문제는 이런 성격적 특성에 기인하여 발생하기도 하지만 상담자와의 상담관계에도 영향을 미친다. 상담자를 기쁘게 하려고 매우 순응적이고, 호의적인 내담자의 태도를 상담자가 인식하지 못한 채 상담이 진행된다면 상담이 오히려 내담자의 문제를 유지시키는 역할을 하게 되기도 한다. 경계선적 성격 특성의 내담자는 상담자를 혼란스럽게 혹은 당황스럽게 만들기도 하는데, 이것이 상담 중에 나타날 것을 상담자가 예상하지 못하고 있다면 상담이 조기 종결될 가능성이 높아진다. 회피적인 내담자는 상담실에 와 있기는 하지만 상담자로 하여금 이 내담자가 상담할 마음이 있기는 한 것인지 의심하게 한다. 내담자가 호소하는 문제에 회피적인 태도가 있었다면 상담자가 늘 멀찌감치 떨어지려는 내담자를 자꾸 간섭하며 끌어당기려는 마음이 생기게 될 것임을 예상해야 한다. 그러므로 상담자는 내담자 문제의 특성이 상담관계에 어떻게 드러날 것인지를 예상하여 중요한 상담전략에 포함시켜야 되고, 이를 상담 과정의 주의점에도 특기해야 한다.

3) 법적 맥락에서 이루어지는 상담

공식적 의뢰에 의해 이루어지는 상담의 경우에는 내담자 문제를 상담하는 것 외에 의뢰 맥락에 대한 인식과 대처가 요구된다. 청소년 내담자가 학교의 법적 조치, 예를 들면 폭력선도위원회에서 징계 중 하나로 해당 청소년이 상담을 받게 하였다면, 상담실은 이에 대한 의뢰자에 대해 정기적 보고를 할 필요가 있다. 그래서 이러한 과정에 내담자에 대한 서류가 오고 갈 수가 있기 때문에 비밀보장의 윤리, 한계에 대해 상담자는 미리 내담자와 의뢰자와 논의해야 한다. 이런 유형의 문제는 기업체, 공공기관의 상담에서는 흔하게 있는 일이므로 상담자는 특히 유념하고 있어야 한다. 때때로 부부문제 상담일 경우, 나중에 이혼 소송이 이루어지면 종종 상담내용 기록을 달라는 내담자도 있다. 이 경우처럼 첨예한 관계의 문제를 다룰 때에는 소송까지도 생각하여 미리 기록물이나 상담 내용에 대한 비밀보장의 문제를 확실하게 해 두는 것이 필요하고 이를 사례개념화에 기술한다. 이러한 사항은 상담문제 자체와는 별개의 문제이지만 상담이나 상담자에게 영향을 미칠 수 있다.

4) 내담자의 강점

많은 사례개념화 관련 교과서는 내담자의 강점을 언급한다. 내담자는 문제에 초점을 맞추어 상담에 임하기 때문에 자신의 성공이나 강점, 자원 등이 배경 처리되어 있을 때가 허다하다. 그러나 내담자가 변화하려면 상담실에 지속적으로 올 만큼의 건강한 신체와 생활 태도, 자아강도가 유지되어야 한다. 이러한 변화의 준비 조건은 내담자가 가지고 있는 강점일 것이다. 대학생은 이미 대학이라는 큰 관문을 통과하여 왔다는 강점을 지닌 자이다. 어릴 때 부모로부터 심리적, 혹은 신체적 유기되어 현재 심리적 안전성을 확보하지 못하는 인간관계 문제를 호소하는 내담자라도 이를 극복하기 위해 나름대로 성실성으로, 혹은 인지적 성공으로 대처해 왔다면 이것 또한 이 내담자가 갖고 있는 강점이고, 상담자는 이러한 특성과 치료동맹을 맺으면서 상담 과정을 진행할 수 있을 것이다.

내담자 주위의 중요한 인물은 내담자의 지지원이 되기도 하고, 위협자이기도 하다. 상담은 보통 1주일에 1회로 진행되기 때문에 주위의 중요 인물을 상담의 주요 지지원으로 활용하는 것도 상담자가 인식하고 있어야 한다.

5) 내담자의 문화적 배경

Sperry와 Sperry(2012)는 문화적 공식화를 사례개념화의 중요한 요소로 제시하면서 내담자의 문제나 상담 개입에 영향을 미칠 수 있는 내담자의 사회환경적 · 문화가치적 특성을 따로 기술하게 하였다. 미국은 다인종 사회이기 때문에 이에 대한 이해가 없으면 특정 인종인 상담자가 절대 이해할 수 없거나 잘못 오해할 내담자의 특성이 있다. 예를 들어, 오래전 미국에서 한국 엄마가 잠시 외출한 사이에 어린 자녀가 강도에 의해 살해된 사건이 있었는데, 엄마 생각에는 내가 집에 있었으면 이런 일이 안 일어났을 텐데 하면서 "아이고…… 내가 죽였어, 내가 죽였어." 하면서 우는 것을 보고 통역자가 "I killed, I killed."로 번역하여 경찰이 엄마를 살인범으로 체포했다는 뉴스를 전하면서 정말 문화적 차이가 저런 것이구나 했던 기억이 있다. 아직도 우리 사회에는 남자를 우대하여 부모가 누나나 여동생과는 다른 음식과 교육 등을 제공했다는 이야기를 심심치 않게 듣는다. 지금이야 그것에 대해 누나나 여동생이 분개하고 그것으로 부모와의 갈등, 형제와의 갈등을 보고하지만 전에는 이에 대한 인식이 부족하여 자기의 자녀에게 똑같이 행하면서 자녀의 불만을 오히려 더 강하게 억압하는 부모의 이야기도 많다.

물론 이러한 문제는 내담자의 호소문제와 별개의 것이다. 그러나 회기를 충분하게 가지면서 내담자 문제를 다룬다면 분명 이 문제를 다룰 수밖에 없을 것이다. 왜냐하면 내담자의 문제 발생에 이들 문제가 기여하고 있기 때문

이다. 그러나 회기를 짧게 가져야 하는 공공기관에서의 상담에서는 호소문
제해결에 초점을 맞추어야 하기 때문에 비교적 근본적인 성격이나 문화, 신
념, 가치를 다루기가 쉽지 않으므로 이것과 문제를 어떻게 다룰 것인지를 상
담 과정의 주의점에서 기술할 수 있다.

연습 6 **성격장애별 상담 과정에서 주의할 점 알아보기**

　성격장애의 특성은 장애의 특성이 본인에게는 익숙하고 편하지만, 그 특성이 본인의 생활에 부정적인 영향을 미치며 주변의 중요한 사람을 불편하게 하고 있음을 잘 자각하지 못한다는 것이다. 이러한 특성은 여전히 상담관계에서도 나타나 상담을 방해하고, 상담자로 하여금 불편을 경험하게 한다. 상담자와 내담자의 상담관계에 영향을 미칠 내담자의 성격적 특성을 정리해 보면서 상담자는 어떻게 주의할지를 생각해 보자.

1. 일과 관계에서 나타나는 경계선적 성격의 특성은 무엇이고, 이것이 상담 과정에 어떻게 나타날 수 있는지 생각해 보고 어떻게 대처해야 할지 생각해 보시오.

　일과 관계에서 보이는 특성:

　상담관계에서 보일 특성:

　---

2. 일과 관계에서 나타나는 회피적 성격의 특성은 무엇이고, 이것이 상담 과정에 어떻게 나타날 수 있는지를 생각해 보고 어떻게 대처해야 할지 생각해 보시오.

　일과 관계에서 보이는 특성:

　상담관계에서 보일 특성:

　---

3. 일과 관계에서 나타나는 편집성 성격의 특성은 무엇이고, 이것이 상담 과정에 어떻게 나타날 수 있는지를 생각해 보고 어떻게 대처해야 할지 생각해 보시오.

일과 관계에서 보이는 특성:

상담관계에서 보일 특성:

----

4. 일과 관계에서 나타나는 의존성 성격의 특성은 무엇이고, 이것은 상담 과정에 어떻게 나타날 수 있는지를 생각해 보고 어떻게 대처해야 할지 생각해 보시오.

일과 관계에서 보이는 특성:

상담관계에서 보일 특성:

연습7 다음에 제시된 내담자를 상담할 때, 주의해야 할 점을 정리해 보시오.

1. 학교에서 폭력 사건을 일으킨 가해자로서 상담을 받도록 한 고 1 남학생

----

2. 이병에게 욕을 했다는 이유로 상담을 받도록 한 22세 병장

----

3. 남한에서의 적응의 어려움과 신체적 고통을 호소한 40대 여성 북한이탈주민

----

4. 생후 1년 된 아이가 있는 자해를 하는 20세의 미혼모

2장을 마치며

다음의 주제를 생각하면서 2장을 정리합시다.

1. 제시된 사례개념화의 구성요소는 다른 학자의 구성요소와 다른 점은 무엇인가요?

2. 지금까지 자신이 구성해 온 사례개념화와 다른 점이 있다면 무엇인가요?

3. 제시된 5가지 구성요소 중 자신이 중요하다고 생각되는 요소는 무엇인가요?

📰 참고문헌

이장호, 금명자(1992). 상담연습 교본. 서울: 법문사.

이명우(2017). 효과적인 상담을 위한 사례개념화의 실제: 통합적 사례개념화 모형(IC-CM-X). 서울: 학지사.

통계청(2015). 성별/연령별/종교별 인구, KOSIS.

Corsini, R. J. (2003). *Handbook of Innovative Therapy*. John Wiley & Sons, Inc.

Gehart D. R. (2016), *Case Documentation in Counseling and Psychotherapy: A Theory-Informed Competency-Based Approach*. 이동훈, 성균관대학교 외상

심리건강연구소 역(2019). 상담 및 심리치료 사례개념화: 이론 기반의 사례개념화 훈련. Cengage Learning Korea Ltd.

Higgins E. T. (1987). Self-discrepancy: A theory relating self and affect. *Psychological Review, 94*(3), 319-340

Sperry, L. & Sperry, J. (2012). *Case Conceptualization: Mastering this Competency with Ease and Confidence.* 이명우 역(2014). 상담실무자를 위한 사례개념화 이해와 실제. 서울: 학지사.

제 **3** 장

평가를 통한
사례개념화 연습

1. 좋은 사례개념화의 조건

상담자가 내담자의 문제를 해결할 수 있도록 내담자 문제 이해와 해결 방법이 정확하게 정리되어 있을 때 좋은 사례개념화가 된다. 구성요소 각각의 내용이 충분해야 하고, 구성요소 간의 내용이 체계적이고 논리적으로 연결되어 있어야 한다. 또한 이론적 · 개념적으로 내용을 잘 정리하고, 더 나아가 상담 과정에서 발생할 수 있는 여러 가지 변수마저 예상하여 준비할 수 있도록 전략과 주의점 등을 인지하고 있다면 더없이 훌륭한 사례개념화일 것이다. 다음에 이러한 사례개념화의 특성을 5가지로 나누어 설명하였다.

1) 좋은 사례개념화는 내담자를 생생하게 상상할 수 있게 한다

정리된 사례개념화를 읽는 사람은 상담자 본인과 슈퍼바이저, 혹은 집단 슈퍼비전 시의 동료상담자이다. 상담자 본인은 이미 내담자를 보았기 때문에 내담자가 이미 생생하게 머리에 그려질지 모르지만, 적어놓은 사례개념화가 그 생생함을 잘 드러내지 못하기도 한다. 내담자를 보거나 만나 본 적이 없는 슈퍼바이저나 동료상담자는 이 사례개념화를 보고 내담자를 상상한다. 사례개념화는 상담하고 있는 그때뿐 아니라 시간적 연속성을 가진 삶의 역사적 흐름으로 내담자를 그릴 수 있게 한다. 또한 호소하는 그 장면뿐 아니라 다양하고 중요한 생활 장면에서의 수평적 연속성을 가지고 내담자를 그리게 한다.

내담자는 대체로 정서나 행동, 생각 중 하나만을 단독으로 호소한다. 우울하다고 하거나 혹은 아무것도 하고 싶지도 않고 할 의욕이 없으며, 그저 어젯밤에 문득 칼로 팔을 자해했다고 호소한다. 내담자의 그런 특정적인 호소에서 상담자는 탐색과 이해를 통해 정서, 인지, 행동, 관계, 과거와 미래 같은 상황의 미시적 이해와, 내재화되어 있는 가치와 사회적 요구와 같은 비교적 거시적 이해에 이르기까지 내담자를 입체적으로 사례개념화에 그릴 수 있어야 한다.

2) 내담자의 문제와 개선에 초점을 맞추어 합목적적으로 설명되어야 한다

앞의 내용에 충실하여 내담자를 생생하게 그리기 위해서 내담자의 여러 모습을 나열하다 보면 내담자의 문제를 잃어버릴 수 있다. 앞에서도 언급하였지만, 그러한 특성이 내담자 문제에 대한 기술이어야 하고 또 설명이어야 한다. 드러난 특성은 개선해야 할 목표가 될 수 있고, 드러난 설명은 개선할 수 있는 방법과 전략과 연결된다.

학교부적응 문제를 호소한 청소년 사례의 경우, 내담자와 부모의 관계, 부와 모의 관계, 가족의 규칙과 관련한 분위기 등이 내담자의 학교부적응에 어떻게 기여했는지가 설명되어야 하고, 청소년뿐 아니라 이들 부모와 가족을 어떻게 개입해 갈 것인지도 사례개념화에 포함되어야 한다. 학사경고로 대학교 상담소를 찾은 대학생의 사례개념화에는 건강을 비롯한 일상생활 규칙, 가족과의 관계와 경제적 상황, 인터넷이나 도박과 관련한 중독적 행동의 여부, 대학 전공과 진로의 방향과 같은 내담자의 현재 생활과 관련한 수평적인 정보가 탐색되어 현재 문제와의 관련성이 기술되어 있어야 한다.

3) 내담자가 읽어도 불쾌하지 않고 수용할 수 있어야 한다

내담자가 상담자의 사례보고서나 사례개념화를 확인하는 경우는 거의 없지만, 만약 본다고 하더라도 상담자가 내담자가 상처를 입을까 봐 겁내지 않고 기꺼이 보여 주어서 내담자에게 이해가 되고 변화에 도움이 되는지를 확인할 수 있어야 한다. 어떻게 보면 내담자의 문제와 생활, 그것도 부정적인 면을 적나라하게 드러낸 것이 사례개념화의 진단적 기술과 임상적 설명이기 때문에 내담자 입장에서는 이것이 치부가 될 수 있다. 그러나 내담자가 이를 불쾌해하지 않고 수용할 수 있으려면 상담자는 객관적이고 전문적인 논리성을 가져야 하며 사례개념화에 자신감을 보여야 한다. 또한 내담자라도 쉽게 이해할 수 있도록 기술되는 것이 필요하고, 변화의 가능성이 열려 있어야 내담자가 상담을 통한 변화에 동기화될 수 있을 것이다. 이는 상담의 목표와 전략에 적용된다.

병원에서 당뇨병 진단을 받는 환자에게 혈당치를 정확하게 알려 주고, 치료방법의 기제, 치료약의 기전 등을 분명하게 알려 줄 때 환자는 안심하고 치료에 협조한다. 이렇듯 사례개념화에서도 진단적 범주가 객관적으로 기술되어야 하고, 이론적 틀과 개념으로 내담자의 문제를 설명한 후 논리적으로 치료목표와 방법이 제시된다면 내담자가 비록 자신의 치부인 문제를 드러낸다 하더라도 상담자로부터 자존심이 상하는 등의 상처를 받지 않을 것이다.

4) 내담자 문제에 현재, 과거, 미래의 체계성이 있어야 한다

사례개념화에는 내담자의 현재, 과거, 미래가 있다. 내담자가 현재 호소하고 있는 내용이 사례개념화의 진단적 기술에 실리기 때문에 진단적 기술은 내담자의 현재이다. 임상적 설명은 내담자의 바로 그 현재 문제가 어떻게 나타났느냐에 대한 부분이므로, 내담자의 과거나 현재의 배경에 해당한다. 상담의 방향성은 상담의 현재와 미래를 의미한다. 예를 들어, 정신역동적 입장으로 임상적 설명이 이루어진다면 분명 어린 시절의 성장적 배경이 기술되므로 과거적 특성을 지닌다. 반면, 인지행동적으로 임상적 설명을 한다면 문제 정서나 행동의 인지적 특성이 설명되므로 동시적으로 현재가 될 수 있다. 그러나 그러한 인지적 신념이 형성된 발달적 상황을 임상적 설명에 기술했다면 그것은 과거적 특성이다.

과거-현재-미래로 기술하지 않고 현재-과거-미래로 기술한 이유는 내담자가 현재 겪는 어려움에서부터 상담이 시작되기 때문이고, 현재의 내담자 모습이 그려져야 그 모습이 어디에서 발생되었는지의 임상적 설명으로 연결될 수 있기 때문이다. 임상적 설명이 충분히 이루어지면 상담에서 얻으려는 변화와 방법의 미래적 특성이 논리적 개연성을 가지고 변화 가능성을 높일수 있게 된다.

5) 사례개념화는 상담자와 내담자에게 희망을 주어야 한다

희망은 성취하고 싶은 목표가 있고, 그 목표를 성취하고 싶은 욕구가 있으며, 그 목표를 성취할 수 있는 방법이 있을 때 비로소 생긴다. Snyder(1994)는 희망은 목표(goal), 의욕(willpower) 그리고 방법(waypower)이 함께 있을 때 발생하는 산물이라고 하였다. "되면 좋지만 꼭 그래야만 하는지 모르겠다."는 자조적인 말에는 희망이 없다. "그것을 꼭 성취하고 싶은데 방법을 모르겠다."면 역시 희망이 없다. "꼭 이루고 싶은 것이 있는데, 이렇게만 하면꼭 성취할 수 있다."고 말한다면 그는 희망을 경험하고 있는 것이다.

사례개념화의 상담 개입의 방향성에는 목표와 전략이 기술되는데, 전략(희망의 구성요소로는 waypower)대로만 하면 그 목표(희망의 구성요소로는 goal)를 성취할 수 있을 것이고, 그 전략은 내담자 문제의 임상적 설명에 근거되어 있으므로 충분히 목표를 성취할 수 있게 한다. 의욕(willpower)은 자발적 내담자의 경우에는 이미 갖추어진 셈이고, 비자발적 내담자의 경우에는 상담초기에 라포를 기초로 해서 정확한 문제 인식과 설명을 하게 되면 상담자뿐 아니라 내담자에게도 함께 생긴다. 치료동맹 혹은 작업동맹이 잘 형성되면 의욕을 비롯한 희망이 생겼기 때문에 성과가 나타나게 된다. 사례개념화의 구성요소가 논리적으로 연결되면 상담자 자신은 물론 내담자에게서도 희망이 생긴다. "이 문제를 꼭 해결하고 싶어요. 선생님과 상담을 하면 이문제는 꼭 해결될 것 같아요."라는 내담자의 말은 희망에 찬 말의 증거이다.

2. 사례개념화 평가 항목

사례개념화를 평가하기 위해서 학자들은 주로 사례개념화에 포함되어야 할 내용을 준거로 사용한다. 예를 들어, 이명우(2004)는 심흥섭(1998)의 상담자 발달수준 척도의 5가지 하위척도 중 '사례이해와 상담계획'에 포함된 문항으로 상담자의 사례개념화 능력을 평가하였다. 서경희(2008)는 사례개념화 자가평가 척도를 개발하였는데, 이 사례개념화 능력 평가들은 사례개념화의 내용과 구조에 대한 특성이 모두 포함되어 있다. 여기서 내용이란 사례개념화에 들어가 있는 내용을 말한다. 호소문제라든지 내담자의 정서 상태라든지 내담자의 문제가 역기능적 신념에 의해 발생했다든지의 사례개념화에 기술된 내용이다.

구조는 사례개념화의 포괄성, 논리성, 체계성 등을 말하는데, 내담자의 호소문제는 있는데 의뢰 과정이 누락되어 있다면 그것은 사례개념화의 구조적 문제 중 포괄성에 문제가 있다고 할 수 있다. 반면, 인지치료적 입장으로 개입해서 내담자에게 부정적 자동적 사고를 탐색, 기록해 오라는 숙제를 내겠다는 상담의 방향성이 제시되어 있는데, 임상적 설명에 왜곡된 인지와 역기능적 사고체계가 설명되어 있지 않다면 그것은 논리성에 문제가 있는 것이다. 조금 더 구체적으로 '내담자의 대인관계 양상을 이해한다.' '내담자가 상담에서 원하는 것이 무엇인지를 잘 안다', '내담자가 현시점에서 상담하게 된 동기를 안다.' '내담자의 어린 시절 주된 감정양식을 알고 있다.' 등은 사례개념화의 내용과 관련된 문항들이다. 반면 '내담자를 이해하고 바라보는 기본적인 관점이 긍정적이다.' '상담자가 자신의 사례개념화에 대한 충분하고 타당한 근거를 가지고 있다.' '내담자의 증상을 잘 파악한다.' '내담자에 대한 평가가 폭넓다.' 등은 사례개념화의 구조적 특성을 평가하는 문항들이다.

다음에는 심흥섭(1998)의 발달수준 척도 중 사례 이해(11문항)와 상담계획(상담목표, 전략, 개입기술 등 11문항)과 서경희(2008)의 사례개념화 자가평가

척도(21문항)가 제시되어 있다. 이 두 척도는 사례개념화에 대한 정의가 약간씩 다르므로 이 책에서는 종합적 이해에 해당하는 사례개념화 정의를 가지고 내용을 훼손하지 않는 범위 안에서 문항을 수정하였다. 또한 원래의 척도에서 제시하는 문항 순서가 아닌 사례개념화의 내용과 구조를 구분하여 제시하였다.

〈표 3-1〉 심흥섭의 사례이해와 상담계획 평가

	사례개념화 내용 평가	사례개념화 구조 평가
사례 이해	• 내담자의 대인관계 양상을 이해한다. • 내담자의 핵심문제를 잘 파악한다. • 내담자가 상담에서 원하는 것이 무엇인지를 잘 안다. • 내담자의 증상을 잘 파악한다. • 내담자의 사회적 지지체계를 안다. • 내담자가 현 시점에서 상담하게 된 동기를 안다. • 내담자의 장점과 약점을 있는 그대로 본다.	• 내담자에 대한 이해가 분명하다. • 내담자에게서 나온 자료를 종합하여 내담자를 이해한다. • 내담자의 증상이 어떻게 형성되고 유지되어 왔는지를 안다. • 내담자에 대한 평가가 폭넓다.
상담 계획	• 내담자 행동변화를 위하여 특정한 계획을 세웠다. • 내담자 문제를 다루는 데 우선순위를 정하여 접근한다. • 문제해결의 대안이 적절하거나 다양하다. • 중요한 기법들을 제대로 사용한다.	• 상담을 짜임새 있게 이끈다. • 상담목표와 일치하는 기법을 분별하여 적용한다. • 상담 목적을 분명히 잡고 진행한다.

학자들은 좋은 사례개념화에 대해서 내담자와 사례에 대해 종합적으로 이해하고, 체계적으로 기술되어야 한다고 지적한다. 진술하는 내용이 내담자의 핵심문제를 파악하고, 이를 이론적으로 설명하고, 이에 근거하여 장단기 목표와 전략 등이 명료하게 기술되어 있어야 하고 적합해야 한다고 한다. 또한 기술된 내용이 전문적이고 풍부한지도 평가한다.

여기에서는 앞 절에서 제시한 좋은 사례개념화의 조건을 평가적 특성으로 타당성, 포괄성, 체계성, 논리성, 희망성 등의 5가지 항목을 마련하였다. 타당성과 희망성이 사례개념화의 내용에 해당하는 평가항목이라면 포괄성, 체계성, 논리성은 구조적, 구성적 평가항목이다.

〈표 3-2〉 서경희의 사례개념화 자가평가 척도

사례개념화 내용 평가	사례개념화 구조 평가
• 치료에 방해가 되는 상담자 특징을 알고 있다. • 상담자의 감정으로부터 내담자 문제를 파악하고 이를 치료에 활용할 수 있다. • 내담자가 처한 문제 상황에서 내담자의 생각, 감정, 행동 및 타인의 반응을 알고 있다. • 내담자의 어린 시절 주된 감정양식을 알고 있다. • 치료기간을 고려하여 치료계획을 설정한다. • 호소문제가 언제부터 발생했는지 알고 있다. • 내담자가 상담에서 다루고 싶어 하는 문제를 알고 있다. • 상담 중에 상담자가 내담자에게 느끼고 있는 감정을 알고 있다. • 내담자가 현 시점에서 상담하게 된 계기를 알고 있다. • 내담자의 긍정적 경험, 성공 경험에 관심을 가진다. • 치료에 방해가 되거나 도움이 되는 내담자의 경험을 알고 있다. • 내담자의 핵심문제가 무엇인지 잘 파악하고 있다. • 내담자와 현재 갈등관계에 있는 사람들의 공통된 특성을 파악하고 있다.	• 상담자가 자신의 사례개념화에 대해서 충분하고도 타당한 근거를 가지고 있다. • 내담자를 부분적인 것이 아닌 전체적인 존재로 보고 있다. • 상담목표를 수립하고 전략을 세운다. • 내담자의 정서, 사고, 행동을 연결해서 볼 수 있다. • 내담자를 이해하고 바라보는 기본적인 관점이 긍정적이다. • 단기와 장기 목표를 구분하여 세울 수 있다. • 상담목표 설정 및 개입의 우선순위를 정한다.

1) 타당성

각 구성요소별로 기술해 놓은 내용이 과연 그러한가를 평가한다.

사례연구보고서의 다른 내용, 상담자의 내담자에 대한 기술과 설명과 같은 내용을 통해 생생하게, 혹은 잔잔하게 떠올려지는 내담자의 모습을 그리는 가운데 타당성을 확인할 수 있다.

2) 포괄성

완성된 사례개념화의 내용에 5가지 구성요소가 모두 포함되어 있는지를 평가한다.

내담자에 대한 대표적 인구학적 정보와 호소문제 및 의뢰 과정, 진단적 기술, 임상적 설명, 상담 개입의 방향성, 상담 과정의 주의점 등이 다 포함되어 있는지를 평가한다. 많은 경우 사례보고서 초두에 이미 내담자의 연령이나 성별 등이 있기 때문에 사례개념화에는 누락되기도 하고, 진단적 기술 부분은 따로 없이 임상적 설명과 혼재되어 있기도 하다. 상담의 전략은 있는데 분명한 목표가 없는 경우도 있고, 상담 과정의 주의점으로 사례에 따라 복용되는 약물과 정신과 치료와의 통합성, 상담관계에서 예상되는 어려움에 대해 꼭 인지하고 다루어야 함에도 불구하고 빼놓는 경우도 허다하다. 또한 각각의 구성요소에도 세부적으로 들어가야 하는 내용이 다 포함되어 있는지도 살펴야 한다. 특히 진단적 기술은 매우 꼼꼼하게 관찰하고 탐색하여 기술해야 하는데, 상담자들이 임상적 설명에 몰두하는 바람에 내담자의 중요한 현재 모습이 빠져있어 내담자가 잘 그려지지 않을 때도 종종 있기 때문이다.

3) 체계성

각 구성요소가 순서에 맞추어 분명하게 기술되어 있는지를 평가한다.

간혹 구성요소가 사례개념화 안에 있기는 한데, 진단적 기술과 임상적 설명이 섞여 있어 혼란스럽다든지 혹은 임상적 설명에 상담 과정의 주의점을 함께 다루어 상담 과정에서 상담자가 이를 간과하게 할 수 있다. 구성요소별로 충분히 질서 있게 기술되는 것도 중요하다. 상담자 자신도 혼란스러워 기술이 뒤죽박죽 섞여 있어 내담자를 그리기 어렵게 하는 사례개념화도 있다.

4) 논리성

각 구성요소가 맥락적으로 잘 연결이 되는지를 평가한다.

논리성은 현재 드러난 문제는 무엇이고, 그 이유는 이런 것이고, 그래서 이런 방식으로 교정해 나갈 수 있음이 설득되는 정도를 말한다. 임상적 설명을 보면 진단적 기술이 그럴 수밖에 없음이 납득되어야 한다. 상담 개입의 방향성에 기록된 전략이 임상적 설명에 근거되어 있음이 분명하다면 논리성이 있는 것이다.

5) 희망성

분명한 목표와 전략이 있고, 내담자도 동의하여 상담에 협조하게 될 것을 평가한다.

내담자에 대한 정확한 이해와 그것에 기초한 상담의 목표와 전략에 의해 정말 이 내담자가 목표한 대로 변화할 수 있다는 가능성이 높게 경험된다면 희망이 높은 사례개념화이다.

다음은 이들의 평가항목에 맞추어 질문을 만들어 보았다.

● 이 사례개념화는 내담자의 의뢰 과정과 그 과정의 특성을 정확하고 분명하게 기술하고 있는가?

● 이 사례개념화는 내담자의 호소문제와 촉발사건을 정확하고 분명하게 기술하고 있는가?

● 이 사례개념화는 내담자의 호소문제의 심리적 특성을 정확하고 분명하게 기술하고 있는가?

● 이 사례개념화는 내담자의 인간관계 특성을 정확하고 분명하게 기술하고 있는가?

● 이 사례개념화는 내담자의 신체적·사회기능적 특성을 정확하고 분명하게 기술하고 있는가?

● 이 사례개념화는 내담자 문제의 패턴과 유지요인을 정확하고 분명하게 설명하고 있는가?

● 이 사례개념화는 내담자 문제에 대한 이론적 설명을 정확하고 분명하게 설명하고 있는가?

● 이 사례개념화는 내담의 사회·경제·문화적 특성이 내담자 문제에 어떻게 기여하였는지를 정확하고 분명하게 설명하고 있는가?

● 이 사례개념화는 상담의 목표와 전략을 명확하게 제시하였는가?

● 이 사례개념화는 상담이 진행하면서 주의해야 할 점을 명확하게 제시하였는가?

● 이 사례개념화는 사례개념화 구성요소의 내용을 모두 포함하고 있는가?

● 이 사례개념화는 각 구성요소의 내용과 구성이 체계적으로 기술되어 있는가?

● 이 사례개념화의 구성요소는 서로 논리적으로 잘 연결되어 있는가?

● 이 사례개념화는 내담자 변화에 대해 희망적인가?

● 이 사례개념화는 가독성이 있는가?

다음은 앞의 질문을 리커트 질문지로 만들어 객관적 점수를 산출할 수 있도록 하였다.

다음 척도는 5점 리커트로 15점에서 75점까지 분포한다. 60점 이상은 좋은 사례개념화이고, 40~50점은 평균, 40점 이하는 보완해야 할 내용과 구성이 많은 사례개념화이다. 특히 어떤 항목에서 낮은 점수를 받았는지를 확인할 수 있다.

〈표 3-3〉 사례개념화 평가 척도

사례개념화를 읽고 다음의 질문에 근거하여 해당하는 정도에 ✓표 하시오.

①는 전혀 아니다, ②는 약간 그렇다, ③은 중간 정도이다, ④는 꽤 그렇다, ⑤는 매우 그렇다

이 사례개념화는 ……

번호	내용	전혀 중간 매우
1	내담자의 의뢰 과정과 이 과정의 특성을 정확하고 분명하게 기술하고 있다.	① ② ③ ④ ⑤
2	내담자의 호소문제와 촉발사건을 정확하고 분명하게 기술하고 있다.	① ② ③ ④ ⑤
3	내담자 호소문제의 심리적 특성을 정확하고 분명하게 기술하고 있다.	① ② ③ ④ ⑤
4	내담자의 인간관계 특성을 정확하고 분명하게 기술하고 있다.	① ② ③ ④ ⑤
5	내담자의 신체적·사회기능적 특성을 정확하고 분명하게 기술하고 있다.	① ② ③ ④ ⑤
6	내담자 문제의 패턴과 유지요인들을 정확하고 분명하게 설명하고 있다.	① ② ③ ④ ⑤
7	내담자 문제에 대한 이론적 설명을 분명하게 설명하고 있다.	① ② ③ ④ ⑤
8	내담자의 사회·경제·문화적 특성이 내담자 문제에 어떻게 기여하였는지를 분명하게 설명하고 있다.	① ② ③ ④ ⑤
9	상담의 목표와 전략을 명확하게 기술하고 있다.	① ② ③ ④ ⑤
10	상담을 진행하면서 주의해야 할 점을 명확하게 기술하고 있다.	① ② ③ ④ ⑤
11	사례개념화의 모든 구성요소가 다 포함되어 있다.	① ② ③ ④ ⑤
12	사례개념화의 각 구성요소의 내용과 구성이 체계적으로 기술되어 있다.	① ② ③ ④ ⑤
13	사례개념화의 각 구성요소의 내용이 논리적으로 잘 연결되어 있다.	① ② ③ ④ ⑤
14	내담자의 변화를 기대할 수 있다.	① ② ③ ④ ⑤
15	가독성이 있다.	① ② ③ ④ ⑤

합계 _____

3. 여러 수준별 사례개념화 평가하기 연습

연습8 사례개념화 평가하기 연습 1

다음에 제시하는 사례개념화를 잘 읽고 1) 좋은 사례개념화의 조건에 맞추어 주관적인 평가와 이유를 적어 보고, 2) 객관적 질문지에 점수로 표시해 보시오.

〈1〉

내담자는 현실을 인식하고 직면하는 것이 어렵기 때문에 자신이 보고, 느끼는 것을 스스로가 상처받지 않는 방식대로 해석하고 방어하고 있으며 '합리화'하고 있다. '나는 사랑받고 있다(나에게 관심을 가져 줄 때, 눈을 마주치는 것, 인사하는 것).'라고 인식하고 있는 반면, 현실에서는 사람들로부터 사랑을 느끼지 못하고 소외감을 느끼고 있다. 이 소외감은 자신에 대하여 타인이 어떻게 생각할까 하는 생각으로, 스스로 스트레스를 받고 있다. 내담자는 자신의 사적 공간에 타인이 들어오는 것을 간절히 원하면서도 부담스러워한다. 양가감정을 느끼고 있으나 스스로 가져야 할 감정의 선택과 결정에 있어 왜곡과 부인의 모습을 보이고 있다. 이는 버려짐과 거절감에 대한 두려움과 타인이 가깝게 다가와 자신을 알게 되는 것을 에너지가 낭비된다고 표현하면서 관계에 대한 두려움을 가지고 있다. 정서적 표현(울고, 짜증내는 것)이 쉽게 이루어졌다가 냉정한 태도로 자신이 겪고 있는 상황을 정돈된 태도로 설명하는 모습을 보인다.

내담자는 스스로를 이해하려고 노력은 하지만, 수용되기 어려운 어린 시절의 경험으로 인해 만족할 만한 인간관계의 경험이 부족한 것으로 보인다. 일방적인 의사소통이나 대화법과 태도에서 벗어나 대학생활에서 서로 교류하는 인간관계 안에 들어갔고, 어린 시절의 경험으로 인해 버림받지 않을까에 대한 두려움의 문제를 호소하고 있다. 자신의 생각 구조 안에서 확인되어지는 '자신이 사랑받을 존재가 아니라는 생각'이 스스로를 힘들게 하고 있는 것 같다. 학교 생활에 적응하기 힘든 것으로 보이고 가족 및 학교 환경과의 갈등을 빚고 있다. 이러한 어려움을 항상 남의 탓으로 돌리는 경향도 있다.

- 이 사례개념화의 내담자를 생생하게 상상할 수 있는가?

- 내담자의 문제와 개선에 초점을 맞추어 합목적적으로 설명되어 있는가?

- 이 사례개념화를 내담자가 읽어도 불쾌해하지 않고 수용할 수 있는가?

- 내담자의 현재, 과거 혹은 근거, 미래가 연결되는 체계성과 논리성이 있는가?

- 사례개념화는 상담자와 내담자에게 희망을 주는가?

사례개념화를 읽고 다음의 질문에 근거하여 해당하는 정도에 ✓표 하시오.

①는 전혀 아니다, ②는 약간 그렇다, ③은 중간 정도이다, ④는 꽤 그렇다, ⑤는 매우 그렇다

이 사례개념화는 ……

번호	내용	전혀 중간 매우
1	내담자의 의뢰 과정과 이 과정의 특성을 정확하고 분명하게 기술하고 있다.	① ② ③ ④ ⑤
2	내담자의 호소문제와 촉발사건을 정확하고 분명하게 기술하고 있다.	① ② ③ ④ ⑤
3	내담자 호소문제의 심리적 특성을 정확하고 분명하게 기술하고 있다.	① ② ③ ④ ⑤
4	내담자의 인간관계 특성을 정확하고 분명하게 기술하고 있다.	① ② ③ ④ ⑤
5	내담자의 신체적 · 사회기능적 특성을 정확하고 분명하게 기술하고 있다.	① ② ③ ④ ⑤
6	내담자 문제의 패턴과 유지요인을 정확하고 분명하게 설명하고 있다.	① ② ③ ④ ⑤
7	내담자 문제에 대한 이론적 설명을 분명하게 설명하고 있다.	① ② ③ ④ ⑤
8	내담자의 사회 · 경제 · 문화적 특성이 내담자 문제에 어떻게 기여하였는지를 분명하게 설명하고 있다.	① ② ③ ④ ⑤
9	상담의 목표와 전략을 명확하게 기술하고 있다.	① ② ③ ④ ⑤
10	상담을 진행하면서 주의해야 할 점을 명확하게 기술하고 있다.	① ② ③ ④ ⑤
11	사례개념화의 모든 구성요소가 다 포함되어 있다.	① ② ③ ④ ⑤
12	사례개념화의 각 구성요소가 내용과 구성이 체계적으로 기술되어 있다.	① ② ③ ④ ⑤
13	사례개념화의 각 구성요소의 내용이 논리적으로 잘 연결되어 있다.	① ② ③ ④ ⑤
14	내담자의 변화를 기대할 수 있다.	① ② ③ ④ ⑤
15	가독성이 있다.	① ② ③ ④ ⑤

합계 _____

연습 9 **사례개념화 평가하기 연습 2**

다음에 제시하는 사례개념화를 잘 읽고 1) 좋은 사례개념화의 조건에 맞추어 주관적인 평가와 이유를 적어 보고, 2) 객관적 질문지에 점수로 표시해 보시오.

〈2〉

내담자의 현재 정서는 매우 양가적이다. 아내의 반복되는 외도문제와 양육 태도에 분노와 실망감이 크나, 아내가 가정을 떠나 지금의 가정이 해체될까 걱정과 불안감을 가지고 있다. 이로 인해 그동안 잘해 왔던 업무의 집중도가 떨어지고, 주변의 평가도 나빠지는 듯한 기분이 들고 있다. 그러나 문제해결을 위해 아내와 직접적인 소통을 하기보다는 아내의 주변의 사람이 아내를 잡아 주고 조종해 주었으면 하고 있다.

내담자 본인은 치밀하게 아내의 상대 남자나 주변을 이용하여 아내와의 관계가 끊어지도록 적극적으로 개입하고 있으나 본인의 직접적인 상대인 아내에게는 적극적인 문제해결 개입을 하지 않고 있다. 아마도 위에 언급하였듯이 가족해체에 대한 두려움과 이로 인한 사회적 평가에 대한 걱정감이 크기 때문인 것으로 판단된다. 안타깝게도 지금의 해결방식은 아내의 외도를 일시적으로 중단할 수 있을 뿐, 근본적으로 문제를 해결하기에는 어려울 것으로 보인다. 실제적으로 가정이 이미 해체된 상태이지만 내담자는 아내에 대한 이상적 기대를 하고 있으며, 가정을 유지하고 싶은 마음과 이혼에 대한 생각과 이혼 후 발생될 개인적 어려움(경제 및 양육)에 대한 걱정으로 혼란감을 느끼고 있다.

이에 상담 안에서 상처받고, 고통받는 자신의 감정을 안전하게 표현하고 풀어 낼 수 있도록 공감과 지지가 필요할 것으로 보인다. 또한 결혼 지속과 이혼이라는 양 측면에 대해서 충분히 고려를 하고 결정할 수 있도록 내담자의 생각과 의견을 존중해야 한다.

- 이 사례개념화의 내담자를 생생하게 상상할 수 있는가?

- 내담자의 문제와 개선에 초점을 맞추어 합목적적으로 설명되어 있는가?

- 이 사례개념화를 내담자가 읽어도 불쾌해하지 않고 수용할 수 있는가?

- 내담자의 현재, 과거 혹은 근거, 미래가 연결되는 체계성과 논리성이 있는가?

- 사례개념화는 상담자와 내담자에게 희망을 주는가?

사례개념화를 읽고 다음의 질문에 근거하여 해당하는 정도에 ✓표 하시오.

①는 전혀 아니다, ②는 약간 그렇다, ③은 중간 정도이다, ④는 꽤 그렇다, ⑤는 매우 그렇다

이 사례개념화는 ……

번호	내용	전혀 중간 매우
1	내담자의 의뢰 과정과 이 과정의 특성을 정확하고 분명하게 기술하고 있다.	① ② ③ ④ ⑤
2	내담자의 호소문제와 촉발사건을 정확하고 분명하게 기술하고 있다.	① ② ③ ④ ⑤
3	내담자 호소문제의 심리적 특성을 정확하고 분명하게 기술하고 있다.	① ② ③ ④ ⑤
4	내담자의 인간관계 특성을 정확하고 분명하게 기술하고 있다.	① ② ③ ④ ⑤
5	내담자의 신체적 · 사회기능적 특성을 정확하고 분명하게 기술하고 있다.	① ② ③ ④ ⑤
6	내담자 문제의 패턴과 유지요인을 정확하고 분명하게 설명하고 있다.	① ② ③ ④ ⑤
7	내담자 문제에 대한 이론적 설명을 분명하게 설명하고 있다.	① ② ③ ④ ⑤
8	내담자의 사회 · 경제 · 문화적 특성이 내담자 문제에 어떻게 기여하였는지를 분명하게 설명하고 있다.	① ② ③ ④ ⑤
9	상담의 목표와 전략을 명확하게 기술하고 있다.	① ② ③ ④ ⑤
10	상담을 진행하면서 주의해야 할 점을 명확하게 기술하고 있다.	① ② ③ ④ ⑤
11	사례개념화의 모든 구성요소가 다 포함되어 있다.	① ② ③ ④ ⑤
12	사례개념화의 각 구성요소의 내용과 구성이 체계적으로 기술되어 있다.	① ② ③ ④ ⑤
13	사례개념화의 각 구성요소의 내용이 논리적으로 잘 연결되어 있다.	① ② ③ ④ ⑤
14	내담자의 변화를 기대할 수 있다.	① ② ③ ④ ⑤
15	가독성이 있다.	① ② ③ ④ ⑤

합계 _ _ _ _ _ _ _ _ _ _ _ _ _ _ _

연습 10 **사례개념화 평가하기 연습 3**

다음에 제시하는 사례개념화를 잘 읽고 1) 좋은 사례개념화의 조건에 맞추어 주관적인 평가와 이유를 적어 보고, 2) 객관적 질문지에 점수로 표시해 보시오.

〈3〉

내담자는 군대를 다녀온 후, 3학년에 복학하여 학교를 다니면서 앞으로 진로에 대해 고민하였다. 자신이 할 수 있는 것이 하나도 없는 것 같은 두려운 마음과 우울한 상태로 정신과 진료를 받던 중, 상담을 권유받아 자발적으로 내방하였다. 내담자는 자신에 대해 알기를 원하며 사람들을 만나서 의사소통을 하고 친해지는 것이 어려우며 살면서 무엇을 해야 할지 잘 모르겠다고 호소하였다.

내담자는 상담 중에 말이 느리고 눈맞춤이 거의 없이 테이블을 응시하며 눈을 만지거나 이마를 만지는 등의 특이한 손동작을 보였다. 내담자의 표현에서 감정이 거의 느껴지지 않을 만큼 건조한 대답과 표정을 지었는데, 상담 장면에서 정서적인 교류가 전혀 느껴지지 않았다. 대체적으로 상담자의 질문에 적절한 응대를 하는 것으로 보이나 상담에 오는 것이 어떤지에 대해 묻는 질문에 언덕을 올라오는 것이 아직 힘들다는 식의 다소 문맥에 맞지 않는 대답을 하기도 했다.

내담자는 교사인 아버지와 주부인 어머니 사이에서 1남 1녀 중 장남으로 자랐으며 어린 시절 가족들과 여행을 다니고 친구들과 놀기도 했으나 주로 혼자 방에서 책 읽기나 만들기를 하면서 지내는 경우가 많았다. 아버지는 운동과 여행을 좋아하며 어머니는 집안일 외에는 별로 신경을 쓰지 않는 성격이다. 여동생도 내담자와 비슷하게 친구가 거의 없고 집에서 지내는 시간이 많으며, 내담자와는 크게 싸운 적은 없으나 중학생 때부터 거의 말을 하지 않았고 여동생이 무슨 생각을 하는지 잘 모르고 있다. 방학 때 집에 있으면서도 가족이 함께 무엇을 하거나 정서적 교류가 오고 가는 경우가 거의 없는 것으로 보이며 이러한 가족 간 상호작용 방식은 내담자가 타인과 정서적으로 교류하고 자신의 생각을 표현하는 데 어려움을 느끼게 했을 것으로 생각된다. 내담자는 대학진학이라는 목표 아래 타인에 대한 사회적 기술보다는 학업적 중요도가 높은 고등학생 때에는 주어진 학업을 완수하고 제한된 관계 맺음이 가능했으나, 이에 비해 사회적 관계의 비중이 높은 대학생활에서 스스로 진로를 찾고 계획을 세우고 공강 시간을 보내고 타인과 관계를 맺는 데에 어려움을 경험하는 것으로 보인다.

현재 내담자가 호소하는 문제는 동료와 친밀감을 형성하고 사회적, 경제적으로 안정된 위치를 얻고자 하는 욕구를 반영하는 것으로 보인다. 내담자의 주호소문제의 해결과 욕구 충족을 위해 상담자와의 정서적·심리적 상호작용을 경험할 수 있도록 도우며, 내담자가 자신에 대한 이해를 높여서 자신은 물론 타인과의 소통이 편안해지는 것이 필요하다. 또한 진로와 관련하여 내담자에게 구체적이고 실제적인 접근과 정보 제공을 통해 자신의 진로를 탐색하고 결정하는 데 도움을 주는 것이 필요하다.

• 이 사례개념화의 내담자를 생생하게 상상할 수 있는가?

• 내담자의 문제와 개선에 초점을 맞추어 합목적적으로 설명되어 있는가?

• 이 사례개념화를 내담자가 읽어도 불쾌해하지 않고 수용할 수 있는가?

• 내담자의 현재, 과거 혹은 근거, 미래가 연결되는 체계성과 논리성이 있는가?

• 사례개념화는 상담자와 내담자에게 희망을 주는가?

사례개념화를 읽고 다음의 질문에 근거하여 해당하는 정도에 ✓표 하시오.

①는 전혀 아니다, ②는 약간 그렇다, ③은 중간 정도이다, ④는 꽤 그렇다, ⑤는 매우 그렇다

이 사례개념화는 ……

번호	내용	전혀 중간 매우
1	내담자의 의뢰 과정과 이 과정의 특성을 정확하고 분명하게 기술하고 있다.	① ② ③ ④ ⑤
2	내담자의 호소문제와 촉발사건을 정확하고 분명하게 기술하고 있다.	① ② ③ ④ ⑤
3	내담자 호소문제의 심리적 특성을 정확하고 분명하게 기술하고 있다.	① ② ③ ④ ⑤
4	내담자의 인간관계 특성을 정확하고 분명하게 기술하고 있다.	① ② ③ ④ ⑤
5	내담자의 신체적·사회기능적 특성을 정확하고 분명하게 기술하고 있다.	① ② ③ ④ ⑤
6	내담자 문제의 패턴과 유지요인을 정확하고 분명하게 설명하고 있다.	① ② ③ ④ ⑤
7	내담자 문제에 대한 이론적 설명을 분명하게 설명하고 있다.	① ② ③ ④ ⑤
8	내담자의 사회·경제·문화적 특성이 내담자 문제에 어떻게 기여하였는지를 분명하게 설명하고 있다.	① ② ③ ④ ⑤
9	상담의 목표와 전략을 명확하게 기술하고 있다.	① ② ③ ④ ⑤
10	상담을 진행하면서 주의해야 할 점을 명확하게 기술하고 있다.	① ② ③ ④ ⑤
11	사례개념화의 모든 구성요소가 다 포함되어 있다.	① ② ③ ④ ⑤
12	사례개념화의 각 구성요소의 내용과 구성이 체계적으로 기술되어 있다.	① ② ③ ④ ⑤
13	사례개념화의 각 구성요소의 내용이 논리적으로 잘 연결되어 있다.	① ② ③ ④ ⑤
14	내담자의 변화를 기대할 수 있다.	① ② ③ ④ ⑤
15	가독성이 있다.	① ② ③ ④ ⑤

합계 _____

연습 11 자신의 사례개념화 평가하기 연습

자신이 지금까지 슈퍼비전을 받기 위해 작성했던 사례연구보고서를 자기 경력의
초기, 중기, 최근의 시간에 따라 구분하여 확보한 후, 그 사례보고서의 사례개념화를
찾아 다음의 박스에 넣고 위에서 한 연습처럼 주관적·객관적 평가를 해 보시오.

〈초기 사례개념화〉

(자신의 사례개념화를 넣어 보세요.)

• 이 사례개념화의 내담자를 생생하게 상상할 수 있는가?

• 내담자의 문제와 개선에 초점을 맞추어 합목적적으로 설명되어 있는가?

• 이 사례개념화를 내담자가 읽어도 불쾌해하지 않고 수용할 수 있는가?

• 내담자의 현재, 과거 혹은 근거, 미래가 연결되는 체계성과 논리성이 있는가?

• 사례개념화는 상담자와 내담자에게 희망을 주는가?

초기의 사례개념화를 읽고 다음의 질문에 근거하여 해당하는 정도에 ✓표 하시오.

①는 전혀 아니다, ②는 약간 그렇다, ③은 중간 정도이다, ④는 꽤 그렇다, ⑤는 매우 그렇다

이 사례개념화는 ……

번호	내용	전혀　　중간　　매우
1	내담자의 의뢰 과정과 이 과정의 특성을 정확하고 분명하게 기술하고 있다.	① ② ③ ④ ⑤
2	내담자의 호소문제와 촉발사건을 정확하고 분명하게 기술하고 있다.	① ② ③ ④ ⑤
3	내담자 호소문제의 심리적 특성을 정확하고 분명하게 기술하고 있다.	① ② ③ ④ ⑤
4	내담자의 인간관계 특성을 정확하고 분명하게 기술하고 있다.	① ② ③ ④ ⑤
5	내담자의 신체적 · 사회기능적 특성을 정확하고 분명하게 기술하고 있다.	① ② ③ ④ ⑤
6	내담자 문제의 패턴과 유지요인을 정확하고 분명하게 설명하고 있다.	① ② ③ ④ ⑤
7	내담자 문제에 대한 이론적 설명을 분명하게 설명하고 있다.	① ② ③ ④ ⑤
8	내담자의 사회 · 경제 · 문화적 특성이 내담자 문제에 어떻게 기여하였는지를 분명하게 설명하고 있다.	① ② ③ ④ ⑤
9	상담의 목표와 전략을 명확하게 기술하고 있다.	① ② ③ ④ ⑤
10	상담을 진행하면서 주의해야 할 점을 명확하게 기술하고 있다.	① ② ③ ④ ⑤
11	사례개념화의 모든 구성요소가 다 포함되어 있다.	① ② ③ ④ ⑤
12	사례개념화의 각 구성요소의 내용과 구성이 체계적으로 기술되어 있다.	① ② ③ ④ ⑤
13	사례개념화의 각 구성요소의 내용은 논리적으로 잘 연결되어 있다.	① ② ③ ④ ⑤
14	내담자의 변화를 기대할 수 있다.	① ② ③ ④ ⑤
15	가독성이 있다.	① ② ③ ④ ⑤

합계 _ _ _ _ _ _ _ _ _ _ _ _ _

〈중기 사례개념화〉

(자신의 사례개념화를 넣어 보세요.)

• 이 사례개념화의 내담자를 생생하게 상상할 수 있는가?

• 내담자의 문제와 개선에 초점을 맞추어 합목적적으로 설명되어 있는가?

• 이 사례개념화를 내담자가 읽어도 불쾌해하지 않고 수용할 수 있는가?

• 내담자의 현재, 과거, 미래가 연결되는 체계성과 논리성이 있는가?

• 사례개념화는 상담자와 내담자에게 희망을 주는가?

중기의 사례개념화를 읽고 다음의 질문에 근거하여 해당하는 정도에 ✓표 하시오.

①는 전혀 아니다, ②는 약간 그렇다, ③은 중간 정도이다, ④는 꽤 그렇다, ⑤는 매우 그렇다

이 사례개념화는 ……

번호	내용	전혀 중간 매우
1	내담자의 의뢰 과정과 이 과정의 특성을 정확하고 분명하게 기술하고 있다.	① ② ③ ④ ⑤
2	내담자의 호소문제와 촉발사건을 정확하고 분명하게 기술하고 있다.	① ② ③ ④ ⑤
3	내담자 호소문제의 심리적 특성을 정확하고 분명하게 기술하고 있다.	① ② ③ ④ ⑤
4	내담자의 인간관계 특성을 정확하고 분명하게 기술하고 있다.	① ② ③ ④ ⑤
5	내담자의 신체적·사회기능적 특성을 정확하고 분명하게 기술하고 있다.	① ② ③ ④ ⑤
6	내담자 문제의 패턴과 유지요인을 정확하고 분명하게 설명하고 있다.	① ② ③ ④ ⑤
7	내담자 문제에 대한 이론적 설명을 분명하게 설명하고 있다.	① ② ③ ④ ⑤
8	내담자의 사회·경제·문화적 특성이 내담자 문제에 어떻게 기여하였는지를 분명하게 설명하고 있다.	① ② ③ ④ ⑤
9	상담의 목표와 전략을 명확하게 기술하고 있다.	① ② ③ ④ ⑤
10	상담을 진행하면서 주의해야 할 점을 명확하게 기술하고 있다.	① ② ③ ④ ⑤
11	사례개념화의 모든 구성요소가 다 포함되어 있다.	① ② ③ ④ ⑤
12	사례개념화의 각 구성요소의 내용과 구성이 체계적으로 기술되어 있다.	① ② ③ ④ ⑤
13	사례개념화의 각 구성요소의 내용은 논리적으로 잘 연결되어 있다.	① ② ③ ④ ⑤
14	내담자의 변화를 기대할 수 있다.	① ② ③ ④ ⑤
15	가독성이 있다.	① ② ③ ④ ⑤

합계 ----------------------------

〈최근의 사례개념화〉

(자신의 사례개념화를 넣어 보세요.)

• 이 사례개념화의 내담자를 생생하게 상상할 수 있는가?

• 내담자의 문제와 개선에 초점을 맞추어 합목적적으로 설명되어 있는가?

• 이 사례개념화를 내담자가 읽어도 불쾌해하지 않고 수용할 수 있는가?

• 내담자의 현재, 과거, 미래가 연결되는 체계성과 논리성이 있는가?

• 사례개념화는 상담자와 내담자에게 희망을 주는가?

최근의 사례개념화를 읽고 다음의 질문에 근거하여 해당하는 정도에 ✓표 하시오.

①는 전혀 아니다, ②는 약간 그렇다, ③은 중간 정도이다, ④는 꽤 그렇다, ⑤는 매우 그렇다

이 사례개념화는 ……

번호	내용	전혀 중간 매우
1	내담자의 의뢰 과정과 이 과정의 특성을 정확하고 분명하게 기술하고 있다.	① ② ③ ④ ⑤
2	내담자의 호소문제와 촉발사건을 정확하고 분명하게 기술하고 있다.	① ② ③ ④ ⑤
3	내담자 호소문제의 심리적 특성을 정확하고 분명하게 기술하고 있다.	① ② ③ ④ ⑤
4	내담자의 인간관계 특성을 정확하고 분명하게 기술하고 있다.	① ② ③ ④ ⑤
5	내담자의 신체적·사회기능적 특성을 정확하고 분명하게 기술하고 있다.	① ② ③ ④ ⑤
6	내담자 문제의 패턴과 유지요인을 정확하고 분명하게 설명하고 있다.	① ② ③ ④ ⑤
7	내담자 문제에 대한 이론적 설명을 분명하게 설명하고 있다.	① ② ③ ④ ⑤
8	내담자의 사회·경제·문화적 특성이 내담자 문제에 어떻게 기여하였는지를 분명하게 설명하고 있다.	① ② ③ ④ ⑤
9	상담의 목표와 전략을 명확하게 기술하고 있다.	① ② ③ ④ ⑤
10	상담을 진행하면서 주의해야 할 점을 명확하게 기술하고 있다.	① ② ③ ④ ⑤
11	사례개념화의 모든 구성요소가 다 포함되어 있다.	① ② ③ ④ ⑤
12	사례개념화의 각 구성요소의 내용과 구성이 체계적으로 기술되어 있다.	① ② ③ ④ ⑤
13	사례개념화의 각 구성요소의 내용은 논리적으로 잘 연결되어 있다.	① ② ③ ④ ⑤
14	내담자의 변화를 기대할 수 있다.	① ② ③ ④ ⑤
15	가독성이 있다.	① ② ③ ④ ⑤

합계 _____

자신의 발달적 진전이 보이는가? 상담자 발달연구에 의하면 상담자는 대체로 3단계로 나누며 슈퍼비전 경험의 정도, 교육 수준, 자격증 수준, 상담한 사례 수, 연차 등을 기준으로 구분한다. 자격증의 수준으로 구분할 때, 사례 수, 교육 수준, 슈퍼비전 횟수 등이 연동되기 때문에 타당성이 있어 보인다. 초보 수준은 민간 학회의 자격증을 소지하고 있지 않은 수련생이 해당되고, 중간 수준은 학회의 2급 자격증을 가진 자로서 사례 수는 50사례, 슈퍼비전은 10회 이상의 경력을 가지고 있다. 고급 혹은 숙련 수준의 상담자들은 학회 자격증으로는 1급 이상이고 사례 수는 100사례, 슈퍼비전 50회기 이상의 경력을 가지고 있다. 1급 자격증을 취득하려면 약 10년 정도의 시간이 필요하므로 10년 전의 사례 기록지는 가지고 있지 않겠지만(상담센터의 회기 기록 보관 기간이 3년에서 5년임) 사례연구보고서는 가지고 있다면 찾아서 자신의 수준 변화 추이를 살펴보고, 평가해 보는 기회를 가지면 좋다.

🔟 3장을 마치며

다음의 주제를 생각하면서 연습의 성과를 평가해 봅시다.

1. 이 장을 마치며 자신의 사례개념화 구성 역량이 발전하였습니까? 발전하였다면 사례개념화 구성의 어떤 역량이 발전하였나요?

2. 이 장의 무엇이 자신의 사례개념화 구성 역량을 발전시켰나요?

3. 이 장의 아쉬운 점은 무엇인가요?

📑 참고문헌

이명우(2004). 상담사례개념화 교육 프로그램 개발 연구. 연세대학교 대학원 박사
학위 논문.
심흥섭(1998). 상담자 발달수준 평가에 관한 연구. 숙명여자대학교 대학원 박사학
위 논문.
서경희(2008). 사례개념화 자가평가 척도 개발. 서울여자대학교 대학원 박사학위
논문.

Snyder, C. R. (1994). *The Psychology of Hope*. The Free Press.

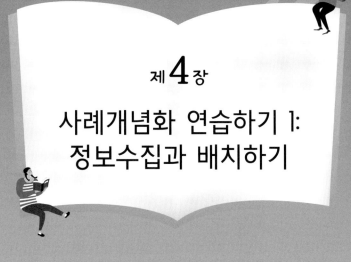

제 **4** 장

사례개념화 연습하기 1: 정보수집과 배치하기

1. 상담신청서의 정보수집과 구성요소별 배치

상담신청서에는 내담자의 인구학적 정보(연령, 소속, 주소 등), 주요 호소문제, 이전 상담 경험, 가족 배경 등과 같은 정보가 있다. 상담신청서는 상담자가 비교적 먼저 접하는 정보의 출처이다. 상담자는 내담자를 만나 보기 전에 상담신청서를 살펴보면서 내담자와 내담자의 문제를 상상하며 이해하기 시작한다. 다음에 소개되는 항목은 상담신청서에 있는 것이며, 각 항목의 정보가 사례개념화에 어떻게 활용될 수 있는지를 생각해 본다. 각 정보를 사례개념화의 구성요소에 배치해 보면서 사례개념화 연습을 시작해 본다.

1) 인구학적 정보

사례개념화의 첫 번째 구성요소인 인구학적 정보와 의뢰 과정에 들어갈 정보를 수집할 수 있다. 2장에서 다루었지만 연령과 발달 과제, 학년과 전공, 성별에 따른 사회적 기대, 종교, 신청 의뢰 과정, 상담센터에 요구한 서비스 종류, 사회경제적 조건 등은 내담자의 문제에 입체적으로 영향을 미치고 있다. 이러한 정보는 사실이기 때문에 정서, 인지, 관계와 같은 심리적이고 주관적인 호소문제의 배경이 되는 것이다. 상담자가 자칫 소홀할 수 있는 것이므로 더 주의하여 내담자 호소문제와 연결 지어 생각하는 것이 필요하다.

2) 호소문제

신청서에는 상담하고 싶은 관심분야나 문제로 질문하여 확인하기 때문에 대개의 내담자는 '진로' '수면문제' '인간관계' 등 단답식 단어로 표기하기 일쑤이다. 이 관심 영역을 접수면접이나 첫 상담에서 구체적으로 탐색하게 되는데, 상담자는 신청서를 보면서 이렇게 간단하게 기록한 문제가 내담자에게는 어떻게 경험되고 있는지를 생생하게 탐색하며 두 번째 진단적 기술 정보를 준비하게 한다. 앞 장에서도 언급했지만 내담자 외에 의뢰인이나 참고인이 말하는 호소문제, 내담자가 직접 신청서에 적어놓은 호소문제와 상담 중에 나타나는 호소문제의 차이점, 비자발적 내담자의 특성 등도 사례개념화의 첫 부분에 기록하는 것이 필요하다.

대학교 4학년인데 호소문제가 '진로문제'라고 표기되어 있다면 진로와 관련한 여러 수준의 문제 유형—적성이나 역량의 문제, 취업 정보 부족의 문제, 선택 갈등의 문제 등—을 생각하며 진단적 기술에 필요한 정보를 탐색할 준비를 하는 것이 필요하다. 또한 4학년이 되어서 진로문제를 상담하러 왔다면 분명한 촉발사건이 있거나 이제는 더 이상 버틸 수 없다고 판단했기 때문일 것이므로 이와 관련된 탐색으로 첫 번째 구성요소의 정보를 수집할 수 있을 것이다.

3) 이전 상담 경험 등

이전 상담 경험이나 종교 관련 정보, 복용하는 약물에 대한 정보 등은 상담 진행에서 주의할 점에 필요한 정보가 될 수 있다. 이전 상담 경험은 상담과 상담자에 대한 기대와 태도에 영향을 미칠 수 있는데, 상담의 지속성, 상담에서의 협력적 태도에 영향을 미친다. 종교는 내담자의 사회문화적 가치와 행동에 영향을 미칠 수 있다. 복용하는 약물과 관련해서 내담자는 정신과적 약물만을 기록하는 경우가 있지만 일반 신체의료적 약물도 확인하는 것이 필요하다. 정신과적 약물은 호소문제와 관련되어 있으며, 신체의료적 약물은 내담자의 신체적 건강과 호소문제에 미치는 영향 등에 참고할 수 있다. 혈압약, 당뇨병약 등은 성인이라면 평범한 것일 수 있으나 이런 질병들은 가족력과 관련이 있으며 모두 현대 스트레스성 질병이기 때문에 내담자의 생활 스트레스 수준이나 대처에 대해 관심을 갖는 단서가 되기도 한다.

4) 가족관계

신청서의 가족관계는 관계, 연령, 학력, 직업, 성격, 심지어는 동거 여부까지 기록하게 되어 있다. 내담자 입장에서는 신청서에 있는 이 부분을 채워넣는 것이 매우 귀찮으면서도 심리적으로 부담이 되는 부분이다. 반면, 상담자 입장에서는 정말 많은 정보를 얻을 수 있는 부분이다. 구조적으로는 기록한 순서, 채워지지 않은 빈칸, 기술하는 방식 등을 살필 수 있고, 내용적으로는 가정의 규칙, 연합, 신화, 경제사회적 수준, 가족 분위기 등등을 알 수 있다. 위로 딸이 세 명이 있고, 막내가 남자로 구성된 남매의 경우 내담자가 누구이든 남아선호문제와 그 영향력을 염두에 두지 않으면 안 된다. 이런 경우에 이 문제가 내담자의 문제에 영향을 미쳤다면 임상적 설명 부분에 기록해 두는 것이 필요할 것이다. 어머니, 형제 그리고 아버지의 순서로 기록했다면 이 가족의 규칙과 연합 문제가 신청서에 이미 드러난 것일 수 있다. 가족의 성격을 모두 부정적인 내용으로만 채워 넣은 내담자, 반대로 모두 긍정적인 특성으로만 기술한 내담자, 긍정적인 것과 부정적인 것을 하나씩 골고루 기록한 내담자 모두 내담자의 가족과 세상에 대한 조망을 엿볼 수 있게 한다.

연습 12 상담신청서 정보의 사례개념화 구성요소별 배치

다음의 상담신청서를 보면서 정보를 사례개념화 구성요소에 맞추어 배치해 보시오. 아직 정보가 충분하지 않기 때문에 상담 개입의 방향성(목표와 전략)에 대한 내용을 넣을 수 없어 이 연습에서는 빠져 있다.

상담 및 심리검사 신청서

◇ 신청일   20○○년 ○월 ○일   ※ 상담시작일: 상담자:

성명	홍 길 동	성별	남 여	종교	무교
생년월일	2000년 3월 20일 (만 19 세)			휴대폰	010 1234 5678
소속	단과대학 과 2 학년			이메일	
학번	19000 000		주거형태	자가, 친척집, 하숙, 자취, 기숙사	
주 소					
찾아온 경로	스스로, 교수 추천, 친구·선배 추천, 수업과제, 홍보물, 기타				
찾아 온 목적	☑심리검사	MBTI, 적성탐색검사, 학습유형검사(학사경고) MMPI, SCT, 지능검사, 기타( )			
	☑개인상담	성격, 대인관계, 학교(과)적응, 정서, 시간관리, 중독, 가족, 기타( )			

1. 귀하가 상담하고 싶은 관심분야나 문제는 무엇입니까? 군대 문제

2. 상담(심리검사)이나 정신치료를 받은 경험이 있습니까?
   ☑ 예(언제: 고 1. 어디서: 학교. 무엇을: 진로 문제. 얼마 동안: 2번) ② 아니요

3. 현재 복용 중인 약물이 있습니까?
   ① 예 (무엇:)   ☑ 아니요

4. 가족관계에 대해서 적어 주십시오(자신을 포함하여 적어 주세요).

관계	연령	학력	직업	성격	동거여부
아버지	50	고졸	운송업	소심함	✓
어머니	48	대졸	전업주부	모르겠음	✓
남동생	16	고2	학생	안일, 평범	✓
나	19	대2	대학생	다혈질, 소심	

5. 다음 중 본인이 주로 강하게 느끼고 있는 감정이나 경험에 ○를 해 주세요.

6. 상담가능 시간
(개인상담 신청자만 작성)
*월~금 09:00~17:00,
점심시간 12:00~13:00

우울	불안	공포	서러움	슬픔
분노	열등감	수치심	억울함	비굴함
의기소침	자살생각	자살시도	기타 (	)

7. 접수면접자 소견 (접수면접자:)

사례개념화 구성요소별 정보수집

정보원 _____

인구학적 정보 및 발달 과제

진단적 정보

임상적 정보

상담 진행 시 주의할 점

연습 13 상담신청서 정보의 사례개념화 구성요소별 배치 – 자기 사례에 적용하기

　자신의 내담자 신청서를 보면서 드러난 정보를 사례개념화 각 구성요소에 적어 보시오.

사례개념화 구성요소별 정보수집

정보원 _____

인구학적 정보 및 의뢰 과정

진단적 정보

임상적 정보

상담 진행 시 주의할 점

2. 접수면접보고서의 정보수집과 구성요소별 배치

상담실에 따라서는 접수면접보고서가 따로 있기도 하고, 상담신청서의 일부로 기록하는 경우도 있다. 대체로 접수면접은 내담자의 인구학적 정보, 주호소문제, 상황적 스트레스 요인, 전반적 내담자의 기능, 내담자의 강점과 자원, 선호상담자 유형, 긴급성 정도가 기록된다. 대개는 접수면접자와 상담자가 다르기 때문에 상담신청서와는 다르며 전문가의 손을 한 번 거쳐 온 정보이다. 상담신청서보다는 내담자의 호소문제가 구체화되어 있고, 배경적 정보가 많다. 역시 접수면접보고서(기록지)의 항목을 살피면서 거기에 적혀 있을 내용이 내담자의 사례개념화에 어떤 정보를 제공하는지를 살펴본다.

1) 내담자의 정보

접수면접기록지의 내담자 정보는 신청서와는 달리 관찰된 내담자의 인상적 외모와 행동, 신청서에는 없는 인구학적 정보가 기록되어 있다. 접수면접자도 내담자의 문제와 관련되어 있다고 판단했기 때문에 기록한 것이므로 관심을 가져야 한다. '약속 시간보다 일찍 도착하여 기다리고 있었다.'는 기록은 내담자의 다급성이나 성실성을 접수면접자가 상담자에게 얘기해 주고 싶었을지 모른다. '작은 키에 다듬어지지 않은 긴머리'라는 기록은 상담자가 다양하게 관심 가져야 할 내담자의 어두운 특성이 그렇게 드러나고 있음을 의미하다. 이런 정보는 사례개념화의 진단적 정보와 임상적 설명에 유용한 정보가 된다. 현실에 드러난 특성이고 심리적 표현이기 때문이다.

2) 주호소문제

내담자가 신청서에 비교적 간단하게 적어 놓은 호소문제나 상담받고 싶은 문제가 접수면접기록지의 주호소문제에서는 조금 더 구체화된다. 접수면접자는 내담자가 설명하는 자기 문제를 기록하기 때문에 내담자에게 형성되어 있는 문제의 특성을 알 수 있다. 이런 면에서 접수면접자는 내담자의 보고를 비교적 그대로 적어 두는 것이 좋다.

대개의 내담자는 행동, 인지, 정서의 심리적 요소에서 한 가지 요소에만 집중해 자기의 문제를 호소한다. "불안해요, 우울해요." 하면서 우울하니까 사람을 만나지 않는다거나, 식사를 거의 하지 않는다, 수면이 불량하다라는 호소를 덧붙이는 경우는 접수면접자의 질문에 의해서 얻을 수 있는 정보이다. 이들 내용은 진단적 기술에 들어갈 정보이다. 내담자가 이런 복합적인 특성을 질문 없이도 이야기했다면 이 내담자는 자기의 문제에 대해 상담할 준비가 되어 있는 것이고, 상담자는 이를 인지해 주는 것이 필요하다. "오, 그런 관련성을 인식하고 계시네요. 정말 깊이 생각해 오셨네요. 좋습니다." 이런 식의 상담자 피드백은 내담자로 하여금 상담에 대한 동기화를 고무시킨다.

내담자가 자기 문제를 호소하는 또 다른 특성은 사건 중심의 보고일 경우가 많다는 것이다. '어제 이런 일이 있었고, 이 일은 누구가 이렇게 했기 때문이고…….' 그런 사건에서의 자신의 마음에 대해서는 주목하지 않은 채 상담자에게 보고하는 태도를 보이는 내담자에 대해서는 임상적 설명, 상담의 전략, 상담 과정의 주의점 등에 이 정보가 기록되어야 할 수 있다. 내담자가 보이는 자기 성찰 수준의 미흡함은 상담 과정에서의 관계형성에 관심을 가져야 하기 때문이며, 자기에 대한 회피와 같은 적응패턴과 연결되어 있기 때문이다.

3) 스트레스 요인/내담자의 강점과 자원

접수면접에서 스트레스 요인을 다루는 이유는 내담자가 문제에 집착하여 그 문제를 악화시키는 상황적 맥락에 관심을 갖지 않아 상담시간에 보고하지 않기 때문이다. 부모와의 갈등이 심화되어 가족문제를 호소하는 내담자의 이야기를 듣다 보면 자격시험이나 학위논문 발표가 코앞에 다가와 있는 경우도 있다. 돈이 없으면 짜증나고, 위축되는 것이 우리들의 마음이고, 시험이 기다리고 있으면 모든 사람이 나를 귀찮게 만든다고 생각한다. 누구나 새로 시작하려면 어색하고 둔하고 무섭다. 대학교 1학년 신입생이 4월에 상담실에 찾아와 '나는 늘 열등했다.'라고 말하는 호소는 신입생이라는 상황을 생각하지 않고는 이해하기 어렵다. 경제적 상황, 몸의 건강 상태, 생활의 변화, 밸런타인 데이와 같은 절기 상황, 학업의 성과, 몇 달 전에 있었던 부모님 사망 등이 접수면접 시에 확인되어야 하고, 이런 정보들은 호소문제와 촉발사건 등에 관련되어 있으며 상담의 전략에서 함께 다루어야 할 내용이 될 수 있다.

내담자의 강점과 자원을 파악해 기록하도록 하는 양식의 접수면접기록지도 있는데, 이들 강점과 자원은 스트레스 요인과는 달리 상담을 유지하고, 성과를 촉진시킬 수 있는 요인이다. 역시 이 정보도 상담의 전략이나 상담시의 주의점에 배치해야 할 정보가 된다.

4) 전반적 기능 상태

접수면접의 목적 중 하나는 내담자의 문제를 개략적으로 수집하면서 내담자가 상담을 통해 변화를 이룰 수 있는 기본적 기능이 있는지 평가하는 것이다. 상담은 건강한 인지능력이 없으면 진행하기 어렵다. 그래서 상담심리는 비정상을 주로 다루는 임상심리와는 구분되기도 한다. 대학생 내담자들이 '젊고 매력적이며, 말을 잘하고, 지능이 있으며, 사회적(Young, Attractive, Verbal, Intellectual, Social: YAVIS)'이기 때문에 좋은 내담자라고 하는 이유도 여기에 있다.

문제가 심각하면 할수록 다른 기능이 떨어질 수밖에 없다. 외모나 태도에서 이미 생활기능을 일견할 수 있다. 냄새나는 옷, 헝클어진 머리카락, 기운

없는 목소리 등은 내담자가 오랫동안 무기력했었다는 것을 말해 준다. 이들에게는 자살이나 자해와 관련된 사건이나 사고가 없었는지 확인하는 것이 우선한다. 학생의 경우는 학업 성과, 수업 참여도 등이 확인되어야 하고, 성인의 경우에는 수면이나 식사와 같은 일상생활의 규칙성 등이 내담자의 상담 참여도에 영향을 줄 수 있다. 이 내용들은 진단적 기술, 상담전략, 상담 과정의 주의점 등에 필요한 정보가 된다.

사례에 따라 상담 신청 시 심리검사를 진행하여 결과를 가지고 접수면접을 할 경우도 있는데, 심리검사의 결과는 진단적 기술에 필요한 정보이고, 실시 시의 태도는 상담 과정의 주의점이나 전략에 유용한 정보가 될 수 있다.

연습 14 접수면접기록지 정보의 사례개념화 구성요소별 배치

다음의 접수면접기록지 등을 보면서 드러난 정보를 찾아서 사례개념화 구성요소들에게 배치해 보시오.

접수면접기록지

접수면접자: ○○○

상담사례번호	2020-00	성 명	박○○
일자 및 시간	20○○. ○. ○.	나이/성별	17/여

호소문제
자해. 중3 중반부터 자해행동(손목을 커터칼로 긋기)을 시작함. 중3 때 부모 관계가 안 좋았고 고등학교 입학이 걱정되었음. 고등학교에 입학해서 학교에 제출하는 등본을 보고 부모의 이혼 사실을 알게 되어 충격 받음(부모 이혼은 내담자 중3 때 함). 가장 최근에는 6월 초에 자해함. 죽기 위해 한 것은 아니라고 함. 혼자 있을 때 우울해지면서 자해 행동을 하게 된다고 함. 모에게 병원 진료를 받고 싶다고 하여 신경정신과에 내방했으나 처방받은 약을 먹고 잠이 오지 않아서 바로 중단함.

호소문제 배경(스트레스원, 기능, 사회적 지지 체계)
현재의 상황: 야간 자율학습을 할 수 없을 정도로 우울감이 심함.
스트레스원: 부모의 이혼. 모가 일하느라 바쁘고 모와 대화하거나 고민을 나누지 못함. 모가 남동생을 편애한다는 생각이 듦.
기능: 혼자 있을 때나 답답하고 짜증이 날 때 자해 행동을 하게 되고 죽고 싶다는 생각이 듦. 학교 생활(기숙사 생활)은 충실하게 하는 편이었으나 최근 들어 야자를 하기 힘들어짐. 허리(디스크) 통증을 포함해 아픈 곳이 많아 병원에 자주 감. 집이 도시 외곽에 있어 병원에 갈 때에는 부가 자동차로 데려다 주시는데 피곤해 하시는 것 같다고 함.
행동 변화에 대한 동기: 스스로 신경정신과에 가겠다고 하였으며 상담에 대한 동기가 높음.
사회적 지지 체계: 담임교사에 대한 신뢰가 큼. 외가. 모의 친구들.
소견: 우울, 불안 감소를 위한 가족치료적 접근이 요망됨(모와의 의사소통 방식의 변화. 가족 내 친밀감 조성. 이혼 후 가족 내 구성원의 역할조정이 필요함).

내담자 행동 관찰

평균보다 큰 키에 체구가 건장한 편으로 모와 함께 내방함. 하얀 피부를 가졌으며 도수 높은 안경을 쓰고 있어 눈이 다소 작아 보임. 전반적인 위생 상태는 양호하였으나 다섯 손가락의 손톱이 모두 손상되어 있었는데, 유치원 때부터 손톱을 물어뜯었다고 함. 상담자와의 눈맞춤은 적절한 편이었으며 상담에서 자신이 원하는 바를 표현하는 능력이 있고 상담을 통해 도움을 받고자 하는 동기가 있음.

상담의뢰 시 고려할 점, 추천 상담자, 추천 심리검사 및 실시

병원/약물 치료 병행의 필요성은 심리검사 결과를 확인한 후에 결정하기로 함.

사례개념화 구성요소별 정보수집

정보원 _____

인구학적 정보 및 의뢰 과정

진단적 정보

임상적 정보

상담 개입의 방향성

상담 진행 시 주의할 점

연습 14 접수면접보고서 정보의 사례개념화 구성요소별 배치 – 자기 사례
에 적용하기

자신의 내담자 접수면접기록지를 보면서 드러난 정보를 다음의 사례개념화 구성요
소에 적어 보시오.

사례개념화 구성요소별 정보수집

정보원 _____

인구학적 정보 및 의뢰 과정

진단적 정보

임상적 정보

상담 개입의 방향성

상담 진행 시 주의할 점

3. 1회기 축어록의 정보수집과 구성요소별 배치

1회기 보고서는 내담자 사례개념화의 보고(寶庫)이다. 첫인상의 중요성이 강조되듯이 상담자도 내담자도 첫 회기에서 경험되는 그것이 상담이 진행되더라도 지속되어 영향을 미친다. 상담을 처음 해 보는 내담자의 경우에는 상담 장면이 아주 모호한 상황이기 때문에 내담자의 특성이 왜곡 없이 가장 많이 드러난다. 이것을 상담자는 면밀하게 관찰하기 때문에 내담자 이해의 보고가 되는 것이다. 투사법 검사도 바로 이런 불명확한 상황에서 드러나는 내담자의 반응을 객관화하려고 구성된 것이다. 상담자는 내담자가 보고하는 문제의 내용을 좇아가지만 그의 태도와 행동 등의 비언어적 정보에 관심을 가져야 하고, 보고하는 내용의 암묵적 표현에도 관심을 가져야 한다. 그렇게 내담자라는 대상자로부터 상담자에게도 무엇인가가 경험되며, 윤순임(2000)은 잠잠히 떠오르는 표상에 집중할 것을 강조하였다. 이러한 정보는 임상적 설명과 상담의 방향성에 유용한 정보가 된다.

내담자는 상담을 통해 해결받으려는 문제를 우선 호소하고 싶어 하지만 상담이라는 처음 겪는 장면에서 쉽게 자기 이야기를 내어놓기는 어렵다. 그래서 이장호와 이동귀(2014)는 상담의 첫 시간에 내담자가 얼마나 편안하게 자기 이야기를 할 수 있도록 했나가 첫 회기의 주요 평가요소라고 하였다. 이를 위해서는 상담자가 긴장하지 않고 편안한 태도로 내담자의 이야기와 태도에 얼마나 경청했는지가 중요하다고 강조한다. 그래서 질문이나 요구를 함부로 하지 말고 평가는 물론이고 명료화 자체도 조심하도록 안내한다. 자유롭게 이야기하도록 내담자 옆에서 들을 것을 강조한다. 이런 과정 중에 얻는 정보는 중요한 내담자 문제의 특성이다.

그럼에도 불구하고 1회기의 과제는 상담자의 안내하에 내담자의 호소문제를 구체적으로 탐색하는 것이다. 여기서 '상담자의 안내하'라는 말은 상담자가 신청서와 접수면접기록지를 보면서 내담자의 호소문제를 자기의 이론적 근거를 가지고 여러 가지 질문을 하면서 내담자를 이해하기 위한 질문, 명료화, 공감이 이루어짐을 의미하며, 그 과정에서 내담자는 자신의 문제를 탐색하며 표현한다. 이것들은 내담자의 진단적 기술의 정보가 되고, 상담의 방향성을 설정하는 데 도움을 준다.

다음에 1회기 축어록의 일부를 제시한다. 이 축어록에서 얻을 수 있는 다양한 정보를 사례개념화의 구성요소에 배치해 보는 연습을 해 본다. 이들 정보에는 누구라도 찾을 수 있는 진단적 기술 정보도 있지만 상담자의 이론에 근거한 실제적 훈련에 의해 경험되어 발견되는 암묵적 정보도 있다.

1회기 축어록 정보의 사례개념화 구성요소별 배치

다음의 1회기 축어록에 들어있는 내담자와 내담자의 문제 이해 및 개선에 유용한
정보를 찾아 사례개념화의 구성요소들에 배치해 보자.

〈사례 1〉

26세 여자, 직장인

상1 반갑습니다.
내1 안녕하세요.

······〈중략〉······

내5 아… 요즘 들어서 감정을 (네) 이렇게 잘 참지를 못하겠어요. (네) 제일 중
요하게 이렇게 업무를 하다가 (네) 고객이 어떤 말을 했을 때 무던하게 넘
어갈 때가 그니까 입사하고 얼마 안 되어서 그게 됐었는데 요즘은 업무를
하다 보면 고객이 어떤 말을 했을 때 거기 기분이 좀 순간적으로 (음) 폭
풍 몰아치듯이 막 와가지고 (음) 화가 억누를 수 없는 상태가 되더라구요.
(음) 그, 그러면 안 되는데 입사한 지 얼마 안됐는데 (음) 선, 선배들도 있는
자리에서 막 물건 던지고 (음) 그렇다 보니까 처음이요 어제 그랬거든요.
상6 저런… 그저께요.
내6 아 네 그저께요. (음) 그래서 계속 이렇게 하다가는 안 될 것 같아가지고 찾
아왔는데 제일 중요한 게 여기 입사하고 나서 여기 일하고 나서부터 남자
친구가 있는데 남자친구한테 별 사소한 이야기가 있는데 단어라든지 그
말에 마음에 꽂히게 되면 감정을 좀 억누르기가 힘들다고 해야 하나. (음)
상7 음. 혹시 주로 이렇게 감정이 조절하기 힘들어서 화를 내고 나면은 좀 어떤
마음이 드시나요?
내7 하고 나면 후회해요. 항상, (음) 항상 후회는 하는데 그 순간을 나중에 후회
할 거라는 걸 생각을 못하고 일단 좀 욱한다고 해야 하나 그게 좀 심해서.

상8 음, 아 그러면 내가 좀 조절하기 힘들 정도로 이렇게 화를 내고 나서 나중에 후회가 되고 이런 일이 반복되어서 좀 많이 힘드셨겠어요. 그동안.

내8 네. 좀 그게 좀 계속 그러더라구요(아). 제가 입사하고 나서부터 (음) 그게 예전 같았으면 (음) 그냥 뭐라고 해야 하지. 음, 예전 같았으면 그냥 듣고 아 그랬나 뭐 그렇게 했었나하고 무던하게 넘어갔었는데 지금 그러니까 일을 시작하고 나서부터 어느 순간 저도 모르게 이게 어떤 단어나 이게 들리면 감정이 잡히지 않더라구요. 넘어가려고 해도 좀 등에 식은땀 나면서 화가 이렇게(음) 주체가 안되는 것 같아요.

상9 아고. 몸으로 반응이 올 정도로 그렇게 많이 좀 힘드셨던 모양이에요.

내9 예. 이게 좀 원래 몸에 열이 좀 많기는 한데 (음) 그 순간 이렇게 말을 들었을 때 이렇게 등에 약간 식은땀 같은 게 나면서 화가 나는 게 왜 그런지는 잘 모르겠는데, (음) 좀 그래서 이런 걸 한 번도 해본 적이 없거든요. 상담을 받아본 적도 없고 그래서 뭐라고 말을 해야 할지 모르겠네요. 지금 이게.

상10 굉장히 잘하고 계세요. 차분하게 제가 이렇게 화가 날 때 이렇게 된다고 예상이 안 될 정도로 굉장히 차분하게 말씀을 잘 하고 계세요.

내10 이게 너무 자주 이렇게 일어나다보니까.

상11 아 그러세요? 자주면은 어느 정도 자주 뭐 하루에 몇 번? 일주일에 몇 번? 이렇게 셀 수가 있으신가요?

내11 음. 남자친구랑 그러니까 이성적으로 봤을 때는 좋을 때도 있는데 매번 볼 때마다 그러는 것 같아요.

상12 어 이렇게 화를 내기 시작한 게 언제부터였던 것 같으세요? 정확하게 시기가 기억나시나요?

······〈중략〉······

내15 네 그 한 달 동안에 평균적으로 (음) 좀 하루에 한 번 꼴은 꼭 그렇게 했던 것 같습니다.

상16 예전에 비해서 화가 나는 강도라던가 횟수가 얼마나 증가한 것 같으세요? 예를 들면, 예전에는 화가 1~10 중에 3 정도였다면 지금은 뭐 그 이상이다.

내16 예전에 10을 두고 봤을 때 한 3 정도는 됐던 것 같아요. 그런데 지금은

8~9까지는 되는 것 같아요.

상17 아. 아유 그럼 굉장히 화를 많이 느끼시는군요.

내17 네, 그러니까 제가 좀 무표정을 하고 있으면 사람이 화난 것 같은 인상이라서. 예, 상담하면서 일부러 좀 웃으면서 있기는 있었는데 요즘엔 사람들이 보면 좀 화가 나 있는 것 같다는 말을 하기도 하고.

상18 네, 그렇군요. 횟수는 어느 정도 증가한 것 같으세요?

내18 적어도 한 5배 이상 뛰지 않았나.

상19 아유 그렇군요. 강도도 그렇고 횟수도 그렇게 내가 생각하기에 굉장히 훨씬 많이 화가 많이 났다는 거네요.(네) 아까 말씀하실 때 어떤 특정 단어가 들리면 화가 난다고 하셨잖아요?(네) 화가 나는 특정 단어가, 음 주로 화가 나는 특정 단어가 혹시 생각이 나시나요?

내19 좀 사람 저를 좀 약간 비하하는…… 무시하는 말 같은 경우(음) 그러니까 아 좀 뭐라고 해야 하지 콕 집어서 말을 할 수는 없는데 뉘앙스가 약간 좀 그런 거 있잖아요. (음) 그니까 이런 것도 몰라? 이런 식.

상20 그러시군요. 나를 좀 비하하거나 무시하는 듯한 말투에 내가 조금 감정이 반응하게 되고 화가 나게 된다는 말씀이시군요.

상36 그때 기분이 어땠어요?

내36 정말 억울하죠. 나는 정말 던진 적이 없는데 왜 왜 던졌다 하지. 그렇게 이야기를 하면 저는 아니잖아요. 근데 너무 억울한 거예요. 그게 너무 억울하다 보니까 또 기분이 나빠지는 것 같고(음), 그래서 또 말 안 하고 이렇게 아니다 그냥 이렇게 싸우는 분위기에서 이렇게 흘러가서 또 이렇게 받아들일 수도 있겠다. 남자친구가 이렇게 받아들일 수 있으니까 내가 물건을 안 던져야지라는 생각을 또 뒤늦게 후회를 또 해요. 또 지나서 또 그런 일이 있으면 그게 또 반복이 되는 것 같아서.

상37 그 아까 음, 억울하다는 말씀을 하셨는데요. (네네) 그래서 안 그래야지 하다가도 그런 억울한 상황이 되면은 다시 내가 화가 나거나 이렇게 되는군요. (네네) 그 전에 아 이러지 말아야 되겠다라는 게 생각이 나지 않고(네네) 그다음에 또 후회가 되고 이런 게 반복이 된다는 말씀이시죠?

내37 그게 되게 괴로워요. 괴롭기도 하고 차후에 좀 더 커지면 더 크게 후회할 거 같고 약간 좀 그래요.

상38 네 그러시군요. 음. 많이 괴로우시겠다는 생각이 들어요. 안 그래야지 하고 마음을 다잡고 해도 그 순간에 그러니까 억울하다거나 화가 나는 감정 때문에 내가 기복이 감정 조절이 내가 스스로 안 된다는 생각이 들었을 때 또 앞으로 내가 심해지는 어쩌나 하는 마음 때문에 더 많이 불안하실 것 같고 (네) 그 동안 많이 힘드셨겠다는 마음이 드네요.

······〈중략〉······

상43 왜 내가 먼저 해야 될 것 같다는 생각이 드세요?

내43 다른 사람들이 하기 싫어하니까 남한테 미루는데 어느 순간 누군가는 해야 될 것 같은데 아무도 안 하고 있으면 (음) 그 불편해요 좀. 마음이.

상44 왜요? 어떻게 될 것 같으세요? 아무도 안하면.

내44 그냥 자꾸 신경이 쓰여요. 그냥 해야될 것 같고.

상45 안 하면 어떻게 될 것 같으세요?

내45 안 하면 안 될 것 같다는 생각이 들어요. 예를 들어, 이것(내담자가 마시던 종이컵임)도 만약에 쓰레기라고 치면 이렇게 상담을 하다가 상담이 끝났습니다 하고 나갈 때 이거를 안 버리고 가면 계속 신경이 쓰여요. (음)

상46 왜 그럴까요. 그러면 안 하게 되면 계속 신경이 쓰이고 해야만 될 것 같은 이거는 더 이상 사소한 일은 아닐 것 같은데요?

내46 그냥 남들이 봤을 때는 사소한 거잖아요.

상47 음. 그럼 기준은 남들이 봤을 때 (네네네) 그런데 남들이 봤을 때 사소한 거를 나는 안 하면 안 될 정도로 안 하면 너무 마음이 불편하고 찝찝하고 그래서 반드시 해야 하는 일이잖아요. (네) 그럼 무게감은 좀 다를 수 있겠어요.

내47 네 좀 그런 것 같아요. 그러니까 남들이 봤을 때 정말 아무것도 아닌 거 아 그냥 내버려 둬 이렇게 얘기할 수 있는 상황을 (으음) 저는 아 저거 내가 안 하면 누군가는 말을 할 것 같고 싫은 소리 할 거 같고 어차피 치워야 될 거 왜 안 치우지 (음) 내가 치우지 이렇게 하고 제가 치우는 이런 그런 것 같아요. (음 그렇군요) 그런 것 같아요. 그니까 쉽게 설명하자면 대표님이 오신다고 하면 청소를 해야 하는데 누군가는 아이 누군가가 이 쿠션을 쿠션을 세탁을 하기 원해요. 그런데 이걸 뺄 수가 없는 상황을 하기는 해야 하는데 뺄 수 없는 상황을 누군가 해 주길 원해요. 결국 해야 되는 거니까 그냥 내가 해야지 하고 그냥 제가 세탁을 하는 것들. 나중에 안 하면 왜 이거 안했어 안 하고 해 보지도 않고 왜 이런 말을 해라는 그런 말을 듣기 싫은 것 같아요. (음) 그래서 여기 바닥을 긁어서라도 바닥 청소를 마쳤을 때 사람들이 되는 거 왜 안 하냐라고 라는 말을 하기 전에 제가 먼저 하는 것 같아요. 그냥 눈으로 봤을 때 안 된다라고 하는 거보다는 차라리 행동을 해 보고 말을 해라.

상48 그게 어, 어쨌든 나한테 하는 말이 아니라 (네) 음 모든 사람한테 하는 말이잖아요. (네)

내48 네 근데 좀 듣기 싫은 것 같아요. 저는.

상49 음. 그런 말을 예전에 들어본 적 있으세요?

내49 네 어렸을 때 좀 많이 들었던 것 같아요. (음) 그러니까 좀 그런 거 있잖아요. 어렸을 때 물건을 찾을 때 엄마, 아빠한테 이거 어딨어 이거 어딨어 이거 어딨어 이렇게 물었을 때 찾아보고 이야기해. 어딘가 있을 거야 찾아보고 이야기해, 저기 있잖아. 여기 찾아보고 이야기한 거야? 그 이야기를 듣고 나서부터는 말을 잘 안했던 것 같아요. (음) 말을 안 하고 제가 먼저 찾고 제가 먼저 확인해 보고 그렇게 했을 때 물어보고 물어보고 난 뒤에는 뭐 못나왔다 그러면 사야 되겠다 혹은 거기 말고 다른 데 있을 거야 거기 가서 찾아봐 그러면 찾아보고 없으면. 약간 행동이 먼저 나가는 것 같아요.

상50 음. 어릴 때 좀 그랬던 것 같다라고 하셨는데 그 어릴 때 부모님께 여쭤봤을 때 (네) 찾아보고 이야기하는 거야? 거기 찾아 봐. 없으면 얘기해라는 말을 들었을 때 어떤 마음이 들었던 것 같아요?

내51 별 생각은 없었던 것 같아요. (음) 아 우선은 찾아보고 이야기해야지(음) 라는 그냥 너무 어렸을 때는 그냥 왜 엄마 이거 있어 엄마 이거 어디야 엄마 양말 어딨어? 엄마 숟가락 어딨어? 물어볼 때마다 항상 말씀하셨던 건 찾아보고 이야기해라, 찾아봤어? 어디 있는지 확인해 봤어?(음) 그러면 당연히 어리니까 그냥 찾아봤는데 없어, 못 찾겠어 이렇게 이야기하면(음) 찾아보고 이야기해. 어딘가 있을 거야. 저쪽 가서 찾아봐. 찾으러 가 보면은 어 여기있네? 그게 계속 습관화되어서 그런지 모르겠는데 나중에 찾아보고 이야기해라고 말을 하기 전에 먼저 찾았던 것 같아요.

상51 음. 근데 그거는 어떻게 보면은 좀 내가 자립해 나가는 과정 중에 하나일 것 같다는 생각이 들거든요? 내가 할 수 있는 행동인데 엄마한테 자꾸 의

존하게 된다거나 했을 때 어머니께서 물건의 위치를 알려 주고 어, 누군가
를 거치기 전에 내가 필요한 물건을 찾게 되면 더 빠르기도 하고 다른 사람
을 번거롭게 하지 않고.

내51 원래 좀 그런 거 있잖아요. 그런 게 아닌 것도 그니까 찾아보고 이야기해
하고 찾았을 때가 중요한데 찾았을 때 그런 거 있잖아요. 약간 핀잔주면서
찾아주는.

상52 음. 여기 있는데 왜 못 찾고 또 물어보냐고.

내52 네네네. 그 이야기를 들으니까 차후에 나중에 이게 있더라도 제가 찾았을
때 안 물어보는 거죠 나중에 또 그 이야기를 듣기가 싫은 거죠. 해서 청소
를 하자고 해도 이거를 안 치우면은 누군가는 분명 뭐라 할 것이고.

……〈중략〉……

내59 네. 그니까 말을 들었을 때 짜증이 나요. (음) 그니까 뻔한 스토리가 보이고
안 치우면 혼날 거라는 걸 알고 그 순간 욕먹으면서 한소리 듣고 치우는 게
싫어요. 차라리 안 듣고 치우는 게 낫지.

상60 만약에 한소리 안 하면은 치우시겠어요? 안 치우시겠어요?

사례개념화 구성요소별 정보수집

정보원 _____

인구학적 정보 및 의뢰 과정

진단적 정보

임상적 정보

상담 개입의 방향성

상담 진행 시 주의할 점

연습 17 1회기 축어록 정보의 사례개념화 구성요소별 배치 – 자기 사례에
적용하기

자신의 내담자의 1회기 축어록을 보면서 드러난 정보를 다음의 사례개념화 구성요
소에 적어 보시오.

사례개념화 구성요소별 정보수집

정보원 _____

인구학적 정보 및 의뢰 과정

진단적 정보

임상적 정보

상담 개입의 방향성

상담 진행 시 주의할 점

4. 심리검사 결과의 정보수집과 구성요소별 배치

진단명을 내리는 데 관심을 갖는 병원에서는 내담자의 문제에 진단명을 붙이고자 다양한 방법으로 환자나 내담자를 평가한다. 내담자가 지금 어떤 어려움을 겪고 있나? 어떤 성격 특성을 가지고 있나? 등을 이해하는 것을 '심리평가'라고 한다. 심리평가는 관찰, 면접(interview) 그리고 심리검사를 통해 이루어진다. 임상심리사는 내담자 평가를 위해 주로 심리검사를 사용하기 때문에 심리검사 실시 및 해석 역량에 관심을 갖는다. 상담심리사는 주로 면접을 통해 내담자에 대한 평가를 하기 때문에 자칫 심리검사에 소홀할 수 있다. 심리검사는 내담자 이해, 평가, 진단을 잘할 수 있도록 도와주는 방법 중하나이다. 그러므로 상담심리사도 기본적으로 심리검사를 잘 다룰 수 있어야 한다. 심리검사는 관찰과 면접에 의해서 이해되는 내담자와 내담자의 문제를 더 분명하게 알게 해 주고, 상담자가 놓쳤을 수도 있는 문제를 찾게 해줄 수 있다. 심리검사 결과와 해석은 사례개념화의 구성요소 중 진단적 기술에 정보를 준다.

그러나 검사의 결과만 내담자 사례개념화에 사용되는 것은 아니다. 심리검사 결과보고서에 나타나 있는 실시된 심리검사의 특성, 검사가 실시되는 과정에서 보이는 내담자의 행동, 심리검사 해석에 대한 반응도 내담자에 대한 기술 정보가 된다. 내담자가 심리검사를 하게 되는 경우는 대부분 접수면접자나 상담자에 의해서 심리검사가 추천되어 실시되지만 자발적으로 심리검사를 받을 수도 있다. 내담자들은 심리상담을 받는 것보다 심리검사를 받는 것을 심리적으로 쉬워하는 것 같다. 상담센터에서 내담자들은 심리검사를 받으려 자발적으로 오는 경우가 많지만 상담을 하러 자발적으로 오는 경우는 드물다. 그래서 심리검사는 어떤 면에서는 일반인으로 하여금 심리상담의 접근성을 높이는 도구가 되기도 한다. 내담자들은 심리검사를 받고, 해석을 받는 과정에서 심리상담을 권유할 때 수용하는 경우가 많기 때문이다.

　　상담자는 내담자의 호소문제와 접수면접 내용, 1회 면접 후에 내담자 이해를 분명하게 하기 위하여 필요한 심리검사를 내담자에게 추천하고 실시한다. 심리검사 결과를 보고 상담자 자신이 이해했던 내담자의 특성을 그 심리검사 결과가 더 분명하게 확인시켜 주는지, 아니면 몰랐던 부분이 나타나는지를 확인해야 한다. 예를 들어, 한 내담자가 분명 폭력적 행동 문제로 상담에 의뢰되었는데, MMPI에 2번과 9번이 함께 올라가는 프로파일이 나타났다면 폭력적 행동의 기저에 우울을 의심하고 이에 대한 탐색을 하면서 내담자 문제 행동의 임상적 설명을 찾아가야 한다. 폭력적 행동으로 의뢰되었는데, 낮은 지능점수를 보였다면 우울의 기저와는 다르게 문제가 설명되어야 할 것이다. 우울하다고 호소하는 내담자의 WAIS검사 실시 과정과 결과로 우울의 인지적 · 행동적 특성을 확인할 수 있다.

　　대학 상담센터나 성인 대상 개인상담소와 기업상담센터에서는 일반적으로 MMPI로 객관적 검사를, SCT로 투사적 검사를 대표로 하여 실시한다. 내담자의 호소문제에 따라 학습관련 검사, 진로관련 검사, 불안검사, 우울검사 등을 사용하여 특성과 정도를 확인할 수 있다. ADHD 관련 검사, (알콜, 도박, 인터넷 등) 중독 관련 검사는 특정 문제를 확인하는 데 사용할 수 있는 검사들이다. 상담자들은 심리검사 결과를 보면서 내담자 호소문제를 보다 종합적이고 심도 깊게 이해할 수 있다.

　　다음에 내담자의 약간의 인구학적 정보와 호소문제 및 심리검사 결과를 제시한다. 심리검사 결과가 내담자 호소문제를 어떻게 더 종합적으로, 더 심도 깊게 알게 해 주는지를 살펴보자.

26세 여성, 대학 졸업 후 직업 없음.
호소문제: 우울하다. 병원에서 우울증 약을 복용하고 있으며, 직업을 구하기가 어렵다.
심리검사 실시: MMPI, SCT, Holland 적성탐색검사

1) MMPI-2

타당도척도

VRIN	TRIN	F	F(B)	F(P)	FBS	L	K	S
51	53	50	58	36	66	40	44	43

임상척도

Hs	D	Hy	Pd	Mf	Pa	Pt	Sc	Ma	Si
69	86	76	54	37	62	85	72	63	54

재구성 임상척도

RCd	RC1	RC2	RC3	RC4	RC6	RC7	RC8	RC9
83	72	71	48	50	49	66	61	48

성격병리 5요인척도

AGGR	PSYC	DISC	NEGE	INTR
43	54	47	74	52

내용척도

ANX	FRS	OBS	DEP	HEA	BIZ	ANG	CYN	APS	TPA	LSE	SOD	FAM	WRK	TRT
89	48	62	82	64	52	55	45	47	58	59	50	60	71	60

보충척도

A	R	Es	Do	Re	Mt	Pk	MDS	HO	O-H	MAC-R	AAS	APS	GM	GF
70	47	30	37	57	77	79	50	54	46	53	43	75	37	70

2) SCT

구분	번호	제시문구	작성내용
가족 관계	1	가족을 부양하는 것은	생각보다 부담스럽다. 그 정도의 능력이 없는 것 같다.
	3	나의 어머니는	멋진 사람인 듯하나, 알 수 없는 고집이 있으시다. 대체로 좋으신 편이다.
	13	나의 애인은	없다. 있다면 좋은 사람이었으면 좋겠다.
	17	나의 아버지는	좋은 것 반, 싫은 것 반
	19	아버지와 나는	사이가 좋아 보이지만, 그것에는 나의 노력과 용서가 크다.

	20	다른 가정과 비교해서 우리집안은	영 그저 그런 편. 화목한 것 같기도 하고 내면은 모르겠다. 다들 꺼내보면 영 아닐 것 같다.
	24	어머니와 나는	사이가 좋다. 엄마는 평생 내가 결혼 안 하고 같이 살았으면 좋겠나 보다. 나는 그 정도는 아닌데.
	26	내 생각에 가끔 아버지는	힘들어 보인다. 같이 상담 좀 받았으면 좋겠다.
	32	결혼 생활에 대하여 나는	재밌게 살고 싶다. 여행 다니면서. 정착도 좋긴 하다. 예쁜 식물이랑 달팽이가 있었으면.
	37	좋은 어머니는	부담 없는 어머니
	38	대개 아버지들이란	가부장적이지 좀 않았으면.
	43	어머니가 화를 낼 때는	슬프다. 간혹 어이가 없다.
성	6	사람들이 성에 대해 이야기하면	사람마다 다르지만 아주 가까운 친구는 불편하고 낯선 사람도 불편하고 중간쯤은 그저 그렇다.
	10	내가 바라는 여인상은	딱히 없다. 행복한 인상
	11	임산부를 보면	양보해야지.
	15	완전한 남성상은	없다. 이것도 그냥 행복한 사람
	21	여자들은 운이 좋다. 왜냐하면	잘 모르겠다. 뭐가 더 낫고 그런 걸 말하기에는 여성 밖에 안 해 봐서.
	23	내 생각에 남자들이란	너무 일반화시킨 질문이라서 할 말이 없다…… 개개인으로 봐야 한다.
	27	남자들은 운이 좋다. 왜냐하면	신체적으로 더 클 수 있다면 좋을 것 같다.
	29	여성이 직업을 갖는다는 것은	갖는다는 것이다. 유리천장, 경력단절, 파이팅이고 내 미래다.
	34	남자에 대하여 무엇보다 좋지 않게 생각하는 것은	없다.
	46	여자이기 때문에 가장 불리한 점은	신체가 작다는 점
	48	이성의 친구와 같이 있을 때는	재밌게 잘 논다.
	49	남자들은 여자에 대해	어떻게 생각할까
	39	내 생각에 여자들이란	여자다.

	4	사람들이 나를 피할 때	왜 피하는지 궁금하다. 냄새나나. 뭔가 잘못을 저지르지는 않았을 것 같고 물어봐야겠다.
	7	내가 정말 행복하려면	욕심이 없어져야 할 듯하다. 이루고 싶은 것이나 원하는 것이 많다. 쉬고 싶다.
	9	다른 사람들과 함께 있는 것은	때때로는 무섭고 불안하다.
	12	아이들이 집단활동을 싫어하는 것은	부담감 때문인 것 같은데 왜일까…… 왜 부담스러울까?
대인관계	16	나와 같이 일하는 사람은 대게	별로다.
	22	내가 없을 때 친구들은	자주 나를 찾는다. 심심한가 보다. 난 요즘 혼자 있고 싶어서 자주 거절한다. 미안하다.
	41	내 생각에 참다운 친구란	내 친구들. 좋다. 가족 같이 편하다.
	42	윗사람이 오는 것을 보면 나는	안 마주치고 싶다.
	47	윗사람들은	배운 사람. 옳고 도덕적인 사람. 융통성 있는 사람이었으면 좋겠다.
	2	언젠가 나는	여행을 하고 있으면 좋겠다. 괜찮은 사람이면 좋을 것 같다.
	5	교육이라는 것은	중요하다. 교육은 참 중요하다.
	14	나의 좋은 점은	대체로 나쁜 생각을 하지 않는다. 거짓말을 하지 않는 것. 써먹을 수 있을 정도의 책임감.
	18	신경질 날 때는	아무것도 하지 못하거나 끊임없이 무언가를 한다.
자아개념	25	어떻게 해서든 잊고 싶은 것은	몇 가지 빼고 전부 다. 새로 사는 게 빠를 것 같다.
	28	나에게 가장 문제되는 것은	생각이 너무 많은 것. 우울한 것. 무기력한 것
	30	나를 괴롭히는 것은	몇 개(친구, 커튼, 밥, 여유시간) 빼고 다
	31	내가 가장 바라는 것은	편안한 것
	33	내가 어렸을 때	힘들었다. 어린이는 그다지 좋은 게 아닌 것 같다. 최약체
	35	양심의 가책을 느끼는 일은	있지만 말하자면 길고 꺼려진다.

36	내가 다시 어려진다면	안 그러고 싶지만 혹시 그런다면 좀 더 나은 선택을 해 볼 것.
40	원하던 일이 잘 안되었을 때	화가 나고 집 나가고 싶다. 나가면 들어오고 싶다.
44	나에게 이상한 일이 생겼을 때	왜 생겼을까. 어이가 없겠지.
45	내가 늙으면	하얗게 머리 땋고 데이지 꽃을 키우고 원피스를 입으면서 매일 차를 따라 마실 것이다. 강아지랑
50	나의 능력은	갈수록 그저 그런 편
8	나는	착하다. 머리가 자주 아프고 기분이 나쁘다. 늘 할 일이 있고 하기가 싫다. 그래도 하긴 한다.

　이 내담자의 호소문제는 우울감과 이에 따른 무기력이며, 사회적 일을 하고 있지 않아 진로, 직업의 문제를 외적으로 호소하고 있다. MMPI에서도 2번 척도가 상승하였고, 재구성임상척도, 내용척도, 병리척도 등에도 이 내담자가 우울하다는 것을 알려 주고 있다. 일과 관련해서도 어려움을 호소하고 있음을 알 수 있는데, 내용척도의 WRK로 확인할 수 있다.

　그러나 MMPI에서 2-7쌍 프로파일이 나타났고, 3번과 8번도 함께 상승하고 있다. 2-7타입은 대체로 임상수준의 우울과 더불어 불안하고 초조하고 긴장된 모습을 보이며, 사소한 스트레스에도 과도한 반응을 보이고 강박사고, 강박행동을 보이기도 하는데, 실제 내용척도의 ANX 점수가 89로 가장 높게 나타났다. 그러나 SCT를 보면 그렇게 높은 불안이나 강박적 특성이 나타나지 않는다. 이는 내담자가 자신의 현재 상태를 잘 인식하지 못하거나 방어하고 있을 수 있기 때문이다. 이는 다시 임상척도 3번의 상승으로 알 수 있다. 또한 3번 척도의 상승을 볼 때, 불안과 우울이 타인의 평가나 기대에 근거할 수 있다. 실제로 2-7타입은 자신이 지니고 있는 문제를 극복할 수 있는 가능성에 대해 비관적이다. 그러므로 이 내담자는 자발적으로 상담실을 내방하여 자신의 불편함(임상척도 8번 상승)과 정서적 동요를 호소하고 있고, 자기중심적이고 미성숙하여 자기 기저의 원인에 대해서 통찰이 잘 이루어지지 않는다(임상척도 3번, SCT 내용). 2-7타입은 도움을 요청하면서 수동-의존적이라 상담자에게 고분고분하게 보이며, 상담자에게 매달리면서 보살핌을 요구할 수 있다.

이러한 내용은 상담 과정 중의 내담자의 호소와 자기공개로는 듣기 어려운 내용이다. 상담자는 우울이 나타나기 시작할 시점의 외상 사건(보충척도 PK)을 살펴보아야 하고, 강박적으로 몰두할 수 있는 행동(보충척도 APS), 예를 들면 SCT에는 전혀 드러나지 않은 성적 환상(sexual fantasy)이나 자위행위도 살피는 것이 필요하다. 무엇보다 상담에 대한 내담자의 태도가 매우 양가적일 수 있음을 인식하여 사례개념화의 상담 과정의 주의점에 내담자의 방어적 태도, 의존적이고 미성숙한 성격을 예상하도록 하는 것은 심리검사로 확인할 수 있는 이점이라고 하겠다.

연습 18 심리검사 결과 정보의 구성요소별 배치

다음 사례의 심리검사 결과를 내담자 호소문제와 연결시켜 보면서 사례개념화의 구성요소 각각에 들어갈 정보를 적어 보시오.

〈사례 1〉

- 인구학적 정보: 23세 여, 대학 2학년
- 호소문제: 학점이 지속적으로 떨어지고 결국 학사경고를 받아 상담 신청함. 그러나 어디 하소연할 곳이 있었으면 좋겠다고 함.
- 심리검사: MMPI-2, U & I 학습유형검사.

1) MMPI-2

타당도척도

VRIN	TRIN	F	F(B)	F(P)	FBS	L	K	S
31	55T	76	76	64	51	40	30	31

임상척도

Hs	D	Hy	Pd	Mf	Pa	Pt	Sc	Ma	Si
51	64	48	59	73	58	67	73	49	78

재구성 임상척도

RCd	RC1	RC2	RC3	RC4	RC6	RC7	RC8	RC9
83	50	80	65	50	58	86	65	58

성격병리 5요인척도

AGGR	PSYC	DISC	NEGE	INTR
52	72	52	85	70

내용척도

ANX	FRS	OBS	DEP	HEA	BIZ	ANG	CYN	APS	TPA	LSE	SOD	FAM	WRK	TRT
75	67	77	91	52	65	75	69	59	76	87	85	96	87	82

보충척도

A	R	Es	Do	Re	Mt	Pk	MDS	HO	O-H	MAC-R	AAS	APS	GM	GF
76	45	30	47	38	77	85	82	74	42	46	48	54	32	64

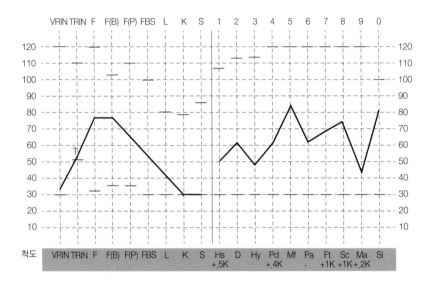

학습유형검사   – 학습행동검사: 잡념형

                 – 학습성격검사: 탐구–이상형

사례개념화 구성요소별 정보수집

정보원 _____

인구학적 정보 및 의뢰 과정

진단적 정보

임상적 정보

상담 개입의 방향성

상담 진행 시 주의할 점

연습 19 **심리검사 결과 정보의 구성요소별 배치 – 자기 사례에 적용하기**

자신의 사례 중 하나를 선택하여 인구학적 특성, 호소문제, 실시한 심리검사 등을 적어 보고, 심리검사 결과를 보면서 사례개념화 구성요소의 정보를 채워 넣어 보시오.

사례 _____

인구학적 정보:

호소문제:

실시 심리검사 및 심리검사 결과:

사례개념화 구성요소별 정보수집

정보원 _____

인구학적 정보 및 의뢰 과정

진단적 정보

임상적 정보

상담 개입의 방향성

상담 진행 시 주의할 점

5. 다양한 정보원의 통합 정보수집과 구성요소별 배치

　지금까지 상담자가 사례개념화를 본격적으로 시작하기 전, 수집할 수 있는 정보원을 대상으로 사례개념화의 구성요소에 들어가야 할 정보를 찾아 넣어 보는 연습을 하였다. 이제는 한 사례의 신청서, 접수면접보고서, 심리검사 결과, 1회 상담 축어록을 검토하여 한 개의 기록지에 정보를 찾아 배치해 보는 연습을 해 본다. 여기에 제공되는 사례는 저자가 연령대와 호소문제 등이 비슷한 5개 이상의 사례를 통해 인구학적 정보, 호소문제, 검사 결과, 축어록 등을 재구성한 가공의 사례이다.

연습 20 한 사례에 대한 다양한 정보원의 통합 정보의 구성요소별 배치

• 내담자의 인구학적 정보 26세, 여성, 무직

• 상담신청서

◇ 신청일: 년   월   일   ※ 상담시작일: 상담자:

성명	* * *		성별	남,㉠	종교	무
생년월일	**** 년 ** 월 ** 일 (만 26 세)				휴대폰	
소속	없음				이메일	
학력				주거형태	㉠자가, 친척집, 하숙, 자취, 기숙사	
주 소						
찾아온 경로	㉠스스로, 친구·선배 추천, 과제, 홍보물, 기타					
찾아온 목적	☑심리검사	MBTI, 적성탐색검사, MMPI, SCT, 지능검사, 기타( )				
	☑개인상담	성격, 대인관계, 적응, 정서, 시간관리, 중독, 가족, 기타( )				

1. 귀하가 상담하고 싶은 관심분야나 문제는 무엇입니까? 우울, 취업, 진로

2. 상담(심리검사)이나 정신치료를 받은 경험이 있습니까?
　☑ 예(언제: 2년 전, 어디서: 병원, 무엇을: 우울, 얼마 동안: 한 달 정도)   ② 아니요

3. 현재 복용 중인 약물이 있습니까?
　☑ 예(무엇: 우울증약, 편두통약)   ② 아니요

4. 가족관계에 대해서 적어 주십시오(자신을 포함하여 적어 주세요).

관계	연령	학력	직업	성격	동거여부
본인	26	대졸	무	혼자 있는 거 좋아함	✓
부	55	고졸	회사원	화를 잘 냄, 웃김, 다정함	✓
모	55	고졸	회사원	다정함, 온화함	✓
남동생	23	대3	대학생	웃김, 기분따, 나쁘지 않음	자취

5. 다음 중 본인이 주로 강하게 느끼고 있는 감정이나 경험에 ○를 해 주세요.

6. 상담가능 시간
(개인상담 신청자만 작성)
*월~금 09:00~17:00,
점심시간 12:00~13:00

우울	불안	공포	서러움	슬픔
분노	열등감	수치심	억울함	비굴함
의기소침	자살생각	자살시도	기타 (	)

7. 접수면접자 소견(접수면접자:　　　　)

접수면접기록지

접수면접자: ○○○

상담사례번호	20-05-25	성명	***
날짜 및 시간		나이 · 성별	여, 26

호소문제(호소문제 유형을 분류하시오)

3년 전 대학교 4학년 때 병원에서 우울증 진단을 받고 약물치료를 한 달 정도 받았는데, 여전히 우울감이 남아 있어 심리검사를 해 보고 싶어 상담 신청함. 졸업을 했는데 아직 정식 직업을 갖지 못하고 있으며, 어떻게 해야 될지 불안하고, 정말 무엇을 잘 하는지도 모르겠다. 대학교 4학년 때 진로가 정해지지 않았고, 무기력하고 불면증이 심해서 병원을 갔었음. 전공은 미술 쪽.
지금은 동네 편의점에서 알바를 계속하고 있다. 정말 힘든데 억지로 하고 있다.

호소문제 배경(스트레스원, 기능, 사회적 지지 체계)

• 한 번도 직업을 가진 적은 없고, 알바를 한 적은 있었는데, 무기력으로 계속할 수 없었다.
• 가족들은 걱정하지만 각자 알아서 산다. 별 관심이 없는 것 같다고 생각함.
• 졸업을 했지만 자기 전공을 살리지 못하고, 직업을 가지지 못함.
• 힘들지만 편의점 알바를 지속적으로 하고 있다.

내담자 행동 관찰

큰 키에 마른 체형으로 꾸부정하고 무기력해 보임. 검은색 모자를 눌러쓰고, 다시 후드티를 입고 뒤집어 쓰고 옴. 검은색 마스크를 하고 있음. 목소리는 기어들어가는 소리, 우는 듯한 소리.

상담의뢰 시 고려할 점, 추천 상담자, 추천 심리검사 및 실시

MMPI, SCT, Holland 적성탐색검사 추천하여 실시함

• 심리검사 결과

1) MMPI-2

타당도척도

VRIN	TRIN	F	F(B)	F(P)	FBS	L	K	S
51	53	50	58	36	66	40	44	43

임상척도

Hs	D	Hy	Pd	Mf	Pa	Pt	Sc	Ma	Si
69	86	76	54	37	62	85	72	63	54

재구성 임상척도

RCd	RC1	RC2	RC3	RC4	RC6	RC7	RC8	RC9
83	72	71	48	50	49	66	61	48

성격병리 5요인척도

AGGR	PSYC	DISC	NEGE	INTR
43	54	47	74	52

내용척도

ANX	FRS	OBS	DEP	HEA	BIZ	ANG	CYN	APS	TPA	LSE	SOD	FAM	WRK	TRT
89	48	62	82	64	52	55	45	47	58	59	50	60	71	60

보충척도

A	R	Es	Do	Re	Mt	Pk	MDS	HO	O-H	MAC-R	AAS	APS	GM	GF
70	47	30	37	57	77	79	50	54	46	53	43	75	37	70

2) SCT

구분	번호	제시문구	작성내용
가족 관계	1	가족을 부양하는 것은	생각보다 부담스럽다. 그 정도의 능력이 없는 것 같다.
	3	나의 어머니는	멋진 사람인 듯하나, 알 수 없는 고집이 있으시다. 대체로 좋으신 편이다.
	13	나의 애인은	없다. 있다면 좋은 사람이었으면 좋겠다.
	17	나의 아버지는	좋은 것 반, 싫은 것 반
	19	아버지와 나는	사이가 좋아 보이지만, 그것에는 나의 노력과 용서가 크다.

	20	다른 가정과 비교해서 우리집안은	영 그저 그런 편. 화목한 것 같기도 하고 내면은 모르겠다. 다들 꺼내 보면 영 아닐 것 같다.
	24	어머니와 나는	사이가 좋다. 엄마는 평생 내가 결혼 안 하고 같이 살았으면 좋겠나 보다. 나는 그 정도는 아닌데.
	26	내 생각에 가끔 아버지는	힘들어 보인다. 같이 상담 좀 받았으면 좋겠다.
	32	결혼 생활에 대하여 나는	재밌게 살고 싶다. 여행 다니면서. 정착도 좋긴 하다. 예쁜 식물이랑 달팽이가 있었으면
	37	좋은 어머니는	부담 없는 어머니
	38	대개 아버지들이란	가부장적이지 좀 않았으면
	43	어머니가 화를 낼 때는	슬프다. 간혹 어이가 없다.
성	6	사람들이 성에 대해 이야기하면	사람마다 다르지만 아주 가까운 친구는 불편하고 낯선 사람도 불편하고 중간쯤은 그저 그렇다.
	10	내가 바라는 여인상은	딱히 없다. 행복한 인상
	11	임산부를 보면	양보해야지.
	15	완전한 남성상은	없다. 이것도 그냥 행복한 사람
	21	여자들은 운이 좋다. 왜냐하면	잘 모르겠다. 뭐가 더 낫고 그런 걸 말하기에는 여성 밖에 안 해 봐서
	23	내 생각에 남자들이란	너무 일반화시킨 질문이라서 할 말이 없다······ 개개인으로 봐야 한다.
	27	남자들은 운이 좋다. 왜냐하면	신체적으로 더 클 수 있다면 좋을 것 같다.
	29	여성이 직업을 갖는다는 것은	갖는다는 것이다. 유리천장. 경력단절. 파이팅이고 내 미래다.
	34	남자에 대하여 무엇보다 좋지 않게 생각하는 것은	없다.
	46	여자이기 때문에 가장 불리한 점은	신체가 작다는 점
	48	이성의 친구와 같이 있을 때는	재밌게 잘 논다.
	49	남자들은 여자에 대해	어떻게 생각할까?
	39	내 생각에 여자들이란	여자다

	4	사람들이 나를 피할 때	왜 피하는지 궁금하다. 냄새나나. 뭔가 잘못을 저지르지 않았을 것 같고 물어봐야겠다.
대인 관계	7	내가 정말 행복하려면	욕심이 없어져야 할 듯하다. 이루고 싶은 것이나 원하는 것이 많다. 쉬고 싶다.
	9	다른 사람들과 함께 있는 것은	때때로는 무섭고 불안하다.
	12	아이들이 집단활동을 싫어 하는 것은	부담감 때문인 것 같은데 왜일까…… 왜 부담스러울까?
	16	나와 같이 일하는 사람은 대게	별로다.
	22	내가 없을 때 친구들은	자주 나를 찾는다. 심심한가 보다. 난 요즘 혼자 있고 싶어서 자주 거절한다. 미안하다.
	41	내 생각에 참다운 친구란	내 친구들. 좋다. 가족같이 편하다.
	42	윗사람이 오는 것을 보면 나는	안 마주치고 싶다.
	47	윗사람들은	배운 사람. 옳고 도덕적인 사람. 융통성 있는 사람이었으면 좋겠다.
자아 개념	2	언젠가 나는	여행을 하고 있으면 좋겠다. 괜찮은 사람이면 좋을 것 같다.
	5	교육이라는 것은	중요하다. 교육은 참 중요하다.
	14	나의 좋은 점은	대체로 나쁜 생각을 하지 않는다. 거짓말을 하지 않는 것. 써먹을 수 있을 정도의 책임감.
	18	신경질 날 때는	아무것도 하지 못하거나 끊임없이 무언가를 한다.
	25	어떻게 해서든 잊고 싶은 것은	몇 가지 빼고 전부다. 새로 사는 게 빠를 것 같다.
	28	나에게 가장 문제되는 것은	생각이 너무 많은 것. 우울한 것. 무기력한 것
	30	나를 괴롭히는 것은	몇 개(친구, 커튼, 밤, 여유시간) 빼고 다
	31	내가 가장 바라는 것은	편안한 것
	33	내가 어렸을 때	힘들었다. 어린이는 그다지 좋은 게 아닌 것 같다. 최약체
	35	양심의 가책을 느끼는 일은	있지만 말하자면 길고 꺼려진다.

36	내가 다시 어려진다면	안 그러고 싶지만 혹시 그런다면 좀 더 나은 선택을 해 볼 것
40	원하던 일이 잘 안되었을 때	화가 나고 집 나가고 싶다. 나가면 들어오고 싶다.
44	나에게 이상한 일이 생겼을 때	왜 생겼을까. 어이가 없겠지.
45	내가 늙으면	하얗게 머리 땋고 데이지 꽃을 키우고 원피스를 입으면서 매일 차를 따라 마실 것이다. 강아지랑
50	나의 능력은	갈수록 그저 그런 편
8	나는	착하다. 머리가 자주 아프고 기분이 나쁘다. 늘 할 일이 있고 하기가 싫다. 그래도 하긴 한다.

3) Holland 적성탐색 검사: AC형

〈1회기 상담 축어록〉

상 1　아까 말씀드렸듯이 우리 상담을 녹음할 예정입니다. 제가 다시 들어 보면서 ○○ 씨의 문제를 더 심도 있게 생각하고 좀 더 나은 방법을 강구하기 위해서 녹음을 하는 것입니다. 녹음한 것을 ○○ 씨도 들을 수 있습니다. 상담이 종료되면 녹음자료는 폐기됩니다. 그리고 이것을 좀 작성해 주시기 바랍니다. 이거는 상담하기 전에 지금 상황이 어떤지 점검하는 것입니다.

내 1　(작성 중)

상 2　여기서도 우울 무기력을 체크하셨고, 접수면접 때도 우울하고 무기력한 마음이 크다고 이야기하셨지요? 그래서 오늘 첫 상담인데 이제 물론 접수면접에서 ○○ 씨가 심리검사를 먼저 하러 오셨다고 들었어요. 네, 적성검사랑 다른 검사들도 하셨네요. 해석은 받으셨죠? 해석받은 게 좀 도움이 되셨어요?

내 2　쬐금. 자아성찰 조금.

상 3　아 자아성찰 좀 하고, 자아성찰한 내용 좀 얘기해 볼까요?

내 3　아 되게 약간 헷갈렸어요.

상 4　헷갈릴 수 있는 결과가 좀 나왔더라구요. 특히 홀랜드에서는 반대유형이

나왔고 예술형하고 관습형이. 서로 다른 부분이 같이 나왔으니 혼란스러운 부분이 있을 수 있을 것 같아요.

내 4 그것도 그렇고 되게 …… 정확히 기억이 안 나는데 점수가 높았던 것 같았어요.

상 5 그러게요. 예술 쪽도 높고, 관습 쪽도 아주 높네요.

내 5 그러게요. 왜 높게 나왔는지 좀 헷갈리더라구요. 그것에 대해서 얘기를 듣다가 생각을 좀 했어요. 전 다 자신이 없거든요. 내가 자만하고 있나? 스스로에 대해서 잘못 생각하고 있는 게 있나?

상 6 왜 스스로가 자만하고 있다는 생각이 들었어요?

내 6 약간 뭐 수치화되는 거는.

상 7 수치로 드러나는 게 있던가요?

내 7 음. 뭔가 다른 사람들 사회에 나가고 뭔가 행동하고 대외활동 같은 거 하는 거 보면 전혀 아닌 것 같다는 말이죠. 잘하는 게. 그런 거를 봤을 때 쓸데없는 부질없는 자부심 같은 게 있는 건가 하는.

상 8 아 그랬구나. 이걸 보면서 그런 생각을 했구나. 만족이라는 것이 스스로 다른 사람들로부터 지지를 받고 있거나, 객관적으로 내가 잘하고 있다기보다 스스로 내 삶에 좀 만족이 되고 있을 때는 만족이 높게 나오기도 하거든요. 객관적으로 보면 대학을 졸업하셨지만 직장이 정해지지 않으면 그러면 그렇게 생각할 수 있지요. 다른 친구들은 취업도 나가고 결혼도 하고…… 그래도 나를 있는 그대로 봐 주는 사람도 있고 그러면 괜찮지 않나요?

내 8 주변에 좋은 사람들 있죠.

상 9 만족이 뜬 거 보니 그게 있는 것 같은데?

내 9 네 있죠. 복합적인 거 같아요.

상 10 접수면접기록지를 통해서 알고 있지만 ○○ 씨에게 다시 직접 듣고 싶네요. 예전부터 우울한 기분이 있었는데 좀 나아지긴 했지만 여전히 우울한 마음이 있다고 들었어요. 대학교 4학년 때 □□병원에서 우울치료를 한 달 정도 받은 적도 있고…….

내 10 침묵 1분. (눈물을 흘림)

상 11 ○○ 씨가 갑자기 눈물이 났잖아요.

내 11 (계속 훌쩍거림)

상 12   어떤 말에, 어떤 생각이 들었길래 눈물이 났어요?

내 12   그냥 뭔가 관련 얘기를 꺼내면 말을 아예 못 하겠어 가지고.

상 13   아 우울과 관련해서 이야기하면? 그때 많이 힘들었구나.

내 13   상담하러 왔을 때 좀 그런 게 말이 아예 안 나오더라구요 그냥.

상 14   괜찮아요. 말이 안 나오는 거는 그게 뭔지는 모르겠지만 그때의 일은 기억 나지 않지만 감정만 뭔가 떠올라서 그럴 수 있잖아요. 그러니까 말을 할 수 있을 때 하면 되니까 말이 안 나오면 말을 안 해도 되고 할 수 있을 때는 하면 되고.

내 14   (계속 훌쩍거림)

상 15   그때를 떠올리거나 우울이라는 말만 들어도 눈물이 날 만큼 뭔가 ○○ 씨 가 많이 힘들었던 것 같아요.

내 15   (침묵. 울음을 멈추지 못하고 계속 훌쩍거림)

상 16   무슨 얘기든 하셔도 됩니다. 울고 싶으면 계속 울어도 되고 괜찮습니다.

내 16   요새는 괜찮을 때는 괜찮은데 처음 여기 접수면접 할 때가 제일 심할 때였 어요.

상 17   그때 혹시 무슨 일 있었어요?

내 17   약간 우울도 주기가 있는 것 같아요. 위에 찍었을 때 알바를 일주일 동안 안 가고 그랬어요. 원래 잘 다니거든요. 안 되겠다 싶어서 괜찮아질 때 오 면 얘기를 더 잘 할 수 있을 것 같아서 개인상담 하려고 했는데 뭔가 얘기 를 못 하겠고 그래요.

상 18   그러면 그 이야기를 해 볼까? 접수면접 할 때 우울한 기분이 올라가잖아 요. 올라갔을 때는 주로 어떤 모습이예요?

내 18   되게 화가 엄청 날 때도 있구요. 화나고 그 시기 지나가면 괜찮아지기도 하고 너무 평안해지기도 하고.

……〈중략〉……

내 39   갑자기 뭔가가 바보가 된 것 같고 뭔가 이상하더라구요.

상 40   이게 되게 중요한 문제인 것 같아요. 어떻게 해서 기억이 잘 안 난다고 했 지만 삶에서 제일 중요했던 부분인 그림이 어느 날 질려 버렸어 이게 중요 한 사건인 것 같아요.

내 40 약간 이게 그런 거였어요. 그림을 그리면서 연구를 정말 많이 했거든요. 어떤 느낌이냐 하면 철학이 시각화하는 거라서. 철학도 정말 좋아하거든요. 탐구를 하고 연구를 해야 하잖아요. 그림을 그릴 때마다 근데 그럴 때마다 스트레스를 엄청 받는데, 그 스트레스가 원동력이 되는 거예요. 그 에너지 소비 원동력 자체가 너무 짜증이 나는 거예요. 원동력이긴 한데 원동력이 스트레스니까.

상 41 스트레스를 느껴야만 뭔가 작품이 된다?

내 41 작품이 만들어지는데 그 작품이 저를 갉아 먹는 것 같았어요. 갉혀서 나오는 것 같아서. 이렇게까지 해서 해야 하나 하는 이유가 궁금해졌고, 궁극적으로 하고 싶은 게 뭔가 생각해 봤더니 집에 화분 몇 개 있는 게 행복할 것 같고 그러면 할 이유가 없네. 약간 이렇게 됐어요. 철학이 좋으면 혼자 공부하면 되는 건데 왜 이렇게 하는 거지 하면서.

상 42 아 이렇게 미술에 철학적으로 접근하는지 저는 몰랐어요. 철학적으로 접근하는구나. 그런 과정에서 제가 잘 이해했는지 모르겠지만 그런 과정에 좀 지쳤다는 느낌이 들어요. 미술을 내 인생에서 완전히 배제했다기보다는 좀 그림에게 그런 과정에 지쳤다 소진됐다는 느낌이 들거든요.

내 42 저도 지금 제가 이러고 있는 이유가 확신이 없어서 어떻게 할지를 고민해 봐야 할 것 같아서 이러고 있는 것 같아요. 제가 보기에도(훌쩍거림).

상 43 ○○ 씨 마음에 여지가 있는 것 같아요. 현대미술에 대한 여지는 있는 것 같아요. 다시 한번 더 정체성 자아정체감을 확립하는 시기처럼 스스로 혼란을 좀 느끼는 것 같아요. 어떻게 살고 싶은 거지 혼란스러운 시기가 아닌가 하는 하는 생각이 들어요. 내가 소박하게 화분 몇 개를 두고 살 건가, 출퇴근하는 안정적인 삶을 살 건가, 자유분방한 예술세계에서 내가 저렇게 살 것인가 전반적인 거에 대해서 좀 혼란이 좀 있네요.

내 43 네. 저도 제가 좀 자유롭다고 생각했는데 대학 들어와서 성격이 좀 바뀌었어요. 계획을 엄청 짜고. 계획이 없으면 행동도 잘 안 되고 좀 양극으로 나온 것 같아요. 너무 좋은 거예요. 예술가가 안 맞을 수도 있다는 것을 여러 번 인지했었거든요. 전에도 저런 걸 했는데 저렇게 나오더라구요.

상 44 진로 코드집으로 AC 관련한 직업 보셨지요?(네) 예술을 살리면서도 관습형의 특성을 가지고 할 수 있는 직업들도 많습니다. 반대 유형이긴 하지만, 예를 들어 콘티를 짠다든지. 출퇴근하는 예술가가 된다든지 있을 수 있는데 본인의 천부적인 자질을 버린다면 아깝잖아. 지금까지 연마하고 훈련하고 한 시간들이 많겠어요? 그것에 들인 시간과 애정과 노력과 땀과 ○○ 씨 많이 들였을 것 같은데.

내 44 너무 아까워요.

상 45 그러니까 아까울 수 있을 것 같아요.

내 45 (훌쩍거림)

상 46 자 그러면 상담을 하게 됐는데 정말 한번 탐색해 보고 이거를 꼭, 상담이 끝나면 성공적으로 잘 됐어. ○○ 씨가 어떻게 되어 있으면 좋겠어요?

내 46 혼자 잘 있었으면 좋겠어요.

상 47 혼자 있는 게 잘 안 된다는 거는 우울한 감정 때문에?

내 47 감당이 잘 안 되죠.

상 48 감당이 안 될 땐 어떻게 해요?

내 48 내면으로는 감당이 안 되고 신체적으로는 가만히 있긴 해요.

상 49 신체는 가만히 있고.

내 49 네. 정서적으로 감당이 안 되고 신체는 가만히 있어요.

상 50 마음이 좀 편안해졌으면 좋겠다는 거네?

내 50 네 생각을 좀 그만했으면 좋겠어요. 생각이 안 멈춰져서 죽겠어요.

상 51 어떤 생각들이 안 멈춰지고 계속 드나요?

내 51 가만히 있으면 멍을 때리거나 체계나 연관관계를 살펴야 할 것 같고 온갖 생각이 다 들어요.

상 52 당장 이해하기 쉽게 어제 밤에는 어떤 생각을 했어요?

내 52 어제 밤에는 별 생각을 안했어요. 친구랑 얘기한다고요.

상 53 그 전날 밤에는?

내 53 그 전날 밤에요? 그 전날 밤에는 좀 우울해했죠. 노래를 들으면서 무슨 생각을 했을까? 집에 생각을 했어요. 엄마 아빠 생각을 좀 했어요.

상 54 엄마 아빠에 대한 어떤 생각을 했어요?

내 54 가정교육에 대한 부분.

상 55 가정교육? 본인에게 했던 양육에 대해서?

내 55 뭐 그런 생각을 자주 해요. 이러면 어떨까 저러면 어떨까 별 수 없는 일이겠지.

상 56 엄마가 나에게 지나친 기대를 안 했으면 어떨까? 이런 생각들?

내 56 그런 것도 하고 많이 해요. 보통 내일에 대한 걱정 같은 걸 많이 하고 계획을 짜놓고도 이상하게 걱정이 돼요. 엄청 과거에 대한 생각도 많이 해요. 몇 년 전 일 년 전 그런 일이 있었는데 그런 일에 대한 평가 같은 거를 많이 해요.

상 57 평가들은 주로 부정적인 평가인가요?

내 57 어 부정적이거나 긍정적이라고 하기에는 주관적이어서 모르겠고 객관적으로 보려고 노력을 많이 해요. 그냥 판단하는 거 같아요. 이렇게 생각할 수도 있겠다. 상황이 그럴 수 있겠다 생각을 바꿔 보려고 노력해요.

상 58 아 그때 사건을 다시 한번 재조명하네.

내 58 그리고 막 글로 정리해 놓을 때도 있고 요새는 안 하는 것 같아요.

상 59 글로 정리하는 거?

내 59 네 전에는 많이 했는데 까먹어서 기억이. 기억이 잘 안 나서 일들이 잘 생각이 안나요.

상 60 생각이 안 나는구나. 시간이 다 되어 가서…… 앞으로 상담을 하게 될 거고 일주일에 한 번, 50분 정도 할 거예요. 50분 정도 하고 5분은 정리하는 시간을 가집시다. 그래야 내가 오늘 어떤 이야기를 했고 무엇을 알게 되었는지 소감을 나누면서 서로 맞출 것은 맞추고 바꿀 것이 있다면 바꾸기도 하고 하니까 10분 정도는 정리하는 시간이 필요할 것 같아요. 보통 10회기 정도 하는데 정해져 있는 건 아니에요. 더해도 되고 덜해도 되고.

내 60 10회요?

상 61 네 일주일에 한 번 해서 10번 정도. 정해진 건 아니고 보통 10번 정도 해요. 이곳에서는 충분히 안전한 공간이니까 ○○ 씨가 자기의 이야기를 할 수 있는 안전한 공간이 되었으면 좋겠습니다. 혹시 궁금한 거 있으세요?

내 61 다음 주도 이 시간에 하나요?

사례개념화 구성요소별 정보수집

정보원 _____

인구학적 정보 및 의뢰 과정

진단적 정보

임상적 정보

상담 개입의 방향성

상담 진행 시 주의할 점

여러분은 4개의 초기 내담자와 문제에 대해 기록해 놓은 것에서 사례개념화의 5가지 구성요소에 들어가야 할 정보를 수집하여 배치해 보았다. 다음에 저자가 찾아본 정보를 수록하였으니 비교하여 살펴보고 더 많은 정보가 있으면 축하의 마음을 전하며, 그렇지 못하면 더 찾아보기를 바란다.

사례개념화 구성요소별 정보수집

정보원 ＿＿＿＿＿＿

인구학적 정보 및 의뢰 과정

26세 여성, 자발적 방문, 주소 기록하지 않음. 대4 때, 우울로 병원진료 받은 적 있음. 부모, 남동생(23세, 대학생), 가족에 대한 긍정적 기술, 미술회화전공, 대졸했으나 직업 없고, 현재는 편의점 알바

진단적 정보

우울, 무기력, 불안, 열등감, 낮은 자존감, 자살생각/모자, 마스크, 후드티, 기어들어가는 목소리, 우는 목소리/자신이 무엇을 잘하는지 모른다고 호소
MMPI 2-7, 3, 8, 우울, 불안 나타남. 낮은 자아강도, 외상후 스트레스, 중독가능성 상승, SCT에 아버지 용서 노력?, 가족들을 긍정적으로 기술했으나 SCT와 1회 축어록에 불편, 부담, 무관심/ 화가 나서 안 한다. 밖으로 나온다. 충동적 행동이나 사고 있으며, 지속적, 강박적 사고 Holland AC유형. 자아성찰, 철학적 사고 등을 좋아함.

임상적 정보

검사에서 예술성과 규범성이 함께 높게 나온 것에 대해 자신을 의심하는 태도를 가지나 기대를 갖는 모습이 있음. 중학교 때도 우울로 병원, 엄마와 함께. 대학 때 혼자 살면서 지지받지 못하고 있다고 생각함. 매우 독특하고 천재적 특성을 보이는 현대미술가에 대한 두려움과 스트레스로 평범을 지향하며 너무나 소박한 정원가꾸기로 변경하고(현실적이지 않고 맥락이 없는, 자신까지, 가족까지 위협하는 결정), 가족의 기대에 갖는 부담감이 있었음. 미술에 질렸다고 하면서 완전 배제하고 그저 정원 가꾸기, 화분 두 개 필요로 맥락 없이 변경하고, 급격한 상실감과 아무것도 할 줄 아는 게 없다고 실망함. 자신과 가족에게 수동적으로 벌주고 있음(상실, 공허). 진로 바꾸기 과정이 분명하지 않음. 철학적, 예술가적, 직업적 갈등 있어 보임. 긴장, 불안의 증거인 강박적 사고의 내용은 평가, 보완, 노력 등 긴장하고 있는 내용임. 친구들과의 대화 시간 조절 등 시간 관리하는 모습 있음.

여기서는 드러나지 않았으나 길고 친화적이지 않은 그러나 철학적인 예술가의 길과 가족이 원하고 규칙적이고 직업으로서의 취업 사이에서 갈등하고 있음.

상담 개입의 방향성
우울과 불안점수 높으므로 약물치료가 필요한지 결정해야 하고, 병원의 약물치료에 대한 생각 점검해야 함. 이전의 우울약물 복용 경험있으므로 약복용 교육이 필요함. 높은 PK, ASP 등으로 트라우마적 사건이 있는지, 반복하고 있는 행동이 있는지를 확인해야 함. 자기 전공에 대한 자부심이 있으나 이에 대한 양가적 감정이 있으니 이를 다루어야 함. 알바를 나가지 않고 극심한 우울에 시달려야 했으며 성실함을 잃어버리게 한 사건이 무엇이 있었는지 확인하는 과정 필요함.

상담 진행시 주의할 점
2-7, 3번 높아 수동적이고 징징대며, 평가 예민할 수 있음.

🖳 4장을 마치며

다음의 주제를 생각하면서 연습의 성과를 평가해 봅시다.

1. 이 장을 마치며 자신의 사례개념화 구성 역량이 발전하였습니까?
   발전하였다면 사례개념화 구성의 어떤 역량이 발전하였나요?

2. 이 장의 무엇이 자신의 사례개념화 구성 역량을 발전시켰나요?

3. 이 장의 아쉬운 점은 무엇인가요?

📰 참고문헌

윤순임, 이죽내, 김정희, 이형득, 이장호, 신의천, 이성진, 홍경자, 장혁표, 김정규,
    김인자, 설기문, 전윤식, 김정택, 심혜숙(1995). 현대 상담 심리치료의 이론과 실제.
    서울: 중앙적성출판사.
이장호, 이동귀(2014). 상담심리학. 서울: 박영Story.

제**5**장

사례개념화 연습하기 2: 이론 적용과 논리 구성하기

1. 사례개념화의 논리: 결과-원인-개입 전략

2. 상담이론별 사례개념화 논리

3. 사례개념화 이론 적용 연습

4장에서 다양한 정보원을 통해 사례개념화의 5가지 구성요소별로 정보를 수집해 보았다. 이제는 각 구성요소별로 수집된 정보를 보면서 자신이 가지고 있는 상담이론에 근거하여 논리를 구성하는 연습을 한다.

1. 사례개념화의 논리: 결과-원인-개입 전략

사례개념화의 논리는 간단한데, 원인과 결과를 찾아 연결하는 것과 원인을 찾았으니 그 원인을 어떻게 관리, 개입할 것인가에 대한 것이다. 진단적 기술은 결과에 해당하는 것이고, 임상적 설명은 원인에 해당하며, 상담의 방향성인 상담목표와 전략은 원인을 어떻게 관리하여 결과를 변화시킬 것인가의 개입 과정이 된다. 원래 논리라면 원인 다음에 결과가 이어져야 하지만, 상담 사례개념화에서는 내담자가 경험하고 있는 문제를 호소하는 데서부터 시작하기 때문에 결과인 진단적 기술을 먼저 기술한 후, 이에 대한 내현적 원인과 이론적·전문적으로 설명하는 원인 정리인 임상적 설명이 그 뒤를 따른다. 그리고 상담 개입의 방향성–상담의 목표와 전략으로 연결되는 논리이다. 사실 구성요소 항목에 맞추어 정보를 수집하는 과정에서 상담자는 이미 논리를 구성하는 작업을 시작하고 있었을 것이다. 그래서 정보수집 과정이 필요했던 것이다.

무기력을 호소하는 내담자를 예로 들어 설명해 본다면, 내담자가 호소하는 무기력은 진단적 기술에 해당한다. 무기력을 호소하는 내용에는 생활의 의미나 의욕이 없고, 학교나 직장 생활에서 규칙성이 무너지는 모습, 사람들과의 접촉이나 만남에서 회피적 태도, 정서적으로는 우울하거나 불안하고, 어쩌면 잘 정돈되지 않은 옷매무새, 상담자와 맞추어지지 않는 눈, MMPI에서 높아진 2번과 함께 나타나는 임상척도(예: 0번 척도 등)나 내용척도 중 LSE 척도, '잘 모르겠다.'와 같은 성의 없는 SCT 답변들이 나타날 수 있다. 상담자가 이러한 우울이 동반된 무기력을 반복된 실패와 좌절에 의한 학습된 무기력으로 설명한다면 이 부분이 임상적 설명에 해당한다. 내담자의 호소내용에 학습의 실패, 관계의 실패, 자기 주도성의 실패 등이 있다면 더욱 분명해진다. 여기까지는 결과와 원인을 연결 지었으니 이제는 해결방략으로 이어지는데, 이것이 상담 개입의 방향성-목표와 전략이 된다. 즉, 학습된 무기력에 대해 실패했던 행동을 성공적 관련 행동으로 재학습시켜 변화시키겠다고 한다면 이것이 상담 개입의 방향성이 된다. 이처럼 결과와 원인 그리고 원인 변경 계획으로 이어지게 하는 것이 사례개념화에 있어서 논리의 구성이다.

다음의 표는 학사경고로 대학교의 학생상담소를 찾은 내담자의 사례에 대한 논리를 구성한 예이다.

⟨표 5-1⟩ 결과-원인-개입의 사례개념화 논리 구성의 예

논리	구성요소	내용
결과	진단적 기술	학사경고로 상담에 의뢰된 내담자. 상담센터에서 명단에 의해 전화해 상담에 초청이 되었음. 삶의 의욕이나 의미가 없다. 학사 경고 2회, 지속적 낮은 학업 성적. 그 이유는 잦은 지각, 결석이 있으며 과제를 제출하지 않음. 대화하는 사람이 별로 없고, 가족 방문도 매우 적음. 헝클어져 있는 머리 모양, 냄새나는 옷, 눈을 내리 깔고 이야기를 하고, 천천히 드문드문 이야기함. 2-0 타입에 전반적으로 낮은 점수의 임상척도의 MMPI 검사결과, 문장완성검사에는 빈칸이 있으며, 잘 모르겠다가 3개 있음.
원인	임상적 설명	수능점수에 맞추어 선택한 대학과 학과, 영어와 수학 능력이 부족한데 학과 특성상 영어와 과학적 사고가 요구됨. 학과에 대한 정보 부족, 학과 내에 친하게 지내는 급우나 선배, 교수가 없음. 학업 과제 제출이 늦거나 제출하지 않음. 자신의 적성이나 흥미가 파악되지 않음. 반복되는 학사경고와 대안 없음.
개입	상담 개입의 방향성	학과에 머무를 것인지, 대안을 찾을 것인지 진로 방향 결정하고, 다음 학기 학사경고 벗어나는 것을 상담목표로 잡고, 대학교 입학 과정 탐색, 내담자 적성과 흥미에 대한 탐색, 학과에 대한 이해 등 자신에 대한 이해와 학과에 대한 이해. 이러한 태도가 대학 이후의 문제인지 역사가 있는지 확인 필요. 군대 문제, 가정의 기대 문제 등도 살필 것.

이러한 논리적 구성을 하려면 상담자는 내담자의 문제 특성들을 꼼꼼하게 탐색해야 한다. 머릿속에 문제에 관련된 인지, 정서, 행동, 관계, 생활기능, 태도, 심리검사 결과 등을 하나하나 점검하면서 탐색하면 도움이 된다. 또한 DSM의 진단범주들을 생각하며 점검하며 탐색하는 것도 방법이다. 예를 들어 내담자가 우울과 무기력을 호소한다면 주요우울장애까지 진단을 받지 않더라도 주요우울장애의 진단기준들을 염두에 두고 내담자의 문제 양상을 탐색할 수 있다. 우선 주관적 정서 보고로 우울하다거나 절망스럽다는 표현, 재미있는 일이 없고, 밋밋한 정서 상태, 식욕이 감퇴하고 낮은 수면의 질, 결정내리기 어려워하고 집중력이 떨어져 있는 인지 기능, 실제 낮은 학업이나 업무기능 등이 주요우울장애의 진단기준이므로 상담자는 내담자에게서 이와 유사한 증상이나 호소가 있는지를 탐색하고 수집한다.

두 번째는 임상적 설명인데, 이것은 내담자가 호소하는 문제에 대해 교과서에서는 어떻게 설명하고 있느냐를 염두에 두고 정보가 수집되는 것이 요구된다. 앞에서 든 예로 보자면 정서적 어려움, 특히 우울과 관련된 호소문제라면 교과서에서는 우울의 원인을 어떻게 설명하고 있는지를 상담자는 잘 알고 있어야 한다. 우울증은 유전적 요인, 뇌 기능의 문제, 신경내분비 등의 생물학적 원인, 아동기의 학대나 상실과 같은 충격적 사건이나 지속적인 대인관계의 어려움과 관련한 사회적 원인, 비관적이고 자기 비난의 인지왜곡이나 귀인유형, 자기 개념의 불일치, 학습된 무기력과 같은 심리적 원인 등 다양한 원인을 이론은 제시하고 있다. 상담자는 내담자가 호소하는 문제별로 다양한 원인론적 이론들에 능통하는 것이 필요하다. 그래서 Corsini와 Wedding(2005)는 상담자와 심리치료자를 구분하면서 상담자는 어떤 문제든 다룰 수 있는 일반적 전문가(generalist)가 아닌 특정 문제에 특화된 전문가(specicalist)라고 지적한 이유가 여기에 있다. 심리치료 이론은 내담자 호소 증상별로 원인을 구체적으로 설명하지는 않은 채, 부적응 문제로 보기보다는 각 개인의 성격특성으로 설명하기 때문에 일반적 전문가인 것이다.

마지막 상담의 목표와 대처는 임상적 설명에 맞추어 원인을 제거하거나 재구조화하거나 개입하는 과정으로 이루어진다. 임상적 설명에서 인지적 이론에 맞추어 설명하였다면 인지치료의 목표와 전략이 소개되는 것이 논리적이다. 임상적 설명에서 행동주의이론에 근거하여 학습된 결과로서의 증상이 설명되었다면 적응적 행동으로의 재학습 과정이 소개되어야 논리적일 것이다. 각 상담이론은 치료방법과 과정을 소개하고 있으므로 이를 활용한다. 사례개념화에서의 상담목표와 전략은 아주 구체적일 필요는 없다. 전체 사례연구보고서에 따로 상담목표와 전략이 있기 때문이다. 사례개념화에서의 상담 개입의 방향—목표와 전략은 임상적 설명에 맞추어 논리적으로 개입 방향과 전략이 기술되면 적절하다.

2. 상담이론별 사례개념화 논리

여기에서 설명하고 있는 진단적 기술, 임상적 설명, 상담 개입의 방향성—목표와 전략을 전개하는 것이다. 그런데 이러한 논리구조의 내용은 이론에 근거해서 전개해야 내용의 타당성이 확보된다. 예를 들어, 어린 내담자의 돈을 훔치는 '도벽'이라는 호소문제에 있어 언제, 어떤 상황에서 도둑질 행동이 발생하고, 어떤 과정을 거쳐 돈을 훔치는지, 훔칠 때 어떤 특성이 나타나는지, 훔친 돈은 어떻게 사용되는지 등이 면밀하게 탐색되어 수집된 내용은 진단적 기술에 해당한다. 언제, 어디에서, 왜, 어떻게가 기술된다는 것은 훔치는 행동의 맥락과 이유, 이득을 확인하는 것으로 훔치는 도벽이 행동주의적 조망으로 설명될 때 필요한 내용이다. 훔치는 행동을 촉발하는 자극이나 상황, 상태가 내담자에게 주어지면 내담자는 훔치는 행동을 하게 되고, 이 훔친 돈이나 훔친 행위는 부모에게 알려져 관심을 받게 되거나 친구들에게 선물이나 관심을 끌게 하는 데 사용된다면 자극—반응—보상의 행동주의적 설명이 된다. 이처럼 논리로 전개된 내용은 설명하고자 하는 이론에 근거하여 기술—설명—상담 개입의 방향성이 제안되기 때문에, 호소문제에 대한 이론적 이해는 상담자에게는 필수적이다.

　이 이론들은 인간에 대한 가정, 다시 말해 인간관을 비롯한 기본적 개념들로, 인간의 특성, 발달, 문제 발생, 치료 과정들을 소개한다. 상담자들은 이 일반적 개념을 가지고 개별적 내담자의 문제에 적용하여 이해하려 한다. 다시 말해 상담자는 이론적 개념을 가지고 내담자 문제에서 나타나는 현상을 찾으려고 한다. 이것이 임상적 설명이다. 이론에 따라 치료 과정을 더 상세하게 설명한 이론도 있고 그렇지 않은 이론도 있지만 그들이 제공하고 있는 치료목표와 전략을 적용하여 치료해 나갈 계획을 세워야 한다. 그래서 일관성 있는 논리가 확보된다. 여기에서는 각 이론의 인간에 대한 이해, 인간 문제에 대한 이해를 간단하게 명제식으로 소개하고 그 안에 주요 개념을 제시하였다. 시중에 나와 있는 상담과 심리치료 이론들을 수록하고 있는 책들(이장호, 이동귀, 2014; Corey, 2013; Corey, 2017; Wedding, & Corsini, 2014; Gelso, Williams, & Fretz, 2014)을 참고로 하여 종합하였음을 밝힌다. 상담자들은 이런 조망과 용어로 내담자의 호소문제를 설명할 수 있어야 한다. 그러기에 이런 용어에 대해 익숙해야 하며, 각 이론별로 사람의 문제를 어떻게 기술하고 있는지, 어떤 치료목표와 방법을 소개하고 있는지를 잘 숙지하고 있어야 한다.

1) 정신역동이론 기반 사례개념화 논리

　정신역동이론에는 Freud의 정신분석에서부터 Klien, Winnecott 등의 대상관계, Kohut 등의 자기심리학, Sullivan의 대인관계 등이 포함된다. 여기에서는 이들 각각을 다루지 않고, 정신역동이론이 가정하는 내담자 문제에 대한 공통적인 조망을 제시하고, 그 조망 속에 사용되는 개념을 적용한다. 이 책을 학습하는 상담자는 이러한 조망과 개념을 사용하여 내담자의 문제를 설명하고, 상담해 갈 방향성을 제시해야 한다. 또한 다음의 조망과 개념을 사용하여 임상적 설명이 이루어져야 한다.

(1) 정신역동이론들의 내담자 문제에 대한 임상적 설명

■ 특정 부정적인 감정이 인생에 걸쳐 지속되거나 반복된다.

내담자는 수치심, 죄책감, 불안 등 부정적 감정을 호소하며, 이러한 감정은 꽤 오랜 역사를 가지고 있다. 늘 느끼는 것은 아니지만 무엇인가 잘 안 되고 있을 때는 맥락의 특성과 무관하게 일관되게 이 감정이나 생각으로 빠진다. 보통 핵심감정이라고 말한다. 시험을 망치고 나서 시험 문제를 제대로 내지 못했다고 하면서 선생님에게 분개하는 내담자는 애인과 헤어진 후에도 애인이 잘못했다고 하면서 분개한다.

■ 발달단계의 상황에 따라 특정 감정이 발달된다.

이 핵심감정들은 이론이 제시하는 발달단계에서의 역할과 과제에 의해 발달한다. 그래서 각 단계에서의 경험 탐색이 요구된다. Erickson의 위계적 심리사회 발달단계이론은 각 단계별 성취해야 할 과제와 위기로 설명되는데, 과제 성취와 위기는 그 사람의 심리적 배경이 되어 생활에서 발생하는 사건의 해석에 영향을 미친다. Erickson의 단계별 위기는 불신, 수치심, 죄책감, 열등감, 혼란, 소외감, 좌절감, 절망감과 같은 정서로 그 사람의 독특한 정서적 배경으로 작용한다. 이 감정은 Freud의 심리성적 발달단계와도 연결 지어 생각할 수 있다. 예를 들어, 구강기의 안전한 의존을 경험하지 못하면 불신이, 항문기의 안전한 독립을 경험하기 어려우면 자신에게로 그 이유를 돌리는 수치심이 경험된다. 문제는 발달단계이론이 위계적 발달단계를 상정하고 있기 때문에 이전의 과제 성취가 순조롭지 않으면 그 뒤의 단계에도 영향을 미친다는 것이다. 내부와 외부를 구분하기도 어려운 더 어린 시절의 경험이 안전하지 않으면 그 뒤의 경험은 더욱 왜곡될 수밖에 없게 된다.

■ 초기의 중요한 사람과의 관계 특성이 이후의 인간관계에 영향을 미친다.

정신역동적 이론들은 인간의 생물학적 존재의 특성에 기초해 있다. 갓난아이를 비롯하여 어린 아이들은 혼자서는 생존할 수 없는 존재이며 사물 지각에 한계가 있다. 이렇듯 어린 시절의 경험은 절대적으로 의존적이며 생존과 관련하여 사물 지각의 왜곡이 있다. 그러나 이제는 혼자 살아갈 수 있고, 왜곡도 하지 않을 수 있는 발달 상황이 도래했는데도 불구하고 그때의 경험에 의거해서 살아간다는 것이 역동이론가들의 심리역동에 대한 설명이다. 현재를 현실적으로 인식하지 못한 채 어린 시절에 형성된 허구에 의해 살아간다는 것이다. 사람들은 어린 시절, 언어도 없고 이해할 만한 인지적 능력도 없는 조건에서 그저 감각운동적으로 돌봐 주는 사람들을 통해 세상에 대한 주관적 현실을 경험하고 수용한다.

이를 현실적으로 인식할 수 있게 해 주어야 하는 것이 상담의 역할이다. 그래서 상담에서는 어린시절을 어떻게 경험했는지를 돌봐주는 사람과의 상호작용에 초점을 맞추어 탐색한다. 모든 사람에게는 기본적 불안이 있을 수밖에 없으나 내담자들은 대체로 이 기본 수준보다 높은 불안과 낮은 자아 강도를 호소한다. 이는 오랫동안 심리적 지지를 받지 못했고, 안전하지 않았다는 것을 말해 주며 어린 시절의 돌봄의 수준에 기초하여 이해할 수 있다. 대상관계이론에서는 양육자와의 관계가 이후의 모든 관계에 영향을 미친다고 가정한다. 이는 앞에서 지적한 인간관계 패턴에 영향을 미친다.

■ 인간관계 패턴, 문제해결 패턴, 사고 패턴이 반복된다.

내담자에게 감정이 반복되는 것은 모든 상황과 맥락을 동일한 조망으로 바라보기 때문이고, 이로 인해 동일한 방법으로 대처하고 있음이 발견된다. 상황이나 맥락, 대상이 다른데도 불구하고 인간관계 갈등이나 어떤 문제가 생활 중에 발생했을 때 문제에 대한 해석이 유사하고, 해결 방식이 유사하다. 이것은 상황이나 맥락이 문제가 아니라 그 사람이 가지고 있는 성격 구조 때문으로 해석할 수 있고, 역사가 오래되었음을 알 수 있다. 많은 정신역동적 상담자는 이 패턴에 관심을 갖고 있다.

■ **특정 방어기제를 사용한다.**

방어기제란 심리적인 위협 상황에서 이를 통제하기 위해 사용하는 특정 태도, 행동, 해석을 말한다. 내담자에게는 반복되는 관계 패턴의 특성이 나타나는데, 그 이유는 다양한 방어기제 때문이다. 상황을 해석하고 대처하는 독특한 특성이 방어기제로 설명된다. 대표적인 합리화의 예로 이솝의 '여우의 신포도 우화'를 들 수 있다. 먹고 싶은 포도를 먹기 위해 여러 시도를 해 보았지만 결국 먹지 못하게 될 때, 여우는 포도가 실 것이라고 해석해서 마음을 달랜다라는 합리화 방어기제에는 추동에 의한 긴장과 시도, 실패와 해석 그리고 긴장 완화의 스토리가 있다. 문제는 그 방어기제가 그 위협상황은 통제할 수는 있지만 의도하지 않았던 다른 문제를 야기한다는 것이다. 예를 들어, 어떤 상황의 불안을 통제하기 위해 부인(denial)을 사용하였는데, 그 부인이 그 상황의 다른 현실적 사실들마저 부인해 버리게 되는 부작용을 만든다. 억압, 부인, 투사, 반동형성, 합리화, 치환, 주지화 등이 내담자들에게 흔히 발견되는 방어기제이다.

■ **내담자 문제가 상담과 상담자와의 관계에서도 반복되어 나타난다.**

어린 시절 획득된 대상과의 관계 특성, 문제해결 특성이 상담에서 상담자와의 관계에서도 반복된다. 소위 말하는 전이가 나타나는 것으로, Sullivan의 대인관계이론에서는 병렬적 왜곡(parallel distortion)으로 설명된다.

⑵ 정신역동이론의 내담자 문제에 대한 진단적 기술

위의 임상적 설명을 하려면 진단적 기술에는 다음과 같은 내용이 기술되어야 한다.

■ 현재 호소하는 특정 감정과 발생 맥락

현재 호소하는 감정은 무엇이며, 어떤 맥락에서 그 감정이 발생하는지 기술되어야 한다.

예) 내: "약속 시간에 친구가 오지 않아 내가 무엇을 잘못했나 보다 하고 생각했어요."

이 내담자의 호소에 약속시간에 나타나지 않은 사람은 친구이고, 미안해할 사람은 친구임에도 불구하고 내담자는 노여움보다는 자기 비난을 하고 있다. 그래서 이러한 감정과 맥락이 여러 사례에서 나타나는지 확인되어야 한다.

⇒ 진단적 기술: 친구가 약속에 오지 않았을 때 자신의 잘못으로 인지한다.

■ 현재 호소하는 문제의 반복성과 대처의 일관성

패턴은 일관된 규칙을 가지고 반복되는 것을 의미한다. 그래서 패턴을 알려면 호소하는 문제가 이번만이 아니라 기억하는 한에는 비교적 반복되어 왔음이 기술되어야 한다. 또한 문제 발생과 유지에 일관된 규칙이 발견되고, 이것이 설명되어야 한다.

예) 대학생 내담자

"현재 학과에서 친하게 지내는 친구가 있었는데, 나에게 집착하는 것 같아 애를 끊어내려고 휴학했어요……. 초등학교 6학년 때, 약속 시간에 친구가 오지 않아 나를 싫어하는구나 생각하고 그다음에 만났을 때 어색했고, 그래서 그 친구하고는 더 이상 만나지 않았어요. 그리고 중3 때는 여러 친구와 잘 지냈는데, 한 친구와 무슨 일인지 싸우게 되어 다른 친구들과도 관계를 끊고 혼자 남게 되었어요."

친구와의 관계나 친구의 특성의 한 면, 하나의 사건만을 보고 해석하여 관계를 끊어버리는 패턴을 보이고 있다. 패턴은 반복된다.

⇒ 진단적 기술: 친구와의 관계에서 특정 문제가 발생하여 불편해지면 그것만 가지고 여러 가지를 감수하면서까지 관계를 끊어버린다.

■ **문제 발생에 대해 내담자의 해석**

해석을 통해 내담자의 방어기제를 확인할 수 있다. 내담자는 방어기제를 인식할 수 없기 때문에 내담자가 특정 사건을 어떻게 해석하는지를 통해 특징적 방어기제를 이해할 수 있다.

예) 여자 대학생
"이번에 지원한 프로젝트에 떨어졌어요. 남자친구가 자꾸 뭐라 해서 제대로 준비하지 못했어요. 남자들은 여자가 좀 잘 나간다고 생각하면 은근히 기분 나빠하고 아무것도 못하게 하는 것 같아요. 이번에도 제가 프로젝트에 참가하겠다고 하니까 자꾸 시비를 걸어서 마음이 쓰여 제대로 준비할 수 없었어요. 전에 아버지도 엄마가 승진시험 준비한다고 하니까 집에서 애나 잘 보라고 하면서 그랬던 것이 기억나요."

관계의 조망을 성공과 힘으로의 경쟁으로 인식하고, 자신의 실패나 어려움을 상대에게 투사하고 있다.

⇒ 진단적 기술: 프로젝트 탈락을 남자친구가 내담자가 잘 나가는 것을 불편하게 생각하여 방해하여 준비를 못 했기 때문이라고 생각한다.

(3) 정신역동이론의 내담자 문제에 대한 상담 방향성 및 주의점

■ **목표는 현실적이고 적응적인 생활**(이장호, 이동귀, 2014)

구체적으로는 주체성 향상, 스트레스 관리 능력 향상, 정서적 성숙과 지능

향상, 내적 갈등 감소와 성격 통합. 성숙한 의존과 친밀함 경험 능력 향상 등 (Gehart, 2016)이 포함된다.

■ 전략에는 무의식적 갈등을 의식화 및 통찰

갈등과 불안정의 배경을 언어화하고, 이를 통해 억압된 내면 감정과 긴장 발산, 의식적 자아의 힘 강화(이장호, 이동귀, 2014) 등이 포함된다.

■ 전이관계 인식 및 통찰

정신역동적 상담은 전이를 다루는 과정이라고 해도 과언이 아니다. 내담 자의 호소문제가 그 전이에 의한 결과이다. 생활의 심각한 어려움이 있는데 도 불구하고 전이가 유지되기 때문이며 그만큼 완고하다. 그것은 상담과 상 담자와의 관계에서도 당연히 되풀이된다. 따라서 즉시성 반응 등으로 상담 자는 내담자의 전이를 인식하고 다루는 것이 요구된다.

■ 저항 인식 및 통찰

의식에서는 위협이 되기 때문에 무의식으로 밀어 넣었던 것이 상담이나 심리치료 과정에서 자꾸 나오게 되면 자연스럽게 불편하고 불쾌하다. 이러 한 불편과 불쾌는 상담의 과정을 원활하지 못하게 만들어 상담을 지속하지 못하게 만든다. 그렇기 때문에 상담자는 이를 인식하고 다룰 수 있는 준비를 해야 한다.

2) 행동치료 기반 사례개념화 논리

행동치료는 행동주의 심리학에 근거하여 치료를 진행한다. 행동주의 심 리학은 심리학의 전반에 퍼져 있다. 인지행동치료에서도 행동치료적 요소가 포함되어 있으며, Lazarus의 중다양식치료(multimodal therapy)에도 행동치 료적 요소가 강하다. 행동주의 심리학은 조작적으로 정의되며, 가치중립적인 행동만을 다룬다. 모든 행동은 학습된 결과이며, A-B-C의 매우 단순한 과정으로 설명될 수 있다. 그러나 내담자는 자신의 문제를 행동주의적으로 조망하는 것을 좋아하지 않는 것 같다. 내담자는 자신의 문제를 해결하고 싶어 하기는 하지만 호소하는 것을 더 중요하게 생각하기 때문이다. 이런 상담 현장의 특성을 생각해 볼 때, 행동치료적 사례개념화가 얼마나 유용하게 사용될지는 의문이 있지만 행동치료적 조망이 없이는 인지행동치료 도입도 어렵고, 다양한 기법 사용에도 한계가 있다.

(1) 행동치료에 근거한 내담자 문제에 대한 임상적 설명

■ 호소문제가 조작적으로 정의되어야 한다.

누구라도(최소 2명 이상) 동일하게 관찰할 수 있는 문제 행동이 구체적으로 기술되어야 한다. 내담자가 호소하는 주관적인 생각이나 감정의 용어보다는 재현할 수 있는 행동적 용어로 기술될 수 있도록 문제를 정의한다. '도벽'은 비도덕적 행동이나 습관을 의미하지만 행동치료적 상담실에서는 '어떤 물건을 주인의 허락을 받지 않고 몰래 가져가는 행동'으로 정의된다. 그래서 어떤 물건을 가져갔는지, 어떤 맥락에서 가져갔는지, 얼마나 자주 유사한 행동이 이루어지는지, 가져가서 어떤 점이 좋았고 나빴는지 이야기해야 한다.

■ A-B-C 분석이 이루어진다.

행동주의 심리학은 자극-반응(S-R)의 연합과 이 연합이 지속될 수 있는 강화(reinforcement) 요소로 행동을 설명한다. A(antecedent)는 선행조건으로 자극(stimulus)을 의미하고, B(behavior)는 행동으로 호소하는 특정 행동을 말한다. A-B는 특정 선행조건이 제시되면 특정 행동이 나타난다는 것이다. 특정 행동(B)은 C(consequence), 즉 결과를 초래하는데, 이 결과가 내담자가 원했던 것들이다. 그래서 행동치료적 접근에서는 이 A-B-C가 분석되어야 한다.

■ 대부분의 사례에서 A는 불안이다.

아이러니하게도 행동치료에서 조작적으로 정의할 수 있는 행동이 주제이지만, 실제로 이 행동을 야기하는 것은 감정일 때가 많다. 다시 말해 내담자가 호소하는 문제 행동을 야기시키는 것은 실제로는 불안, 분노, 두려움과 같은 정서이다. 정서 혹은 감정들은 자율 반응이고, 의식으로는 통제하기 어렵다. 이 통제할 수 없는 감정을 통제하기 위해 사람들은 여러 회피적 행동을 하는 것이다. 애꿎은 물건에 집착하면서 소위 말해 정신을 다른 데 쏟는 것이다. 심지어 그 행동이 자기에게 불리한 것임에도 불구하고 원래의 그 감정보다 나은 모양이다. 엄마에게 혼날까 봐 두려워서 거짓말을 하는 것이고, 화가 나서 때리게 되고, 시험이 다가오는데 시험 준비가 되지 않아 불안하여 이를 잊어버리려고 술을 마시거나 인터넷 게임을 한다는 것이다. 특히 명세화되지 않은 불안이 촉발 선행조건인 경우가 허다하다. '불안'이라는 용어는 확실하지 않은, 인식되기 어려운 불편한 상태를 말한다. 사람들은 이 불안을 통제하기 위해 공격적 행동을 하기도 하고, 회피적 행동을 하기도 한다.

■ 상담에서는 B보다는 A를 다룬다.

A-B-C의 관계는 거의 자동적이다. B는 학습(연합되어 형성된)된 결과이기 때문에 A가 있으면 B가 자동적으로 수행되고 자동적으로 C를 획득한다. 그러기 때문에 상담에서는 B를 다루기보다 A를 다루어야 효과가 있고, 효율적이다. B가 발생하기 전에 통제한다는 것이다. 앞에서도 다루었지만 대부분의 A는 불안이나 두려움, 분노와 같은 정서이다. 이 정서를 통제하기 위해 부적응적인 B를 행한다는 것이다. 행동 학습의 조망에서 A가 없으면 당연히 B가 나타나지 않는다. 그래서 행동주의적 접근방법임에도 불구하고 A가 발생하는 맥락의 스토리가 탐색되는 것이다. 그래서 지나간 이야기를 들어야 하고, 그것이 아주 오래전의 이야기라면 과거가 탐색된다. 상담의 방향성에서 다루게 되겠지만 A를 일으킬 수 있는 상황이 일어나지 않도록 조치를 취하는 방향으로 상담이 이루어진다. 아니면 A가 있어도 B가 아닌 적응적 B′가

연합되도록 재학습시키는 과정이 요구된다.

⑵ 행동치료적 상담 방향성 및 주의점

■ 변화시키고자 하는 행동에 대한 조작적 정의하기

행동치료는 무엇보다 변화시키고자 하는 목표(target) 행동이 명세화되어야 한다. 단순히 도벽의 소거, 도박행동의 소거는 변화시키기도 어렵고 행동치료적이지도 않다. 행동치료는 무엇보다 변화를 확인할 수 있어야 하기 때문에 특정 맥락의 특정 행동을 지목해야 한다. 다시 말해, A와 B를 구체적으로 밝히는 것이 우선이다. 특정행동의 변화가 이루어지면 다양한 맥락에서의 유사 문제행동의 변화라는 일반화로 확장될 수 있다.

■ 목표는 구체적인 부적응 행동을 소거하고 바람직한 행동의 학습

행동치료에서의 목표는 부적응 행동이 발생하지 않도록 하고 이것이 지속되게 하는 것이다. 그러나 아시다시피 행동의 소거는 소거처럼 보이는 것이지 없어지는 것이 아니다. 오히려 자극 A가 있다고 하더라도 '그 행동을 하지 않는 행동'이 연합되어 학습되게 하는 것이다. 아니면 더 적응적인 다른 행동을 학습하게 한다. 이 또한 내담자와 행동을 구체적으로 정의하는 것이 필요하다.

■ 전략은 선행조건의 해결

관찰되는 행동을 목표로 하여 변화를 추구하는 것이 행동치료이지만, 실제로는 그 행동의 선행조건인 A를 통제하는 것이 주 목표가 되는 경우가 허다하다. 왜냐하면 행동을 통제하기보다는 행동 자체가 나타나지 않도록 하는 것이 보다 실용적이기 때문이다. 또한 A는 불안, 우울과 같은 자율반사적 정서이기 때문에 행동주의 접근방법으로 상담을 한다고 하더라도 행동만을 다루지 않고 오히려 내담자의 심리적 환경을 더 구체적으로 다루어야 한다. 내담자들은 부작용이 큰 데도 불구하고 그 문제 행동이 자동적으로 나타나는 맥락을 상담 과정에서 드러내게 된다. 그러다 보면 내담자의 호소문제를 듣게 되는데, 자칫 내담자의 정서적 호소에 머물러 있기 쉽다. 상담자의 내담자의 정서적 호소가 A에 해당하는 것을 놓쳐서는 안 된다.

■ 이론적 이해와 동기화

행동치료를 수행하려면 내담자의 적극적 참여가 필요하고, 적극적 참여는 상담에서 상담자가 어떤 조망을 가지고 자신의 문제를 이해하는지, 그래서 어떻게 변화 전략을 짜고 있는지를 아는 것으로 독려될 수 있다. 내담자에게 행동치료적 치료 조망을 설명하며, 내담자 문제를 그 조망에 맞추어 설명하고, 어떻게 해결해 갈 것인지를 친절히 설명하면서 내담자를 상담의 주체자로 초대하는 과정이 우선되어야 한다. 그래야 내담자는 단순한 수동적 수혜자가 아닌 자신의 문제해결자가 될 수 있을 것이다.

3) 인간중심치료 기반 사례개념화 논리

어떤 이론적 입장을 가지고 있다 하더라도 모든 상담자는 Rogers의 인간중심 치료의 공감적 이해, 수용적 존중, 진솔함의 태도를 추구한다. 상담자와 내담자의 관계에서 내담자는 자기 문제를 드러내고, 상담자와 내담자의 관계가 다루어지고 그래서 결국 두 사람의 관계가 설명되고, 이해되고, 자연스러워지면 그 상담은 성공한 상담이 될 것이다. 굳이 인간중심치료가 아니어도 상담자와 내담자의 관계는 상담의 처음이자 마지막이다. 인간중심치료는 상담자와 내담자의 관계를 상담의 중심으로 내세우지는 않지만 내담자가 가지고 있는 자기를 일치시켜 성장하려는 힘을 믿으면서 이러한 관계를 내담자가 체험하는 가운데 자신의 내면을 두려움 없이 탐색하게 하고 경험하도록 지지한다. 상담자들의 영원한 소망적 가치인 공감적 이해, 무조건적인 긍정적 존중, 진솔함의 태도가 상담 중에 실현되게 하고 내담자는 상담자로 대표되는 그런 세상을 믿으면서 자기 자신이 되는 경험을 감히 시도해 보는 가운데 변화하게 된다.

⑴ 인간중심치료에 근거한 내담자 문제에 대한 임상적 설명

■ 내담자가 경험하고 있는 것

인간중심치료는 진단에 대해 신경증적으로 반응하는 입장일 것이다. 그래서 인간중심치료에서는 진단이나 평가라는 단어를 사용하지 않는다. 그러나 사실 평가(assessment)라는 말은 어떤 것이 있는지, 어떤 것이 일어나고 있는지를 확인한다는 것이다. 상담자가 내담자에 대해 안 것, 이해한 것을 진단적 기술란에 적으면 된다. 내담자가 자기에 대해, 가족에 대해, 세상에 대해 생각하고 있는 것, 바라고 있는 것, 느끼고 있는 것, 내담자가 어제 생각한 것과 오늘 생각한 것, 내담자가 행동하고 있는 것을 들으면서 내담자가 체험하는 것들을 알아가고 정리해 기술한다. Cain(2010)은 인간중심치료의 두 가지 중요한 질문으로 '당신은 어떤 사람인가?', '당신은 어떻게 살고 있는가?'를 제시하였는데, 이 질문에 대해 내담자가 관심을 갖고 있는 대상이나 영역에 대해 대답하는 것을 진단적 기술에 적으면 된다.

■ 불일치에 관심을 가져야 한다.

인간중심치료의 대표적 이론적 개념은 자기실현경향성을 실현시키고자 하는 유기체와 개별적 삶의 맥락에서 형성된 자기와의 불일치와 이 불일치 때문에 발생한 불안, 우울, 부적응, 불편과 같은 부정적 정서에 우선 주목한다. 내담자는 실제로는 불일치를 느끼기 때문에 뭔가 맞지 않아 이를 하나로 만들기 위해 자기를 통제하려고 애쓴다. 그 통제 방법이 왜곡과 부인이다. 불일치로 인한 부정적인 것은 좀 나아졌을지 모르지만 내부에서는 편하지 않고 불편하고 재미나지 않고, 생생하지 않다. 인간중심치료에서는 그것을 드러내어 스스로가 자각할 수 있도록 하는 것이 치료 과정이다. 존재만으로도 가치로운 것이 사람이지만 요구되는 역할, 요구되는 기대 등으로 그것에 맞추거나 안 되면 비하하거나 하면서 낮은 자기개념을 형성해 간다. 그래서 상담자는 주위 환경에서 내담자에게 요구되어지는 것과 맞추려는 내담자의 노력, 안간힘을 쓰는 것 등에 관심을 가져야 한다. Higgins(1987)는 자기개념을 실제 자기개념, 이상적 자기개념, 의무적 자기개념으로 나누어 이들 간에 차이로 여러 가지 감정이 발생한다고 하였다. 이상적 자기에 비해 실제적 자기가 턱없이 낮을 때 사람은 우울을 경험하고, 의무적 자기보다 실제 자기개념이 낮으면 불안을 경험한다고 하였다.

⑵ 인간중심치료적 상담 방향성 및 주의점

■ 내담자의 자기 탐색이 상담목표

인간중심치료에서는 문제해결은 내담자가 하는 것이고, 상담자는 내담자가 문제를 스스로 해결해 갈 수 있도록 조력한다. 내담자가 자기를 자각하고 수정해 가도록 돕는 것, 그것이 상담목표이다. Corey(2013)는 그의 책에서 특정 내담자의 목표를 제시하였지만 이 목표는 어떤 내담자에게도 적용할 수 있다. 경험에 대한 개방성, 자신에 대한 신뢰의 증가, 평가의 내적 근원 그리고 마음에서 우러나오는 대로 살려는 자발성이 포함된다.

■ 내담자로 자기를 탐색할 수 있도록 하는 접근방법이 소개되어야 한다.

Rogers의 세 가지 치료적 태도를 가진 상담자가 바로 상담의 방향성이다. 이것은 기법도 아니고 전략도 아닌 상담자의 삶의 태도이다. 상담자 그대로의 삶을 상담에서도 드러내며 실현하기 때문에 인간중심이론이다. 상담자가 전문적 기법으로 태도를 구사하는 것이 아니라 그냥 자기의 모습을 보여주는 것이니 상담자의 자기 삶의 자가치료적 노력이 늘 요구되는 것도 인간중심이론이다. Cain(2013)은 신체에 주의를 기울여 현재 신체의 어디에서 무엇이 느껴지는지를 명료화하는 체험적 포커싱(experiential focusing)을 사용하여 내담자로 하여금 자신의 현재에 집중하도록 도울 수 있다고 소개한다.

■ **내담자와의 관계 질에 관심을 갖는다.**

인간중심치료에서는 상담자의 치료적 태도가 내담자 변화의 필요충분조 건이다. 상담실에서 경험하는 상담자의 치료적 태도는 조건적인 세상에서 살아온 내담자에게 전혀 새로운 세상이다. 이러한 새로운 세상에서 내담자 는 의심하기도 하면서 자신의 타인과 관계 맺는 방식을 그대로 보인다. 다른 이론에서는 그것을 전이라고도 하는 내담자의 관계 양식에 파트너로서의 상 담자는 자신이 어떻게 경험하고 반응하고 있는지 또한 지속적으로 진술하게 체험하고 점검하는 것이 필요하다.

■ **내담자의 의존적인 태도를 인식하고 주의한다.**

인간중심치료는 왜곡되고 부정되었던 내담자의 잠재력이 되살아나도록 하여 자기 스스로 자기를 변화시켜 나갈 수 있도록 도와주는 것이 치료 과정 의 핵심이다. 내담자가 생각하고, 탐색하고, 스스로에게 질문하도록 도와주 어야 한다. 그러나 상담을 요청하는 내담자는 상담자가 자기 문제가 무엇인 지를 분명하게 알려주고, 개선 방법을 분명하게 가르쳐주고, 먼저 질문해 주 고, 답도 주기를 기대한다. 상담 초기에 상담자의 공감과 수용 등으로 상담 자와 관계를 맺어 가지만 여전히 상담자가 이렇게 해 주기를 기대하며 상담 자에게 압박한다. 상담자는 이러한 내담자의 기대를 인간중심적 태도로 다 룰 수 있어야 한다.

4) 인지행동치료 기반 사례개념화 논리

인지가 내담자의 부정적 정서를 비롯한 부적응 문제의 원인임을 주장하는 인지행동치료의 큰 두 갈래는 Ellis의 합리적 정서행동치료와 Beck의 인지행 동치료이다. 여기에서는 Beck의 인지행동치료에 보다 초점을 두고 기술한다. 인지행동치료는 일어난 사건에 대해 내담자가 가지고 있는 역기능적 사고에 기인하여 인지적 왜곡이 일어나 그 사건에 대해 아주 짧게 자동적으로 부정적인 사고가 내담자 머리에 스치게 되는데 그것이 부정적 정서를 일으킨다는 것이다. 이러한 일련의 과정을 내담자와 함께 확인하고 대안적 사고를 다시 학습시키는 치료 과정이 전개된다.

(1) 인지행동치료에 근거한 내담자 문제에 대한 임상적 설명

■ 진단적 기술에는 사건-자동적 사고-정서가 기술되어야 한다.

현재 내담자가 호소하고 있는 현상을 인지행동치료적으로 기술해야 한다. 내담자는 결과를 가지고 상담에 찾아오며 내담자가 겪고 있는 어려움이 결과로써 호소문제가 된다. Beck의 인지행동치료는 특히 우울에 효과가 있다고 보고된다. 우울, 불안 혹은 이 감정에 기인하여 생긴 생활 기능 저하 등이 내담자의 호소문제이다. 그때 무슨 생각을 하는지, 그 감정은 생활에 어떤 영향을 미치는지를 찾아 기술한다. 그때 드는 생각이 자동적 사고인데, '큰일 났군.', '망했다.'와 같은 외마디성 사고에서 '나는 정말 재수가 없어.' '가만히 있으면 내가 더 불리해지니 먼저 공격해야 돼.' 등과 같이 자신에 대한 평가나 행동방식에 이르게 하는 자동적 사고도 있다. 인지행동치료이니만큼 정서는 물론 인지와 행동이 세밀하게 기술되어야 하며, 행동에는 대인관계, 학업이나 업무 역량이 포함된다.

■ 임상적 설명에는 인지왜곡과 역기능적 사고 및 과학습되는 과정이 기술되어야 한다.

인지행동적 치료는 생활에서 학습된 특정 신념이 과일반화된 역기능적 사고가 자리 잡고 있다. 사람이 어떤 사건을 만나면 이 역기능적 사고에 의해 그 사람 특유의 인지왜곡이 일어나 역시 과일반화되어 자동적 사고가 발생하는데, 대부분의 자동적 사고는 특정 정서와 연합된다. '큰일 났군.' 하는 자동적 사고는 불안과 관련이 있을 것이고, '망했다.'는 아마 우울과 관련이 있을 것이다. 임상적 설명에서는 이러한 과정을 기술한다.

■ **다양한 인지적 왜곡의 과정을 밝히고 기술한다.**

인지왜곡에는 흑백논리, 당위적 사고, 임의추론, 과잉일반화, 확대와 축소, 개인화, 터널비전, 독심술 등이 포함된다.

- **흑백논리적 또는 이분법적 사고**: 사건의 의미를 이분적인 범주의 둘 중의 하나로 해석하는 오류로서, 예로는 어떤 일의 성과를 성공이냐 실패냐의 이분법적으로 평가하거나 타인이 나를 사랑하는가 미워하는가의 둘 중의 하나로 생각할 뿐 중간이나 과정을 인정하지 않는 경우가 있다.
- **과잉일반화**: 한두 번의 사건에 근거하여 일반적인 결론을 내리고 무관한 상황에도 그 결론을 적용시키는 오류로서 한두 번의 실연으로 나는 '항상' '누구에게나' 실연당할 것이라고 생각하는 예이다.
- **정신적 여과 또는 선택적 추상화**: 상황이나 사건의 주된 내용은 무시하고 특정한 일부의 정보에만 주의를 기울여 전체의 의미를 해석하는 오류로서, 발표 시 많은 사람이 긍정적인 반응을 했음에도 불구하고 한두 명의 부정적인 반응에만 선택적으로 주의를 기울여 내 발표는 실패라고 단정하는 것이 그 예이다.
- **의미 확대 및 의미 축소**: 사건의 중요성이나 크기를 평가할 때 지나치게 과장하거나 축소하는 오류이다.
- **감정적 추리**: 특정한 결론을 내릴만한 증거가 없거나 오히려 반대되는 증거가 없음에도 불구하고 막연히 느껴지는 감정에 근거하여 결론을 내리는 오류이다.
- **개인화**: 자기 자신과 무관한 사건을 자신과 관련된 것으로 해석하는 오류로서 자신과 무관하게 타인이 웃는 것을 그가 나를 보고 비웃은 것이라고 해석하는 경우가 그 예이다.

● **당위적 사고**: '이것은 꼭 해야 한다.' '어머니로서 이것은 당연한 것이다.' '지각해서는 결코 안 된다.' 등과 같이 무엇 무엇을 꼭 해야만 한다는 신념을 가지고 행동하는 것을 의미한다.

⑵ 인지행동치료 상담 방향성 및 주의점

■ 인지행동치료의 목표는 기능하는 사고로의 재학습

내담자의 부적응적인 정서나 행동을 야기하는 가장 근본적인 역기능적 사고를 확인하고, 그것을 기능하는 사고로 바꾸어 주고, 결국 적응적인 정서와 생활이 되게 하는 것이 목표가 된다. 사실 사고(thinking)나 신념(belief)은 옳거나 그른 것은 없다. 내담자가 생각하는 사고가 잘못되었다고 말할 수도 없거니와 실제로 그러지도 않다. 다만 그 사고나 신념은 내담자가 제대로 기능하지 못하게 하고 있을 뿐이다. 그래서 역기능적 사고이고 비합리적 신념인 것이다. 내담자와 옳은지 그른지 씨름하지 않고 그 사고가 어떻게 자신에게 불편을 주는지를 확인하여 변화의 동기를 만드는 것이 중요하다. 또한 책에 따라서는 역기능적 사고나 자동적 사고를 없앤다는 용어를 쓰는데, 사고를 없앨 수도 없거니와 그런 노력을 하기보다는 합리적이고 기능을 하는 사고나 신념을 내담자와 논의하여 재학습시키는 과정이 필요하다.

■ 치료 과정의 협력자로서의 내담자가 되게 하는 전략

인지행동치료는 문제에 대한 조망을 내담자가 이해하는 것이 우선 필요하다. 내담자는 자기의 어려움을 이야기하면서 늘 등장인물이 있는 사건을 이야기한다. 이것은 그 등장인물과 사건을 자신의 어려움의 원인이라고 믿고 있다는 것이다. 이런 맥락에서 그 사건이나 사람이 아닌 자기가 가지고 있는 생각이 그런 어려움을 만든다고 설명하면 내담자는 쉽게 수용하기 어렵고, 오히려 화가 나며 억울한 마음마저 갖는다. 그래서 설명으로 그치지 않고 설득하는 과정이 필요하다. 그렇기 때문에 상담자 자신의 확신이 있어야 하고,

부드러운 카리스마가 요구된다. 내담자가 이러한 이론적 조망을 진정으로 수용할 때 치료가 시작된다.

3. 사례개념화 이론 적용 연습

앞 절에서 대표적 상담이론들에 근거해서 각각 내담자 문제에 대한 진단적 기술, 임상적 설명 그리고 상담 개입의 방향성과 주의점이 어떻게 기술되어야 하는지 알아보았다. 이제는 실제 사례의 간단한 정보를 가지고 진단적 기술-임상적 설명-상담 개입의 방향성을 상담이론에 따라 상상하며 논리적으로 기술해 보는 연습을 해 보자. 극히 제한적 정보이기 때문에 넓은 빈칸이 부담스럽겠지만 지금까지 경험해 온 상담 사례나 영화나 드라마, 소설 등 각자의 간접 경험들을 총 동원하여 소위 '소설'을 써보되, 여기서 중요한 것은 진단적 기술-임상적 설명-상담 개입의 방향성의 논리성을 연습하는 것이므로 각 상담이론의 논리성을 적용하도록 노력해 보라.

연습21 사례개념화에 이론 적용 연습

　다음의 내담자 인구학적 정보, 의뢰 과정, 촉발 상황, 내담자의 호소 등을 보고, 진단적 기술과 임상적 설명, 상담 개입의 방향성을 지정한 특정 이론에 기초하여 각 구성요소의 내용을 상상력을 동원하여 논리적으로 완성해 보시오.

1. 26세 여성, 2년 전 우울증 진단을 받고, 약물치료를 받았지만 여전히 우울감이 있어 자발적으로 상담을 요청함. 대학을 졸업하였지만 아직 직장이 없고 편의점 알바를 하고 있음. 키가 작으며 뚱뚱함.

진단적 기술

임상적 설명(인지행동적 이론)

상담 개입의 방향성

2. 23세 여성, 의학과 본과 2학년 학생으로 공황장애 증상으로 내방하였음. 최근에 어머니가 암진단을 받아서 스트레스가 가중되었다.

진단적 기술

임상적 설명(행동주의이론)

상담 개입의 방향성

3. 18세, 고등학교 3학년 여학생. 목욕을 2시간씩 하고, 특정 기울기의 숟가락을 고르느냐고 식사를 못하거나 늦어지는 등의 문제로 고3 공부를 진행할 수 없어 어머니와 함께 내방함. 성적은 좋은 편이었으나 고3 진입하면서 증상이 나타났고, 성적이 떨어짐.

진단적 기술

임상적 설명(정신역동적 이론)

상담 개입의 방향성

4. 14세. 중학교 2학년 남학생. 학업에 대한 준비가 안 되어있고, 규칙을 지키지 않으며, 학교 물품을 부수고, 거짓말을 하는 것으로 선도위원회가 열렸고, 선도위원회에서 자기조절능력과 대인관계기술이 부족하다고 판단되어 상담을 권유받아 어머니와 함께 내담함.

진단적 기술

임상적 설명(사회인지적 이론)

상담 개입의 방향성

5. 23세 대학 3학년 남자. 군대에 다녀온 후 3학년으로 복학하면서 진로에 대한 고민이
   있었고, 두렵고 우울하여 정신과 치료를 받는 중 상담을 자발적으로 신청하여 내방
   함. 사람들과 친해지기 어려우며, 무엇을 해야 할지 잘 모르겠다고 호소함(이번에는
   원하는 상담이론을 선택해서 기술해 보시오).

진단적 기술

임상적 설명(   )

상담 개입의 방향성

5장을 마치며

다음의 주제를 생각하면서 연습의 성과를 평가해 봅시다.

1. 이 장을 마치며 자신의 사례개념화 구성 역량이 발전하였습니까?
   발전하였다면 사례개념화 구성의 어떤 역량이 발전하였나요?

2. 이 장의 무엇이 자신의 사례개념화 구성 역량을 발전시켰나요?

3. 이 장의 아쉬운 점은 무엇인가요?

참고문헌

이장호, 이동귀(2014). 상담심리학. 서울: 박영Story.

Cain, D. (2010). *Person-Centered Psychotherapies*, Washington, DC: APA.

Corey, G. (2013). *Case Approach to Counseling and Psychotherapy*. 현명호, 유제민, 이정아, 박지선 역(2016). 통합적 상담: 사례중심의 접근. 서울: Cengage(센게이지러닝코리아).

Corey, G. (2017). *Theory and Practice of Counseling and Psychotherapy* (10th ed). 천성문, 권선중, 김인규, 김장회, 김창대, 신성만, 이동훈, 허재홍 역(2017).

심리상담과 치료의 이론과 실제. 서울: Cengage(센게이지러닝코리아).

Corsini R. J. & Wedding, D. (2005) *Current Psychotherapies, Instructor Edi. 7th.* Brooks/Cole.

Corsini R. J. & Wedding, D. (2014). *Current Psychotherapies, international* (10th ed). 김정희, 정성경, 남상인, 김인규, 최은영, 방기연, 김은하 역(2017). 현대심리치료. 서울: 박학사.

Gehart D. R. (2016), *Case Documentation in Counseling and Psychotherapy: A Theory-Informed Competency-Based Approach.* 이동훈, 성균관대학교 외상심리건강연구소 역(2019). 상담 및 심리치료 사례개념화. 서울: Cengage(센게이지러닝코리아).

Gelso, C. J., Williams, E. N., Fretz, B. R. (2014). *Counseling Psychology* (3rd ed). 이동귀, 박현주, 천성문, 이희경, 김동민, 서영석, 이성직, 장석환, 함경애 역(2020). 상담심리학. 서울: 학지사.

Higgins E. T. (1987). self-discrepancy: A theory relating self and affect. *Psychological Review, 94*(3), 319-340.

제**6**장

사례개념화 연습하기 3: 재기술로 연습하기

이 장에서는 이미 제시된 사례개념화를 구성요소에 맞추어, 논리에 맞추어 체계적으로 다시 기술해 보는 연습을 해 본다. 5개 장을 거쳐 오면서 여러분은 사례개념화의 구조와 내용에 대해 내재화되었을 것이다. 또한 우리는 앞장에서 사례개념화의 논리적 체계성을 연습하였다. 특히 특정 상담이론에 근거하여 진단적 기술과 임상적 설명, 상담 개입의 방향성이 일관될 수 있도록 이론의 문제 설명 구조와 용어, 치료를 소개하였다. 이제는 사례개념화의 완성도를 높여 작성하는 연습을 해 본다. 이 연습을 하다 보면 무엇을 더 탐색해야 되는지, 설명되어야 할 부분이 무엇인지, 기술과 설명에 논리적으로 맞추어 개입 방법이 요구됨을 경험할 것이다.

1. 구성요소별 재배치 연습

다음의 사례개념화를 5가지 구성요소에 재배치해 보자. 왼쪽 칸에는 사례연구보고서에 이미 제시되었던 사례개념화를 제시하였다. 물론 여기에는 내담자에 대한 정보가 매우 제한적이지만 상담자가 수집하여 이해한 정보를 가지고 나름대로 기술해 놓은 사례개념화이므로, 이를 논리적이고 체계적으로 다시 기술하기 위한 전초 작업으로 구성요소에 맞추어 재배치하는 연습부터 해 본다. 오른쪽 칸에는 이전의 사례개념화에 있는 내용을 구성요소별로 가져온 것들이다.

〈표 6-1〉 이전 사례개념화의 구성요소별 재배치 예시

이전 사례개념화		구성요소별 재배치
교사 지시 불이행(교실 이탈, 수업거부, 아무것도 안하고 버티기) 및 또래와의 갈등 시 교사나 보호자에게 도움을 요청하는 의존적인 태도로 상담에 의뢰됨. 내담자는 또래관계에서 관심받고 싶고 소속되고 싶은 욕구가 제대로 충족되지 않을 때 화내고 떼쓰며 수업참여를 거부하고, 자신이 왕따를 당한다는 피해의식을 가지고 있음. 이는 외국인 모의 잦은 출장과 자기주장이 강하고 직설적인 부 사이의 부부불화로 따뜻한 돌봄 및 정서적 교류가 부재한 상태이기 때문에 발달과정에서 내담자의 욕구가 자주 좌절되면서 주양육자와 안정된 애착관계를 형성하지 못한 것으로 보임. 부모의 이혼 과정을 지켜보면서 인간관계에 대한 신뢰감 형성이 어려웠으며 정서적으로도 불안정한 상태로 보임. 이러한 불안정한 정서와 인간관계에 대한 불신으로 인해 자신의 감정과 생각을 적절하게 표현하기 어렵고 원만한 대인관계 방법을 배우지 못하여 학교생활에서 문제가 발생할 때마다 최대한 타인의 탓으로 돌리면서 수업거부 및 교실 이탈 등의 학교 부적응 문제를 야기함. 내담자의 학교 부적응 문제에 부의 개입으로 학생 스스로 해결할 수 있는 기회를 박탈당하고 있으며 부의 학교 개입이 늘어남에 따라 내담자의 의존적 태도가 더욱 심화되는 유지 요인으로 작용하고 있음. 학부는 자녀가 학교에서 부당한 대우(피해를 당하고 있다)를 받고 있다고	의뢰과정	교사 지시 불이행(교실 이탈, 수업거부, 아무것도 안하고 버티기) 및 또래와의 갈등 시 교사나 보호자에게 도움을 요청하는 의존적인 태도로 상담에 의뢰됨.
	진단적 기술	① 화내고 떼쓰며 수업 참여를 거부한다. ② 자신이 왕따를 당한다(남 탓하는 행동)는 피해의식을 가지고 있음. ③ 또래 갈등 시 교사나 보호자 도움 요청하는 의존적 태도를 보임. ④ 학부는 자녀가 부당한 대우를 받고 있다고 인식하고 있음.
	임상적 설명	① 또래관계에서 관심 받고 싶고 소속되고 싶은 욕구가 제대로 충족되지 않을 때 화내고 떼쓰며 ② 외국인 모의 잦은 출장과 자기주장이 강하고 직설적인 부 사이의 부부불화로 따뜻한 돌봄 및 정서적 교류가 부재한 상태였다. ③ 발달 과정에서 내담자의 욕구가 자주 좌절되면서 주양육자와 안정된 애착관계를 형성하지 못한 것으로 보임. ④ 부모의 이혼 과정을 지켜보면서 인간관계에 대한 신뢰감 형성이 어려웠으며 정서적으로도 불안정한 상태로 보임. ⑤ 이러한 불안정한 정서와 인간관계에 대한 불신으로 인해 자신의 감정과 생각을 적절하게 표현하기 어렵고 원만한 대인관계 방법을 배우지 못하여 학교생활에서 문제가 발생할 때마다 최대한 타

인식하고 있으며 학부의 피해적 사고가 내담자에게 영향을 미치고 있음. 반면, 학부의 자녀에 대한 사랑과 관심은 보호요인으로 작용하고 있음. 내담자 스스로 부의 개입에 또래들의 시선을 의식하면서 부의 개입에 심리적 부담을 느끼고 있으며 문제해결 의지는 강점으로 판단됨. 따라서 상담자는 내담자와 신뢰관계 형성을 통해 인간관계의 신뢰감 향상시키고자 함. 아울러 학부의 개입이 내담자 의존적 문제해결방식을 고착시키고 있음을 자각시켜 치료적 동맹관계를 통해 학생의 문제해결력을 신장시키고자함.		인의 탓으로 돌리면서 수업거부 및 교실 이탈 등의 학교 부적응 문제를 야기함. ⑥ 학생 스스로 해결할 수 있는 기회를 박탈당하고 있으며 부의 학교 개입이 늘어남에 따라 내담자의 의존적 태도가 더욱 심화되는 유지 요인으로 작용하고 있음. 학부는 자녀가 학교에서 부당한 대우(피해를 당하고 있다)를 받고 있다고 인식하고 있으며 학부의 피해적 사고가 내담자에게 영향을 미치고 있음.
	상담 개입의 방향성	① 상담자는 내담자와 신뢰관계 형성을 통해 인간관계의 신뢰감 향상시키고자 함. ② 아울러 학부의 개입이 내담자 의존적 문제해결방식을 고착시키고 있음을 자각시켜 치료적 동맹관계를 통해 학생의 문제해결력을 신장시키고자 함.
	상담 과정의 주의점	학부의 자녀에 대한 사랑과 관심은 보호요인으로 작용하고 있음. 내담자 스스로 부의 개입에 또래들의 시선을 의식하면서 부의 개입에 심리적 부담을 느끼고 있으며 문제해결 의지는 강점으로 판단됨.

자, 이렇게 분류, 재배치된 사례개념화의 구성요소의 내용을 하나씩 살펴보자.

2. 구성요소별 체계화 연습

1) 기본적 인구학적 정보 및 의뢰 과정

교사 지시 불이행(교실 이탈, 수업거부, 아무것도 안 하고 버티기) 및 또래와의 갈등 시 교사나 보호자에게 도움을 요청하는 의존적인 태도로 상담에 의뢰됨.

(1) 연령, 학년, 성별 추가의 필요

물론 여기 제시된 사례개념화는 전체 사례연구보고서에서 '내담자의 이해' 부분을 발췌해 왔기 때문에 이미 내담자의 인구학적 정보를 알고 있다는 전제 아래 연령, 학년, 성별이 빠져있겠지만, 사례개념화의 완성도를 위해 간단하게라도 기술하는 것이 필요하다. 초등학교 3학년, 10세의 남아였다.

(2) 교사가 의뢰하였다

교사 지시 불이행이라고 했지만 제시된 내용은 수업이나 학교 교육을 거부하는 것으로 보인다. 이러한 교실 이탈이나 수업거부 등은 초등학생 3학년 아동에게서는 매우 큰 저항적 태도로 보이며, 교사는 매우 당황하였고, 다른 학생들에게 권위가 서지 않아 학업 통솔에 어려움을 겪었을 것이다. 사례개념화의 의뢰 과정에서는 이 정도 기술이 필요하나, 진단적 기술에서는 교사가 어떤 맥락에서 지시를 하게 되었는지, 내담자가 지시를 따르지 않을 때의 구체적 행동(언어, 표정, 행위 등) 기술이 필요하다.

⇒ 10세 초등학교 3학년 남학생으로, 어머니가 외국인(나라)이고 아버지가 한국인인 다문화 가정의 독남이고, 부모가 ○년 전 이혼한 상태이고 아버지와 살고 있음. 교사 지시 불이행(교실 이탈, 수업거부, 아무것도 안하고 버티기) 및 또래와의 갈등 시 교

사나 보호자에게 도움을 요청하는 의존적인 태도로 교사가 상담에 의뢰하였음.

2) 진단적 기술

표에 정리한 내담자에 대한 기술은 4가지를 찾을 수 있다. 앞의 세 가지는 내담자의 행동과 인지적 특성, 다른 하나는 내담자 환경에 대한 내용이다.

(1) 화내고 떼쓰며 수업 참여를 거부함

- 내담자의 주요 정서는 화, 분노이고(정서)
- 내담자의 행동은 교사에게 이를 어필하는데, 이 어필이 수용되지 않아 떼쓰게 되고 교실을 떠나는 행동으로 이어진다(행동).
- 상담자는 어떤 맥락에서 내담자가 화가 나는지 확인하고, 교사의 반응에도 관심을 갖는 것이 필요하다.

(2) 자신이 왕따를 당한다는 피해의식을 가지고 있음

- 내담자는 자신이 피해를 당하고 있으며, 다른 사람들이 나만 따돌림하고 있다고 생각하고 있다(인지).

(3) 또래 갈등 시 교사나 보호자 도움 요청하는 의존적 태도를 보임

- 어려움이 발생하면 내담자는 스스로 해결하지 못 하고, 선생님이나 부모에게 어필하고, 이것이 여의치 않으면 떼쓰면서 분노를 확장시키고, 교실을 나가는 등의 규범 위반 행동을 보인다.
- 이는 의존적인 태도이기보다는 자기 또래와의 사회적 문제해결이 이루어지지 않으며, 남 탓하는 행동으로 드러나는 자신이 피해를 보고 있다는 생각에서 출발한다.
- 실제로 또래와 어떤 문제로 다투게 되는지 탐색할 필요가 있다.

(4) 학부는 자녀가 부당한 대우를 받고 있다고 인식하고 있음

● 내담자의 아버지는 내담자의 피해 의식, 남 탓 등의 모델로 보인다.

● 실제로 내담자가 부당한 대접을 받은 에피소드가 있었고, 자녀 양육의 부담이 있는 만큼의 예민하게 반응할 수 있음을 인식하는 것이 필요하다.

⇒ 내담자는 학급에서 친구들과 다양한 문제로 갈등이 일어나고, 화를 내거나 부모나 교사에게 이르는 방식으로 갈등을 처리한다. 이때 교사가 이에 대해 수용적이지 않으면 화내고 떼쓰고 수업에 참여를 하지 않는 등의 반항행동과 남 탓을 하는 행동을 보인다. 그리고는 따돌림을 당했다고 하는 피해를 호소하고 있다. 이미 피해의식을 가지고 있는 내담자의 아버지는 아들의 호소를 듣고 학교에 자주 와서 어필하고 이것은 교사에게 부담을 주고 있다.

3) 임상적 설명

피해의식에 근거한 분노와 저항의 특성을 가진 내담자의 문제행동에 대해 상담자가 정리한 문제의 근원은 6가지 내용이었고, 이것은 다시 크게 두 가지 과정으로 이루어지고 있다. 하나는, 어린 시절 충분한 정서적 지지를 받지 못했고 오히려 부모의 불화와 이혼으로 정서와 생활의 안정성을 확보할 수 없는 환경에서 자랐다는 것이다. 다른 하나는, 이러한 불안정성은 맥락이나 사회적 상황에 맞지 않은 관심과 요구를 하게 하며, 소기의 성과를 거두지 못하면 떼쓰고 이르고, 저항하는 문제 행동으로 드러나게 되는 과정이다.

① 또래관계에서 관심받고 싶고 소속되고 싶은 욕구가 제대로 충족되지 않을 때 화내고 떼쓰며

② 발달 과정에서 내담자의 욕구가 자주 좌절되면서 주양육자와 안정된 애착관계를 형성하지 못한 것으로 보임.

③ 외국인 모의 잦은 출장과 자기주장이 강하고 직설적인 부 사이의 부부

불화로 따뜻한 돌봄 및 정서적 교류가 부재한 상태임.

④ 부모의 이혼 과정을 지켜보면서 인간관계에 대한 신뢰감 형성이 어려웠으며 정서적으로도 불안정한 상태로 보임.

⑤ 이러한 불안정한 정서와 인간관계에 대한 불신으로 인해 자신의 감정과 생각을 적절하게 표현하기 어렵고 원만한 대인관계 방법을 배우지 못하여 학교생활에서 문제가 발생할 때마다 최대한 타인의 탓으로 돌리면서 수업거부 및 교실 이탈 등의 학교 부적응 문제를 야기함.

⑥ 학생 스스로 해결할 수 있는 기회를 박탈당하고 있으며 부의 학교 개입이 늘어남에 따라 내담자의 의존적 태도가 더욱 심화되는 유지 요인으로 작용하고 있음. 학부는 자녀가 학교에서 부당한 대우(피해를 당하고 있다)를 받고 있다고 인식하고 있으며 학부의 피해적 사고가 내담자에게 영향을 미치고 있음.

앞의 6가지 기술은 유사한 내용이 반복되는데, 정리해 보면 안정적이지 않은 양육 과정 및 환경, 훈육 부재 및 내면화된 피해의식, 미숙한 관심 욕구 표현 및 좌절 대처행동으로 정리될 수 있다.

⇒ 외국인 모의 잦은 출장과 자기주장이 강하고 직설적인 부 사이의 부부불화로 따뜻한 돌봄 및 정서적 교류가 부재한 상태였고, 부모의 이혼 과정을 지켜보면서 인간관계에 대한 신뢰감 형성이 어려웠으며 정서적으로도 불안정한 상태이다. 즉, 발달 과정에서 내담자의 욕구가 자주 좌절되면서 주양육자와 안정된 애착관계를 형성하지 못하였다. 이는 또래관계에서 관심받고 싶고 소속되고 싶은 욕구가 제대로 충족되지 않을 때 화 내고 떼쓰며, 이러한 불안정한 정서와 인간관계에 대한 불신으로 인해 자신의 감정과 생각을 적절하게 표현하기 어렵고, 원만한 대인관계 방법을 배우지 못하여 학교생활에서 문제가 발생할 때마다 최대한 타인의 탓으로 돌리면서 수업거부 및 교실 이탈 등의 학교 부적응 문제를 야기한다. 특히 부의 학교 개입이 늘어남에 따라 학생 스스로 해결할 수 있는 기회가 박탈당하고 있으며 내담자의 의존적 태도가 더욱 심화되는 유지 요인으로 작용하고 있다.

4) 상담 개입의 방향성

진단적 기술과 임상적 설명에 근거해 볼 때 정서적 지지와 안정적 관계가 부족한 내담자이고, 문제해결 대처역량과 방법이 부족한 내담자이다. 이를 다루는 것이 상담의 방향성이 되어야 할 것이므로, 상담자가 정서적 지지와 신뢰로운 관계를 맺으려고 해야 하고 문제해결방법을 가르치는 등의 훈육이 이루어져야 할 것이다. 특히 내담자 부와의 상담과 교육이 진지하게 이루어질 수 있도록 한다. 또한 아버지의 양육 고충을 이해하고, 내담자의 현재 문제와 발생 과정 등을 아버지에게 설명하여 상담의 필요성을 동기화할 필요가 있다. 상담자가 이미 소개한 상담의 방향성을 다음과 같이 수정하여 상담 개입의 방향성을 잡을 수 있다.

① 상담자는 내담자와 신뢰관계 형성을 통해 인간관계의 신뢰감을 향상시키고자 함.
② 아울러 학부의 개입이 내담자 의존적 문제해결방식을 고착시키고 있음을 자각시켜 치료적 동맹관계를 통해 학생의 문제해결력을 신장시키고자 함.

⇒ 내담자는 정서적 지지와 안정적 관계가 부족하며, 문제해결 대처역량과 방법이 부족하다. 그러므로 상담에서는 정서적 지지와 신뢰로운 관계를 맺을 수 있도록 하고 관계의 문제, 생활의 문제를 해결하는 방법을 친절하고 구체적으로 가르치는 등의 훈육이 이루어져야 할 것이다. 특히 내담자 부와의 상담과 교육이 진지하게 이루어질 수 있도록 한다. 또한 아버지의 양육 고충을 이해하고, 내담자의 현재의 문제와 발생 과정 등을 아버지에게 설명하여 상담의 필요성을 동기화할 필요가 있다.

5) 상담 과정의 주의점

상담자는 학부의 자녀에 대한 사랑과 관심은 보호요인으로 작용하고 있으며, 내담자 스스로 부의 개입에 대해 또래의 시선을 의식하면서 부의 개입에 심리적 부담을 느끼고 있고 문제해결 의지는 강점으로 판단하고 있다. 특별히 이 사례는 다문화 가정의 사례이고, 한부모 가정의 사례이니만큼 접근 방법에서 소외집단에 대한 각별한 주의를 기울여 진행하는 사회적 정의 상담의 조망이 요구된다.

이상의 부분적으로 정리한 내용을 모아서 다음과 같이 사례개념화를 재기술하였다.

10세 초등학교 3학년 남학생으로, 어머니가 외국인(나라)이고 아버지가 한국인인 다문화 가정의 독남이고, 부모가 ○년 전 이혼한 상태이고 아버지와 살고 있다. 교사 지시 불이행(교실 이탈, 수업거부, 아무것도 안 하고 버티기) 및 또래와의 갈등 시 교사나 보호자에게 도움을 요청하는 의존적인 태도로 교사가 상담에 의뢰하였다.

내담자는 학급에서 친구들과 다양한 문제로 갈등이 일어나고, 화를 내거나 부모나 교사에게 이르는 방식으로 갈등을 처리한다. 이때 교사가 이에 대해 수용적이지 않으면 화 내고 떼쓰고 수업에 참여를 하지 않는 등의 반항 행동과 남 탓을 하는 행동을 보인다. 그리고 나서는 따돌림을 당했다며 피해를 호소한다. 이미 피해의식을 가지고 있는 내담자의 아버지는 아들의 호소를 듣고 학교에 자주 와서 어필하고 이것은 교사에게 부담을 주고 있다.

외국인 모의 잦은 출장과 자기주장이 강하고 직설적인 부 사이의 부부불화로 따뜻한 돌봄 및 정서적 교류가 부재한 상태였고, 부모의 이혼 과정을 지켜보면서 인간관계에 대한 신뢰감 형성이 어려웠으며 정서적으로도 불안정한 상태이다. 즉, 발달 과정에서 내담자의 욕구가 자주 좌절되면서 주양육자와 안정된 애착관계를 형성하지 못 하였다. 이는 또래관계에서 관심받고 싶고 소속되고 싶은 욕구가 제대로 충족되지 않을 때 화 내고 떼쓰게 하며, 이러한 불안정한 정서와 인간관계에 대한 불신으로 인해 자신의 감정과 생각을 적절하게 표현하기 어렵고 원만한 대인관계 방법을 배우지 못하여 학교생활에서 문제가 발생할 때마다 최대한 타인의 탓으로 돌리면서 수업거부 및 교실 이탈 등의 학교 부적응 문제를 야기한다. 특히 부의 학교 개입이 늘어남에 따라 학생 스스로 해결할 수 있는 기회를 박탈당하고 있으며 내담자의 의존적 태도가 더욱 심화되는 유지 요인으로 작용하고 있다.

내담자는 정서적 지지와 안정적 관계가 부족하며, 문제해결 대처역량과 방법이 부족하다. 그러므로 상담에서는 정서적 지지와 신뢰로운 관계를 맺을 수 있도록 하고 관계의 문제, 생활의 문제를 해결하는 방법을 친절하고 구체적으로 가르치는 등의 훈육이 이루어져야 할 것이다. 특히 내담자의 부와의 상담과 교육이 진지하게 이루어질 수 있도록 한다. 이는 아버지의 양육 고충을 이해하고, 내담자의 현재의 문제와 발생 과정 등을 아버지에게 설명하여 상담의 필요성을 동기화할 필요가 있다.

학부의 자녀에 대한 사랑과 관심은 보호요인으로 작용하고 있으며, 내담자 스스로 부의 개입에 또래들의 시선을 의식하면서 부의 개입에 심리적 부담을 느끼고 있으며 문제해결 의지는 강점으로 작용하고 있다. 특별히 이 사례는 다문화 가정의 사례이고, 한부모 가정의 사례이니만큼 접근 방법에서 소외집단에 대한 각별한 주의를 기울여 진행하는 사회적 정의 상담의 조망이 요구된다.

3. 사례에 적용하여 연습하기

이제는 실제 사례의 사례개념화를 재기술해 보는 연습을 해 보자. 연습 22와 23은 기존의 사례연구보고서에 있는 사례개념화를 재기술하도록 하였으며, 연습 24는 자신의 사례개념화 하나를 선택하여 재기술해 보도록 하였다.

연습22 구성요소별 재배치 및 기술해 보기 연습 1

다음은 대학생의 사례이다. 역시 이전 사례개념화를 구성요소에 따라 재배치해 보고, 정리하여 사례개념화를 다시 작성해 보자.

이전 사례개념화		구성요소에 재배치
회사동료에게 소개받아 상담을 신청하게 된 내담자는 애지중지하면 키웠던 딸이 일탈과 비행으로 너무 힘들게 하여 스트레스가 쌓여 더 이상 참지 못하겠다며 문제를 호소하였다. 자녀는 반항이 너무 심하고 남자문제도 있으며 부모에게 말을 너무 못되게 한다. 자녀는 보름 정도 정신과에 입원하여 상담을 받은 적도 있으나 절대 받지 않으려고 하여 중도에 그만둔 적이 있었다. 이로 인한 기억 때문에 현재 상담받는 것을 거부한다. 또한 잘못을 하면 훈계를 해야 된다고 생각하여 체벌도 심하게 하였다. 이로 인해 딸은 정신적 충격을 받았고 깊은 마음의 상처로 남게 되었고 부부관계도 좋지 않다. 항상 의견이 대립되었다. 현재는 자녀가 타지의 기숙사에 있으며 부모와 떨어져 지내는 것부터 해서 너무 힘들어 하고 학교를 그만두고 싶어 한다. 그래서 자녀와의 관계가 너무 힘들며 이런 자신을 이해 못 하겠다. 자신은 올바르게 양육하고자 애쓰며 노력하였다. 항상 정도의 길이라고 생각하며 훈육하였는데 자녀와 맞지 않았다. 내담자의 현실세계에서는 자녀와 갈등을 회피하고 있으며 싸워서 이기려고 한다. 부모니깐 눌러야 한다. 똑바로 교육을 시켜야 한다는 생각으로 자녀에게 강압적이며 통제적인 양육방식을 보인다. 또한 문제를 해결해 주어야 한다며 이로 인한 성취와 인정의 욕구를 보인다. 지각체계에서는 자녀의 행동과 생각이 무조건 잘못되었	의뢰 과정	
	진단적 기술	
	임상적 설명	
	상담 개입의 방향성	
	상담 과정의 주의점	

다, 틀렸다는 확고한 지각세계를 보이고 있
다. 자신에게는 문제가 없으니 딸이 바뀌어
야 한다고 하며 내담자는 변화에 대한 노력
을 하지 않는 외부통제를 사용하고 있다.
그러면서 본인의 좋은 세계에서는 딸과 행
복한 관계를 그리고 있다. 또한 딸에게는
안 돼 하면서 해 주고, 상담사에게는 숙제
를 안했다 하면서 하긴 했다고 하는 언행
불일치적인 패턴을 보인다. 그러므로 전 행
동 탐색과 친밀한 관계 맺기 활동, 계획하
기, 행동평가를 상담 개입으로 적용하겠다.

다음에 각 구성요소별로 체계적으로 기술하기 위해 재배치하여 정리한 내용을 제
시하였다.

이전 사례개념화	구성요소에 재배치	
회사동료에게 소개받아 상담을 신청하게 된 내담자는 애지중지하면 키웠던 딸이 일탈과 비행으로 너무 힘들게 하여 스트레스가 쌓여 더 이상 참지 못하겠다며 문제를 호소하였다. 자녀는 반항이 너무 심하고 남자문제도 있으며 부모에게 말을 너무 못되게 한다. 자녀는 보름 정도 정신과에 입원하여 상담을 받은 적도 있으나 절대 받지 않으려고 하여 중도에 그만둔 적이 있었다. 이로 인한 기억 때문에 현재 상담받는 것을 거부한다. 또한 잘못을 하면 훈계를 해야 된다고 생각하여 체벌도 심하게 하였다. 이로 인해 딸은 정신적 충격을 받았고 깊은 마음의 상처로 남게 되었고 부부관계도 좋지 않다. 항상 의견이 대립되었다.	의뢰과정	회사동료에게 소개받아 상담을 신청하게 된 내담자는 애지중지하면 키웠던 딸이 일탈과 비행으로 너무 힘들게 하여 스트레스가 쌓여 더 이상 참지 못하겠다며 문제를 호소하였다.
	진단적 기술	① 자녀는 반항이 너무 심하고 남자문제도 있으며 부모에게 말을 너무 못되게 한다. 자녀는 보름 정도 정신과에 입원하여 상담을 받은 적도 있으나 절대 받지 않으려고 하여 중도에 그만둔 적이 있었다. 이로 인한 기억 때문에 현재 상담받는 것을 거부한다. ② 현재는 자녀가 타지의 기숙사에 있으며 부모와 떨어져 지내는 것부터 해서 너무 힘들어하고 학교를 그만두고 싶어 한다. ③ 잘못을 하면 훈계를 해야 된다고 생각하여 체벌도 심하게 하였다.

현재는 자녀가 타지의 기숙사에 있으며 부모와 떨어져 지내는 것부터 해서 너무 힘들어 하고 학교를 그만두고 싶어 한다. 그래서 자녀와의 관계가 너무 힘들며 이런 자신을 이해 못 하겠다. 자신은 올바르게 양육하고자 애쓰며 노력하였다. 항상 정도의 길이라고 생각하며 훈육하였는데 자녀와 맞지 않았다.

내담자의 현실세계에서는 자녀와 갈등을 회피하고 있으며 싸워서 이기려고 한다. 부모니깐 눌러야 한다. 똑바로 교육을 시켜야 한다는 생각으로 자녀에게 강압적이며 통제적인 양육방식을 보인다. 또한 문제를 해결해 주어야 한다며 이로 인한 성취와 인정의 욕구를 보인다. 지각체계에서는 자녀의 행동과 생각이 무조건 잘못되었다, 틀렸다는 확고한 지각세계를 보이고 있다. 자신에게는 문제가 없으니 딸이 바뀌어야 한다고 하며 내담자는 변화에 대한 노력을 하지 않는 외부통제를 사용하고 있다. 그러면서 본인의 좋은 세계에서는 딸과 행복한 관계를 그리고 있다. 또한 딸에게는 안 돼 하면서 해 주고, 상담사에게는 숙제를 안했다 하면서 하긴 했다고 하는 언행 불일치적인 패턴을 보인다. 그러므로 전 행동 탐색과 친밀한 관계 맺기 활동, 계획하기, 행동평가를 상담 개입으로 적용하겠다.

	이로 인해 딸은 정신적 충격을 받았고 깊은 마음의 상처로 남게 되었고 부부관계도 좋지 않다. 항상 의견이 대립되었다. ④ 그래서 자녀와의 관계가 너무 힘들며 이런 자신을 이해 못 하겠다. 자신은 올바르게 양육하고자 애쓰며 노력하였다. 항상 정도의 길이라고 생각하며 훈육하였는데 자녀와 맞지 않았다.
임상적 설명	① 내담자의 현실세계에서는 자녀와 갈등을 회피하고 있으며 싸워서 이기려고 한다. 부모니까 눌러야 한다. 똑바로 교육을 시켜야 한다는 생각으로 자녀에게 강압적이며 통제적인 양육방식을 보인다. 또한 문제를 해결해 주어야 한다며 이로 인한 성취와 인정의 욕구를 보인다. ② 지각체계에서는 자녀의 행동과 생각이 무조건 잘못되었다. 틀렸다는 확고한 지각세계를 보이고 있다. 자신에게는 문제가 없으니 딸이 바뀌어야 한다고 하며 내담자는 변화에 대한 노력을 하지 않는 외부통제를 사용하고 있다. ③ 그러면서 본인의 좋은 세계에서는 딸과 행복한 관계를 그리고 있다. 또한 딸에게는 안 돼 하면서 해주고, 상담사에게는 숙제를 안했다 하면서 하긴 했다고 하는 언행 불일치적인 패턴을 보인다.
상담 개입의 방향성	그러므로 전 행동 탐색과 친밀한 관계 맺기 활동, 계획하기, 행동평가를 상담 개입으로 적용하겠다.
상담 과정의 주의점	

(1) 내담자의 인구학적 정보 및 의뢰 과정

회사동료에게 소개받아 상담을 신청하게 된 내담자는 애지중지하며 키웠던 딸이 일탈과 비행으로 너무 힘들게 하여 스트레스가 쌓여 더 이상 참지 못하겠다며 문제를 호소하였다.

- 여기서도 내담자의 인구학적 정보를 기록하지 않았다. 물론 슈퍼비전을 받고자 준비한 사례연구보고서에는 내담자의 인구학적 정보와 가족사항이 있을 것이다. 그러나 독자적으로 사례개념화의 완성도를 높이려면 첫 구성요소에 내담자의 인구학적 정보를 기록하도록 한다.
- 참고로 내담자는 50세의 남자이며, 딸은 17세 고등학교 2학년이다.
- 애지중지하며 키우게 되는 배경이 궁금하다.-외동딸이고, 위로 아들이 있었으나 어릴 때 사망했다고 한다.
- 딸의 일탈과 비행의 내용이 궁금하다.-진단적 기술에서 더 기술될 내용으로 중2 시절 남자친구를 사귀었고, 헤어지게 하니 자살시도, 자해시도 등이 있었고 술, 담배 등의 일탈행동이 있었다.

> 내담자의 인구학적 정보 및 의뢰 과정
>
>
>
>

(2) 진단적 기술

아버지 내담자의 호소문제는 딸의 일탈문제와 이를 어떻게 다루어야 할지, 어떻게 양육해야 좋을지 모른다는 것과 이로 인한 자신의 생활과 감정, 관계가 피폐해졌다는 것으로 소개되어 있다. 아래의 ①과 ②는 딸의 문제행동이고, ③과 ④는 딸의 행동에 대한 내담자의 대처행동과 결과이다.

● 자녀는 반항이 너무 심하고 남자문제도 있으며 부모에게 말을 너무 못 되게 한다. 자녀는 보름 정도 정신과에 입원하여 상담을 받은 적도 있으나 절대 받지 않으려고 하여 중도에 그만둔 적이 있었다. 이로 인한 기억 때문에 현재 상담받는 것을 거부한다.

   – 딸의 반항행동의 내용과 남자친구와의 관계 정도가 더 탐색되어야 한다. 정신과에 강제 입원시키게 된 이유 등도 탐색, 기술되어야 한다.

● 현재는 자녀가 타지의 기숙사에 있으며 부모와 떨어져 지내는 것부터 해서 너무 힘들어 하고 학교를 그만두고 싶어 한다.

   – 기숙사 학교에 입학하게 된 과정과 부모와 떨어져 지내는 것의 어려움에 대한 내용도 더 탐색되어 기술되는 것이 필요하다.

● 잘못을 하면 훈계를 해야 된다고 생각하여 체벌도 심하게 하였다. 이로 인해 딸은 정신적 충격을 받았고 깊은 마음의 상처로 남게 되었고 부부관계도 좋지 않다. 항상 의견이 대립되었다.

   – 어떤 체벌이 있었으며, 부부관계의 어려움이 구체적으로 기술되는 것이 필요하다.

● 그래서 자녀와의 관계가 너무 힘들며 이런 자신을 이해 못 하겠다. 자신은 올바르게 양육하고자 애쓰며 노력하였다. 항상 정도의 길이라고 생각하며 훈육하였는데 자녀와 맞지 않았다.

진단적 기술

(3) 임상적 설명

상담자는 '현실 세계' '좋은 세계' '지각 세계' '성취와 인정의 욕구' 등의 용어를 사용하고 있는 것으로 볼 때, 현실치료적 조망으로 사례를 이해하고자 하는 것으로 보인다.

- 내담자의 현실 세계에서는 자녀와 갈등을 회피하고 있으며 싸워서 이기려고 한다. 부모니깐 눌러야 한다. 똑바로 교육을 시켜야 한다는 생각으로 자녀에게 강압적이며 통제적인 양육방식을 보인다. 또한 문제를 해결해 주어야 한다며 이로 인한 성취와 인정의 욕구를 보인다.
- 지각체계에서는 자녀의 행동과 생각이 무조건 잘못되었다. 틀렸다는 확고한 지각세계를 보이고 있다. 자신에게는 문제가 없으니 딸이 바뀌어야 한다고 하며 내담자는 변화에 대한 노력을 하지 않는 외부통제를 사용하고 있다.
- 그러면서 본인의 좋은 세계에서는 딸과 행복한 관계를 그리고 있다. 또한 딸에게는 안 돼 하면서 해 주고, 상담사에게는 숙제를 안 했다 하면서 하긴 했다고 하는 언행 불일치적인 패턴을 보인다.

상담자가 정리한 임상적 설명에 상담자가 간과한 부분을 생각해 볼 수 있다. 그것은 내담자가 자신의 욕구 간의 갈등, 상대방 욕구와의 갈등과 딸의 욕구 추구에 대한 부분이다. 내담자 자신보다 딸이 자신의 욕구를 쟁취하기 위한 행동이 더욱 부정적으로 강력하게 이루어지고 있고 이런 욕구 추구와 사고, 행동은 아버지와의 상호작용에 의해 서로 더욱 부정적으로 더욱 강하게 표현되고 자연스럽게 느낌과 신체 반응이 더욱 부정적으로 따라 발생하고 있다. 이를 보완하여 임상적 설명을 해 보시오.

임상적 설명

⑷ 상담 개입의 방향성

그러므로 전 행동 탐색과 친밀한 관계 맺기 활동, 계획하기, 행동평가를 상담 개입으로 적용하겠다.

이상은 상담자가 기술한 상담의 방향성이다. 이를 전 행동 탐색 → 행동평가 → 계획하기 → 친밀한 관계 맺기 활동으로 나열한다면 현실치료의 주요 치료접근방법인 WDEP를 활용하였다고 할 수 있을 것이다. 그러나 이 상담에서 우선 구조화를 시도해야 하는데, 내담자가 자신을 내담자로 인식하고 있지 않기 때문이다. 비록 딸의 문제로 상담을 요청하였지만 내담자는 상담실의 상담자 앞에서 어려움을 호소하고 있는 사람으로서, 아버지이다. 상담자는 이를 내담자에게 설명하고 구조화하여 상담관계를 형성하는 것이 필요하다. 아버지의 입장과 안타까움을 충분히 이해하고 수용하고, 현실치료적으로 문제를 설명하고, 아버지가 내담자로서 자신을 수용할 수 있도록 개입하는 것이 우선 요구된다. 그 후에 구체적 WDEP 개입을 진행할 수 있을 것이다.

이를 보완하여 상담의 방향성을 기술해 보시오.

상담 개입의 방향성

⑸ 상담 과정의 주의점

이 사례에서 상담자는 현실치료 입장에서 문제를 조망하고 있기 때문에 아버지 개인적 심리적 문제에 주목하기 어렵다. 그러나 아버지가 이토록 딸을 애지중지 키우게 된 이유와 과정, 일반적으로 자녀 문제는 엄마가 상담실을 방문하는데, 엄마가 아닌 아버지가 홀로 직접 방문한 부부문제 등에 관심을 가질 필요가 있다. 상담 과정에서 첫 번째 자녀인 아들이 일찍 사망하였다는 사실, 딸을 보호하고 지켜주고 싶어 더 이상 이야기할 수 없다는 딸의 비밀스러운 에피소드 등이 나오는데, 이들 내용을 종합해 볼 때 아버지가 가지고 있는 문화적 가치와 규범 등에 기인한 역기능적 사고가 아버지가 상담에서 도움을 받는 데 방해할 수 있음을 상담자는 인식하고 있어야 할 것이다. 이 점을 생각하여 상담 과정에서 주의점을 기술해 보시오.

> 상담 과정의 주의점
>
>
>
>
>

다음은 재구성한 사례개념화이다.

> 　50세 남자로, 17세 고 2 무남독녀 딸의 일탈과 비행 문제로 스트레스가 쌓이고 더 이상 참을 수가 없어서 동료에게 상담소를 소개받아 상담소를 방문하였다.
>
> 　내담자는 아버지로서, 남자친구 문제(어떤 정도의 관계)와 술, 담배 등의 일탈행동을 하는 무남독녀 외딸을 심한 체벌로 훈육과 통제를 하였다. 딸은 이에 대해 반항적 행동으로 자살 시도 및 자해 행동을 하였고, 내담자 아버지는 다시 이를 통제하기 위해 강제로 정신과 병원에 입원시킨 바 있다. 이 때문에 딸은 상담에 대해 부정적이다. 퇴원 후 집에서 떨어져 있는 기숙사 학교에 전학시켰으나, 딸은 지속적으로 이 학교를 다닐 수 없다고 하면서 다시 집 쪽의 학교로 오게 해 달라고 조르고 있다. 내담자는 애지중지 딸을 키웠다고 생각하고 있으며 잘못된 행동에 대해서는 체벌을 사용해서라도 올바르게 양육해야 한다고 생각한다. 현재 상황으로 내담자는 너무 스트레스가 심하다고 호소하고 있으며 점점 나빠지는 딸을 보며 무력하고 좌절하고 있다. 옳다고 생각된 방법으로 딸을 훈육, 교육하였으나 딸과 전혀 맞지 않아 갈등이 심화되었고, 딸에 대해 실망과 좌절을 하고 있으며 아내하고도 딸의 훈육에 대한

대립으로 부부관계도 좋지 않다.

내담자는 힘, 권력(power)의 욕구를 중요하게 생각한다. 딸을 이기려고 하고, 딸의 행동과 생각은 잘못되었고 내가 강압적인 방법을 써서라도 바꾸어 주어야 한다고 생각하고 실제 체벌과 통제를 하고 있다. 그리고 내담자는 딸과 행복한 관계를 그리는 좋은 그림, 세계를 가지고 있으며 실제로는 딸에게 안 돼 하면서 해 주고, 상담사에게는 숙제를 안 했다 하면서 하긴 했다고 하는 언행 불일치적인 패턴을 보인다. 이러한 힘의 추구는 딸과 아내와의 좋은 관계를 가지고 싶은 관계 욕구와 갈등적이다. 내담자는 딸과 아내와의 행복한 관계를 그리는 좋은 세계를 지속적으로 꿈꾸나 자신의 또 다른 욕구에 의해 방해받는다는 것을 인식 못하고 있다. 이는 상대방의 욕구에 대한 인식이 부족한 것과도 유사하다. 딸도 자신의 기본 욕구, 예를 들면 자유, 즐거움, 힘 등의 욕구를 추구하기 위해 일탈행동, 반항행동, 자살 및 자해행동 시도 등의 강력한 행동을 하고 있고, 아버지인 내담자는 이러한 내담자의 행동에 놀라서 더 강력하게 힘을 추구하였지만 오히려 통제되지 않고 좋은 그림의 다른 욕구인 관계욕구를 너무 강하게 위협하여 좌절하게 되어 전문가를 통해 힘을 보태기 위해 상담을 요청하게 되었다. 이는 새로운 힘을 장착하려는 시도이기 때문에 자신을 내담자로 인식하지 못하고, 자신의 변화 요구를 수용하지 못하게 한다.

내담자의 전체행동(행동하기, 생각하기, 느끼기, 생리적 반응 등)을 탐색하여 내담자로 하여금 자신의 행동을 현실치료적 선택이론에 맞추어 설명하여 자신이 정말 원하는 것이 무엇인지 이해하게 하고(Want), 그것을 얻기 위해 어떤 행동들을 했는지(Doing), 그 행동이 과연 원하는 것을 얻게 하였는지 평가(Evaluation)하게 한다. 그리고 내담자가 원하는 딸과의 좋은 관계를 얻게 하기 위해 친밀한 관계 맺기 활동을 하도록 계획(Planning)을 한다.

아버지가 아내를 동반하지 않고 홀로 자녀의 문제로 내방하였고, 딸을 애지중지 키우고, 매우 집착적으로 딸을 관리하려고 한 내용에 주의하여 부부관계, 문화적 가치관 등에 관심을 가져야 한다. 무엇보다 자신을 내담자로서 수용을 하지 않고 있기 때문에 상담관계 구조화가 먼저 이루어져야 한다.

연습23 구성요소별 재배치 및 재기술해 보기 연습 2

다음은 31세 남자 회사원 사례의 사례개념화이다. 이 사례개념화는 내담자의 현재 호소문제, 특성과 그 이유가 섞여서 기술되어 있다. 이러한 사례개념화를 5개의 구성 요소에 맞추어 재배치하고, 이를 체계적으로 기술하는 연습을 해 보자.

이전 사례개념화		구성요소에 재배치
현재 내담자는 감정조절의 어려움을 호소하고 있는데, 억울함 등으로 인해 분노 감정을 조절하지 못해 회사에서나 일상생활, 나아가 미래 결혼 이후의 삶에 좋지 않은 영향을 미칠 것 같다는 불안이 높음. 입사 이후로 심해졌다고 하나 감정조절이 어려워 욱하는 성격이 있다는 것은 군대에 갔을 때부터 느꼈다고 하며 내담자는 원인으로 초등학교 5학년 때 이후로 급격하게 형편이 어려워지면서 부모의 갈등이 깊어졌고, 부가 술에 취해 매우 폭력적으로 변하는 부로 인해 감정을 자신 있게 표현하지 못했고 너무 자신을 억압하여 그런 것 같다고 하였음. 내담자가 겪은 혼란스러운 성장 과정은 내담자가 긍정적인 자기상과 정체성을 형성하는 데 도움을 주지 못하였고 오히려 자신의 감정을 숨기고 자신이 원하는 욕구를 채울 수 없는 환경에 지속적으로 노출되면서 작은 일, 특히 억울한 상황에 놓일 때 더 이상 감정을 억누를 수 없게 되어 더 크게 폭발적인 분노의 형태로 표출되는 것으로 보임. 이는 최근 부와 큰 갈등을 빚어 홧김에 아파트 베란다로 나가 떨어져 죽겠다고 하는 과정에서 부모가 함께 말리고 하는 사건이 있은 후에 더욱 뚜렷해졌다. 이후로 부가 달라졌다고 인식하고 하고 있어 유사한 갈등상황이 발생할 경우 또 acting out 할	의뢰 과정	
	진단적 기술	
	임상적 설명	
	상담 개입의 방향성	
	상담 과정의 주의점	

가능성이 있으며 상담 장면에서 여전히 '다 끝내버리면 되지요.' 라는 말에서 근거를 가능성을 확인할 수 있음. 여러 번의 여자 친구를 사귀고 헤어지는 경험에서, 상대방 여자들이 늘 거짓말을 해서 화가 나서 헤어졌다고 했지만 심리검사 결과 및 상담내용을 미루어 타인을 잘 믿지 못하고 경계가 심하며 친밀한 관계를 맺기 어려운 내담자가 건강한 결혼을 원하나 이에 대한 의심과 불안이 높아 미래 결혼생활의 갈등의 원인이 될 가능성이 있음. 부의 지속적이고 폭력적인 양육방식과 모의 방임적이고 소극적인 양육방식으로 인하여 내담자는 긍정적인 자아상을 확립하지 못하였을 것으로 보이며, 특히 자신의 감정을 인지하는 경험이 부족하여 평소에 자신을 억누르다가 특정 단어나 상황에서 폭발적인 분노를 보여 자신의 감정을 인식하고 인지하여 화가 나는 상황에서 감정을 조절할 수 있도록 하며, 상담 장면에서 감정표현을 연습하여 적절하고 사회적으로 수용 가능한 감정조절을 익히도록 한다. 또한 힘든 시기에 acting out의 위험을 선택하고 이로 인하여 자신이 원하던 결과를 얻어 또다시 갈등이 발생할 경우 선택할 수 있는 행동의 의미와 결과를 이해하고 극단적인 선택을 하지 않도록 돕고, 결혼생활에서 발생할 수 있는 갈등상황을 미리 탐색하여 불안의 수준을 완화한다.

다음은 위의 사례개념화를 재배치한 내용이다.

이전 사례개념화	구성요소에 재배치	
현재 내담자는 감정조절의 어려움을 호소하고 있는데, 억울함 등으로 인해 분노감정을 조절하지 못해 회사에서나 일상생활, 나아가 미래 결혼 이후의 삶에 좋지 않은 영향을 미칠 것 같다는 불안이 높음. 입사 이후로 심해졌다고 하나 감정조절이 어려워 욱하는 성격이 있다는 것은 군대에 갔을 때부터 느꼈다고 하며 내담자는 원인으로 초등학교 5학년 때 이후로 급격하게 가정 형편이 어려워지면서 부모의 갈등이 깊어졌고, 부가 술에 취해 매우 폭력적으로 변하는 부로 인해 감정을 자신 있게 표현하지 못했고 너무 자신을 억압하여 그런 것 같다고 하였음. 내담자가 겪은 혼란스러운 성장 과정은 내담자가 긍정적인 자기상과 정체성을 형성하는 데 도움을 주지 못하였고, 오히려 자신의 감정을 숨기고 자신이 원하는 욕구를 채울 수 없는 환경에 지속적으로 노출되면서 작은 일 특히 억울한 상황에 놓일 때 더 이상 감정을 억누를 수 없게 되어 더 크게 폭발적인 분노의 형태로 표출되는 것으로 보임. 　이는 최근 부와 큰 갈등을 빚어 홧김에 아파트 베란다로 나가 떨어져 죽겠다고 하는 과정에서 부모가 함께 말리고 하는 사건이 있은 후에 더욱 뚜렷해졌다. 이후로 부가 달라졌다고 인식하고 하고 있어 유사한 갈등상황이 발생할 경우 또 acting out 할 가능성이 있으며 상담 장면에서 여전히 '다 끝내버리면 되지요.'라는 말에서 근거를 가능성을 확인할 수 있다. 여러 번의 여자친구를 사귀고 헤어지는 경험에서, 상대방 여자가 늘 거짓말을 해서 화가 나서 헤	의뢰 과정	
	진단적 기술	① 현재 내담자는 감정조절의 어려움을 호소하고 있는데 ② 억울함 등으로 인해 분노감정을 조절하지 못해 회사에서나 일상생활, 나아가 미래 결혼 이후의 삶에 좋지 않은 영향을 미칠 것 같다는 불안이 높음. ③ 감정조절이 어려워 욱하는 성격이 있다는 것은 군대시절부터 느꼈다고 하며 ④ 초등학교 5학년 이후로 급격하게 가정 형편이 어려워지면서 부모의 갈등이 깊어졌고, 부가 술에 취해 매우 폭력적으로 변하는 부로 인해 감정을 자신 있게 표현하지 못했고 너무 자신을 억압해 왔기 때문으로 지각하고 있음. ⑤ 최근 부와 큰 갈등을 빚어 홧김에 베란다로 나가 떨어져 죽겠다고 하는 과정에서 부모가 함께 말리고 하는 사건이 있은 이후 더욱 뚜렷해졌다. 그 이후 부가 달라졌다고 인식하고 하고 있다. ⑥ 여러 번의 여자친구를 사귀었지만 상대방이 거짓말을 해서 화가 나서 헤어졌다고 함. ⑦ 심리검사 등을 통해 내담자는 타인을 잘 믿지 못하고 친밀한 관계 맺기가 어려움.

어졌다고 했지만 심리검사 결과 및 상담내용을 미루어 타인을 잘 믿지 못하고 경계가 심하며 친밀한 관계를 맺기 어려운 내담자가 건강한 결혼을 원하나 이에 대한 의심과 불안이 높아 미래 결혼생활의 갈등의 원인이 될 가능성이 있음. 부의 지속적이고 폭력적인 양육방식과 모의 방임적이고 소극적인 양육방식으로 인하여 내담자는 긍정적인 자아상을 확립하지 못하였을 것으로 보이며 특히 자신의 감정을 인지하는 경험이 부족하여 평소에 자신을 억누르다가 특정 단어나 상황에서 폭발적인 분노를 보여 자신의 감정을 인식하고 인지하여 화가 나는 상황에서 감정을 조절할 수 있도록 하며, 상담 장면에서 감정표현을 연습하여 적절하고 사회적으로 수용 가능한 감정조절을 익히도록 한다. 또한 힘든 시기에 acting out의 위협을 선택하고 이로 인하여 자신이 원하던 결과를 얻어 또다시 갈등이 발생할 경우 선택할 수 있는 행동의 의미와 결과를 이해하고 극단적인 선택을 하지 않도록 돕고, 결혼생활에서 발생할 수 있는 갈등상황을 미리 탐색하여 불안의 수준을 완화한다.

임상적 설명	① 부의 지속적이고 폭력적인 양육방식과 모의 방임적이고 소극적인 양육방식으로 인하여 ② 내담자는 긍정적인 자아상을 확립하지 못하였을 것으로 보이며 ③ 특히 자신의 감정을 인지하는 경험이 부족하여 평소에 자신을 억누르다가 특정 단어나 상황에서 폭발적인 분노를 보이는 과정으로 나타남.
상담 개입의 방향성	① 자신의 감정을 인식하고 인지하여 화가 나는 상황에서 감정을 조절할 수 있도록 하며, ② 상담장면에서 감정표현을 연습하여 적절하고 사회적으로 수용 가능한 감정조절을 익히도록 한다. ③ 또한 힘든 시기에 acting out의 위협을 선택하고 이로 인하여 자신이 원하던 결과를 얻어 또다시 갈등이 발생할 경우 선택할 수 있는 행동의 의미와 결과를 이해하고 극단적인 선택을 하지 않도록 돕고, ④ 결혼생활에서 발생할 수 있는 갈등상황을 미리 탐색하여 불안의 수준을 완화한다.
상담 과정의 주의점	

1) 내담자의 인구학적 정보 및 의뢰 과정

31세 남자 회사원이 상담소를 자발적으로 방문한 사례는 흔하지 않은 사례이다. 회사나 가정에서 매우 충격적이고 충동적인 감정 발작적 사건이 있었기 때문으로 보인다. 내담자가 보고하는 가족을 위협하였던 충동적 폭력 위협행동이 계기가 되었을지도 모른다. 회사에서 어떤 일이 있었는지도 구체적으로 확인하여 상담을 받고자 한 촉발사건을 확인하여 의뢰 과정에 기술하는 것이 필요하다. 이를 참고하여 다음에 첫 번째 구성요소인 인구학적 정보 및 의뢰과정을 작성하여 보시오.

인구학적 정보 및 의뢰 과정

2) 진단적 기술

상담자가 기술한 내담자의 문제나 심리적 특성은 7가지로 기술되어 있다.

① 현재 내담자는 감정조절의 어려움을 호소하고 있는데
② 억울함 등으로 인해 분노감정을 조절하지 못해 회사에서나 일상생활, 나아가 미래 결혼 이후의 삶에 좋지 않은 영향을 미칠 것 같다는 불안이 높음
③ 감정조절이 어려워 욱하는 성격이 있다는 것은 군대에서 느꼈다고 하며
④ 초등학교 5학년 이후로 급격하게 가정 형편이 어려워지면서 부모의 갈등이 깊어졌고, 부가 술에 취해 매우 폭력적으로 변하는 부로 인해 감정을 자신 있게 표현하지 못했고 너무 자신을 억압하여 왔기 때문으로

지각하고 있음

⑤ 최근 부와의 큰 갈등을 빚어 홧김에 베란다로 나가 떨어져 죽겠다는 자
살로 위협하는 행동으로 부가 달라졌다고 인식하고 하고 있다.

⑥ 여자친구들이 거짓말을 해서 화가 나 헤어졌다고 함

⑦ 심리검사 등을 통해 내담자는 타인을 잘 믿지 못하고 친밀한 관계 맺기
가 어려움

①과 ②는 감정과 감정조절의 어려움, ③과 ④는 감정조절의 어려움이 미
래 삶에 미칠 부정적 영향력에 대한 불안과 두려움, ④은 문제에 대한 이유
에 대한 생각, ⑤와 ⑥은 감정조절 하지 못하고 나타나는 행동, 즉 충동적이
고 위협적인 폭력행동, 거짓말을 해서 화가 나 이성과의 관계를 지속할 수 없
다는 등의 타인에 대한 불신과 관계 등이다. 그러나 감정조절을 못하여 실제
로 회사나 가정에서 어떤 사건이 일어났는지가 드러나 있지 않다. 다만 ⑤와
⑥은 아마도 가정과 일상생활에서 나타난 충동적 행동의 결과로 보인다. 이
를 참고로 하여 다음에 진단적 기술을 다시 작성해 보시오.

진단적 기술

3) 임상적 설명

기존의 사례개념화에 담겨져 있는 내용 중 임상적 설명에 해당하는 내용을 정리하면 다음과 같다.

① 부의 지속적이고 폭력적인 양육방식과 모의 방임적이고 소극적인 양육방식으로 인하여
② 내담자는 긍정적인 자아상을 확립하지 못하였을 것으로 보이며
③ 특히 자신의 감정을 인지하는 경험이 부족하여 평소에 자신을 억누르다가 특정 단어나 상황에서 폭발적인 분노를 보이는 과정으로 나타남

상담자는 내담자의 문제를 축적된 부정적 에너지를 처리하지 못하여 자살과 같은 특정 위협적인 행동으로 긴장·완화 처리하고 있다고 설명한다. 다행히 내담자는 이러한 과정을 지각하고 있으며 미래를 염려하는 마음으로 상담을 요청하게 되었다. 이를 참고하여 임상적 설명을 다시 기술해 보시오.

임상적 설명

4) 상담 개입의 방향성

① 자신의 감정을 인식하고 인지하여 화가 나는 상황에서 감정을 조절할 수 있도록 하며,
② 상담장면에서 감정표현을 연습하여 적절하고 사회적으로 수용 가능한 감정조절을 익히도록 한다.
③ 또한 힘든 시기에 폭력적 위협 행동을 선택하고 이로 인하여 자신이 원하던 결과를 얻어 또다시 갈등이 발생할 경우 선택할 수 있는 행동에 대한 의미와 결과를 이해하고 극단적인 선택을 하지 않도록 돕고,
④ 결혼생활에서 발생할 수 있는 갈등상황을 미리 탐색하여 불안의 수준을 완화한다.

상담자가 제시하는 상담 개입의 방향성은 감정의 지각, 적절한 감정표현의 연습, 극단적 행동의 의미 이해와 대처 전략, 앞으로 가능한 상황을 생각해 보고 대처행동 연습하기이다. 내담자도 인식하고 있는 억압된 분노와 억울함에 대한 재구조화를 위하여 어린 시절의 경험을 이야기하고 감정표현을 억압할 수밖에 없었던 과정에 대한 타당화가 이루어져야 할 것이다. 그럼에도 불구하고 자주 올라오는 부정적 정서 처리를 위한 수용전념치료의 기법, 마음 챙기기 기법 등을 사용할 수도 있다. 이상의 정리된 내용을 가지고 상담의 방향성을 다시 작성해 보시오.

상담 개입의 방향성

5) 상담 과정의 주의점

상담자는 내담자의 특성으로 사람을 신뢰하지 못하고 친밀한 관계를 맺지 못한다고 기술하고 있다. 상담은 신뢰를 기초로 친밀한 관계를 형성하여 소기의 목적을 달성하는 과정이다. 내담자는 상담에서도 자기의 문제를 드러낼 것이기 때문에 상담자와 상담을 신뢰하기 어려울 것이며 촉진적 상담관계 형성에 어려움을 보일 것이 예상된다. 또한 폭력적이고 위협적인 행동으로 분노상황을 처리할 수 있는 우려가 있으므로 극심한 분노가 올라왔을 때의 대처행동 전략을 구체적으로 의논하고 정해 놓는 과정이 필요하다. 이를 기술해 보시오.

상담 과정의 주의점

이상의 구성요소별 내용을 종합하여 다음과 같이 작성해 보았다.

31세 남자 회사원으로 회사와 가정에서 매우 충동적인 감정 폭발적 행동이 있었고, 이러한 행동은 미래의 회사, 가정, 일상생활에 부정적 영향을 미칠 것을 우려하여 자발적으로 상담을 요청하였다.

억울함 등 분노가 높으며, 이 분노가 올라오면 조절을 하지 못한다(내담자는 영업직 사원으로서 함부로 행동하는 고객에 의한 스트레스, 특히 특정 용어에 의해 폭발해버리며, 분노할 때 나타는 행동 등 보다 구체적으로 기술하는 것이 필요하다). 내담자는 자신이 분노조절을 못하여 회사생활, 일상생활 나아가 미래 결혼 생활에도 부정적 영향을 미칠 것으로 두려워하고 불안해하고 있다. 내담자는 이러한 높은 분노와 감정조절이 안 되는 이유로 급격한 가정 경제의 어려움과 부모 갈등 및 아버지의 폭력적 행동으로 자신이 감정을 억누르고 있었고 이것이 한꺼번에 터져 나와 조절을 못하는 것으로 지각하고 있다. 조절하지 못한 감정은 가정에서의 떨어져 죽겠다는 자살 위협적 행동과 상대 여성이 거짓말을 해서 연애관계를 지속할 수 없었다는 분노와 불신으로 나타난다.

내담자는 어린 시절 경제적 어려움과 부모 갈등, 부의 폭력적 행동, 모의 방임에 의해 늘 억울함과 분노가 있었지만 표현되지 못한 채 위축되어 생활하였고, 긍정적인 자아상을 확립하지 못하였다. 특히 특정 상황과 특정 단어는 내담자의 이러한 억압되어 언제든 터져 나올 준비가 되어 있는 분노에 도와선이 되어 자신과 타인을 폭력적으로 위협하는 수동적 공격 행동을 하게 한다. 이는 자신이 얼마나 억울하고 얼마나 화가 나 있는지를 투사한다. 분노가 촉발되었을 때 내담자는 이를 다룰 수 있는 대처전략을 학습하지 못하였으나 최근에는 이러한 행동이 자기의 미래에 부정적인 영향을 미칠 것을 자각하여 두렵고 불안해한다.

상담의 방향성은 자신의 감정, 특히 분노에 대해 인식하게 하고, 감정을 표현하는 연습을 한다. 또한 사회적으로 수용 가능한 감정조절을 익히게 한다. 이를 위해서는 어린시절의 경험에 대한 충분한 토로와 지지, 타당화 과정이 필요하고, 부정적 정서에 대한 수용-전념적 접근, 마음챙김 기법 등이 필요하다. 폭력적이고 위협적인 행동이 아니라 당시의 마음을 자각하고 정말 원하

는 것이 무엇인지를 인식하고 이를 성취하기 위한 합리적 방법을 함께 모색
한다. 이성관계와 결혼 생활 등 앞으로 일어날 수 있는 갈등 상황을 구체적으
로 확인하여 대처행동을 모색하여 불안수준을 완화시킨다.

　내담자는 사람을 신뢰하지 못하고 친밀한 관계를 맺지 못한다. 내담자는
상담에서도 자기의 문제를 드러낼 것이기 때문에 상담자와 상담을 신뢰하기
어려울 것이며 촉진적 상담관계 형성에 어려움을 보일 것이 예상된다. 또한
자살행동으로 분노상황을 처리할 수 있는 우려가 있으므로 자살하고 싶은 충
동이 올라왔을 때의 대처행동 전략을 구체적으로 의논하고 정해 놓는 과정이
필요하다.

연습24 **구성요소별 재배치 및 재기술해 보기 – 자기 사례에 적용해 보기**

이제 자신의 기존 사례의 사례개념화를 가져와 구성요소별로 재배치를 해 보고, 부족한 부분은 다시 사례연구보고서에서 찾아 채워 넣는 연습을 해 보시오. 그리고 각 구성요소별로 내용을 체계적이고 논리적으로 다시 기술해 보시오.

이전 사례개념화	구성요소별 재배치	
	의뢰 과정	
	진단적 기술	
	임상적 설명	
	상담 개입의 방향성	
	상담 과정의 주의점	

이제는 재배치, 보완된 구성요소별 내용을 다음의 사례개념화 양식에 맞추어 체계적으로 기술해 보시오.

사례개념화 양식

인구학적 정보 및 의뢰 과정

진단적 기술

임상적 설명

상담 개입의 방향성

상담 과정의 주의점

🖳 6장을 마치며

다음의 주제를 생각하면서 연습의 성과를 평가해 봅시다.

1. 이 장을 마치며 자신의 사례개념화 구성 역량이 발전하였습니까?
   발전하였다면 사례개념화 구성의 어떤 역량이 발전하였나요?

2. 이 장의 무엇이 자신의 사례개념화 구성 역량을 발전시켰나요?

3. 이 장의 아쉬운 점은 무엇인가요?

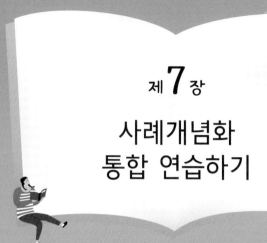

제 **7**장

사례개념화
통합 연습하기

1. 통합 연습하기
2. 사례에 적용하여 통합 연습하기

이 장에서는 한 내담자의 신청서, 접수면접기록지, 심리검사 결과, 초기 회기 요약과 축어록 등을 제시하여 실제의 사례개념화를 기술해 보는 연습을 해 본다. 각 자료로부터 각 구성요소별로 정보수집하기, 각 구성요소별로 수집한 정보를 체계적으로 기술해 보기, 각 구성요소의 논리성을 검토하여 사례개념화 완성하기 순으로 연습한다. 첫 번째 사례는 연습 과정과 결과를 그대로 제시하였다. 나머지 두 개의 사례는 연습을 하도록 하였고, 장 뒤에 연습한 내용을 제시하였으니 참고할 수 있다.

1. 통합 연습하기

다음에 제시한 사례는 24세, 대학 4학년 여학생의 사례이다. 상담신청서, 접수면접기록지, 심리검사 결과(MMPI-2, SCT), 1회 요약 및 2회 축어록 등 초기의 정보만을 가지고 사례개념화를 진행해 보자. 먼저 각 자료를 보고 정보를 양식에 맞추어 배치해 보고, 그 후 수집, 배치된 정보를 5가지 구성요소에 맞추어 체계적 · 논리적으로 기술해 본다. 그리고 다시 사례개념화를 완성하는 단계로 연습을 해 본다. 첫 번째 사례는 실제로 진행된 내용을 제시한다.

1) 사례 정보원

(1) 신청서

상담 및 심리검사 신청서

◇ 신청일: 20○○년 ○월 ○일   ※ 상담시작일: 상담자:

성명	홍 길 녀	성별	남,(여)	종교	
생년월일	1998년 ○월 ○일 (만 22 세)			휴대폰	010 1234 5678
소속	단과대학 과 4학년			이메일	
학번	19000 000		주거형태	자가, 친척집, 하숙, 자취, 기숙사	
주 소					
찾아온 경로	(스스로), 교수 추천, 친구 · 선배 추천, 수업과제, 홍보물, 기타				
찾아온 목적	☑심리검사	MBTI, 적성탐색검사, 학습유형검사(학사경고) MMPI, SCT, 지능검사, 기타( )			
	☑개인상담	성격, 대인관계, 학교(과)적응, 정서, 시간관리, 중독, 가족, 기타( )			

1. 귀하가 상담하고 싶은 관심분야나 문제는 무엇입니까?

   가족, 성격

2. 상담(심리검사)이나 정신치료를 받은 경험이 있습니까?

   ① 예(언제: 어디서: 무엇을: 얼마 동안:)   ② 아니요

3. 현재 복용 중인 약물이 있습니까?

   ① 예 (무엇:)   ☑ 아니요

4. 가족관계에 대해서 적어 주십시오(자신을 포함하여 적어 주세요).

관계	연령	학력	직업	성 격	동거여부
모	58	대졸		온화, 충동적	✓
언니	30	대졸	교사	사회성 부족, 강압적	결혼
언니	27	대졸	교사	감정기복	결혼
본인	23	대4	대학생	마음이 약하고, 소심, 가끔 충동적	

5. 다음 중 본인이 주로 강하게 느끼고 있는
   감정이나 경험에 ○를 해 주세요.

(우울)	(불안)	공포	(서러움)	슬픔
분노	열등감	수치심	억울함	비굴함
(의기소침)	(자살생각)	자살시도	기타 ( )	

6. 상담가능 시간
   (개인상담 신청자만 작성)
   *월~금 09:00~17:00,
   점심시간 12:00~13:00

(2) 접수면접기록지

상담사례번호	2020-00	성명	홍 ○○
일자 및 시간	20○○. .	나이/성별	23/여

호소문제

몇 년 전부터 우울해져서 상담받고 싶었으나 시간적 여유, 경제적 여유가 없어 못하다가 올해 초에 엄마의 재혼문제로 이야기하다가 큰언니와 말다툼이 있었고, 가족불화가 계속되어 죽고 싶다는 생각도 나고 일상생활에서 불안과 우울이 높아져 상담을 신청하게 됨.

호소문제 배경(스트레스원, 기능, 사회적 지지 체계)

현재의 상황: 과제, 시험 등 식사도 제대로 못하고, 잠도 거의 자지 못하고 있으며, 무기력하다.

스트레스원: 초등학교 2학년 때 부모가 이혼하셨고, 이혼한 이유는 아버지가 이중 생활을 해 오셨고, 그것을 엄마가 알게 되었다고 함. 그 당시는 몰랐으나 나중에 이야기를 들음.

　　엄마가 오랫동안 알고 지내던 분과 재혼하신다고 하여 그 문제로 엄마와 큰언니와 이야기하던 중 본인이 엄마의 재혼으로 상처받았다고 하니, 큰언니가 '네 따위가 뭔데?' 하는 등의 폭언을 하여 '다 내가 잘못했어.' 하고 자취방에 와서 가족을 잃어버린 느낌이었다고 함. 둘째언니가 자주 연락하고 자취방에도 찾아왔다고 함. 친구들과도 자꾸 모임에 빠지게 되어 서먹서먹한 상태임. 엄마가 이혼하고, 생활이 어려워 집도 없이 이모네 집 창고 같은 데서 얹혀살기도 하는 등 눈치 보면서 자존심이 많이 낮아졌다고 함.

기능: 눈 마주침은 잘되는 편, 말의 속도나 표현은 잘되고 있음. 수면 장애, 무기력, 구체적 자살 계획은 없어도 죽고 싶다는 생각이 자주 남.

사회적 지지 체계: 둘째 언니

소견:

내담자 행동 관찰

가족 불화에 대해 이야기할 때는 눈물을 짓기도 하고, 아버지 이야기를 할 때는 다소 격양되기도 함. 무기력한 모습을 보임. 상담센터가 무료기관인지를 재차 확인함.

상담의뢰 시 고려할 점, 추천 상담자, 추천 심리검사 및 실시

나이 차이가 많이 나지 않는 부드러운 성품의 남자 상담자를 원함. 큰언니가 너무 강해서 강한 여자를 보면 무섭다고 함.

(3) 심리검사 결과

① MMPI-2

VRIN	TRIN	F	F(B)	F(P)	FBS	L	K	S	Hs	D	Hy	Pd	Mf	Pa	Pt	Sc	Ma	Si
40	57F	47	53	44	60	50	42	45	53	84	54	46	30	58	72	62	53	73

RCd	RC1	RC2	RC3	RC4	RC6	RC7	RC8	RC9	AGGR	PSYC	DISC	NEGE	INTR
72	51	57	38	39	49	68	52	42	32	49	30	64	66

ANX	FRS	OBS	DEP	HEA	BIZ	ANG	CYN	ASP	TPA	LSE	SOD	FAM	WRK	TRT
82	67	58	66	50	52	55	40	38	51	73	68	52	77	45

A	R	Es	Do	Re	Mt	PK	MDS	Ho	O-H	MAC-R	AAS	APS	GM	GF
67	56	30	34	46	72	72	50	51	42	38	38	45	30	68

② SCT

구분	번호	제시문구	작성내용
가족 관계	2	내 생각에 가끔 아버지는	
	12	다른 가정과 비교해서 우리 집안은	조금 가난하다.
	13	나의 어머니는	멋있는 사람이다.
	19	대개 아버지들이란	자식을 위한다.
	24	우리 가족이 나에 대해서	생각을 할까?
	26	어머니와 나는	친하다.
	29	내가 바라기에 아버지는	가족을 사랑해 주는 사람이면 좋겠다.
	35	내가 아는 대부분의 집안은	잘산다.
	39	대개 어머니들이란	희생적이다.
	48	내가 어렸을 때 우리 가족은	화목했다.
	49	나는 어머니를 좋아했지만	지금도 좋아한다.
	50	아버지와 나는	잘 모른다.

	8	남자에 대해서 무엇보다 좋지 않게 생각하는 것은	허세이다.
	9	내가 바라는 여인상(女人像)은	멋있는 사람이다.
	10	남녀가 같이 있는 것을 볼 때	아무 생각도 없다.
성	20	내 생각에 남자들이란	남자들이다.
	23	결혼 생활에 대한 나의 생각은	로망이다.
	25	내 생각에 여자들이란	여자들이다.
	36	완전한 남성상(男性像)은	없다.
	37	내가 성교를 했다면	어땠을까?
	47	나의 성 생활은	평범이다.
	3	우리 윗사람들은	조금 융통성이 없다.
	6	내 생각에 참다운 친구는	그 친구에게 좋은 일이 생겼을 때 진심으로 기쁜 것이다.
대인 관계	22	내가 싫어하는 사람은	이기적인 사람이다.
	31	윗사람이 오는 것을 보면 나는	긴장한다.
	32	내가 제일 좋아하는 사람은	받는 걸 감사할 줄 아는 사람이다.
	44	내가 없을 때 친구들은	아무렇지 않다.
	1	나에게 이상한 일이 생겼을 때	왜 이런 일이 생겼을까 고민한다.
	4	나의 장래는	하고 싶은 걸 하며 사는 돈 많은 사람이다.
	5	어리석게도 내가 두려워하는 것은	어두운 것이다.
자아 개념	7	내가 어렸을 때는	미세먼지가 없었다.
	11	내가 늘 원하기는	
	14	무슨 일을 해서라도 잊고 싶은 것은	지난 과거이다.
	15	내가 믿고 있는 내 능력은	무리해서라도 해내는 것.
	16	내가 정말 행복할 수 있으려면	돈이 많아야 한다.

	17	어렸을 때 잘못했다고 느끼는 것은	공부를 못하는 것이었다.
	18	내가 보는 나의 앞날은	알 수 없다.
	21	다른 친구들이 모르는 나만의 두려움은	자격지심이다.
	27	내가 저지른 가장 큰 잘못은	자살을 생각한 것
	28	언젠가 나는	돈을 많이 벌 것이다.
	30	나의 야망은	성공하는 것이다.
자아 개념	33	내가 다시 젊어진다면	당당하게 살아보고 싶다.
	34	나의 가장 큰 결점은	자격지심이다.
	38	행운이 나를 외면했을 때	슬프다.
	40	내가 잊고 싶은 두려움은	과거이다.
	41	내가 평생 가장 하고 싶은 일은	고양이 키우기이다.
	42	내가 늙으면	뭘 하고 있을까?
	43	때때로 두려운 생각이 나를 휩쌀 때	무섭다.
	45	생생한 어린 시절의 기억은	바닷가에 잠시 살았던 것이다.
	46	무엇보다도 좋지 않게 여기는 것은	자신 없는 것이다.

(4) 상담내용

● 1회기 상담내용(상담자-내담자 중요 대화내용)

… (전략) … 엄마가 아주 오래 전부터 알고 지내던 분이랑 올해 재혼할 것 같다 말씀하셨는데, … (중략) … 엄마가 혼자 있는 것보다 둘이 있는 것이 낫고 … (중략) … 엄마도 바빠지니 제가 우선순위에서 밀려난 느낌이 많이 들었어요. … (중략) … 그렇게 저 혼자서 있다가 1~2달 지나니 안 되겠다 싶어서 제가 잠도 못자고 … (중략) … 엄마가 너무 성급하게 움직인다던가 말이 툭툭 튀어나온다든가 … (중략) … 저희 가족끼리 얘기를 하자 해서 … (중략) … 큰언니가 원래 말을 생각 없이 하는 사람이라서 그 자리에서 저는 대화하러 온 자리인줄 알았는데, 엄마한테 서운했던 점, 힘들었던 거 말했는데 이제.. 저희 큰언니가 저한테 큰소리치면서 이것저

것 던지면서 막 폭언을 했어요. … (중략) …한 한 시간 정도 2대1로 폭언을 들으니 못 견디겠더라구요. 당연히 안괜찮고 해결이 안 됐는데, 그 자리를 끝내려고 다 알겠다 그러고 자취방에 내려왔는데 상태가 심해졌어요. … (중략) … 저희는 집이 되게 힘들어서 원룸에서 4명이서 살아도 똘똘 뭉쳐서 살고 … (중략) … 그런 것들이 다 내려놓게 만들어버렸어요. … (중략) … (지금 그 순간을 다시 떠올려보면 어떤가요?) … (중략) … 아직도 그때 막 소리 지르던 게 들리곤 해요. 가만히 있거나 밤에 혼자 있을 때 (… 중략 … 요즘에는 주로 느끼는 감정은 어떤가요?) 친구들이랑 있고 이러면 잘 웃고 놀다가도 다 헤어지고 집에 와서 어쩔 때는 걷잡을 수 없이 우울해지고 눈물이 나고 … (중략) … 일주일에 3~4일은 있는 것 같아요. (… 중략 … 지금 이렇게 이야기하면서 마음은 어떤가요?) 슬퍼요 … (중략) … 가족문제로 이까지 올 줄도 몰랐고 … (중략) … 가진 게 아무것도 없다보니 가족만 보고 살았는데 그게 사라지니 뭘 보고 살아야 할지 모르겠더라구요 (… 중략 …누구보다 우리 가족이 끈끈하다고 생각했는데, 일련의 사건들로 인해 와해된 것 같은… 중략 … ○○ 씨가 잘못한 게 아니에요… 중략 … 그냥 어머니는 어머니 입장, 언니는 언니 이야기를 한 거고 각자의 이야기를 한 거지 ○○ 씨가 잘못한 게 아니에요) 감사합니다. … (중략) … 무기력하고 아무것도 하기 싫고 울고 그럴 때는 식욕도 없고 … (중략) … (그러한 우울감이 느껴지는 과정들을 좀 더 구체적으로 이야기해 줄 수 있나요?) … (중략) … 마음이 무겁고 슬프면은 안 좋은 일들이 떠오르고 지금의 제가 별로 달라진 것도 없고 제 자신이 작아 보이고 낮아 보이고 그런 생각하면서 우울해지는 제가 또 싫은데 (… 중략 … 그 순간의 우울감을 0점부터 10점으로 매기면 몇 점으로 매길 수 있을 것 같아요?) 한 8~9까지 올라갈 것 같아요. (… 중략 … 이 점수를 낮춘다면 몇 점 정도로 낮추면 충분히 조절하면서 살 수 있겠다 싶을까요?) 3점? … (중략) … (또 갑자기 우울해지고 극한의 생각까지 이를 수 있을 텐데, 내가 스스로 대처할 방법에 대해 생각해 보는 것이 필요해요.… 중략 …어떻게 대처하는 것이 좋은 방법일까요?) 저는 너무 힘들면 나가서 산책해요. … (중략) …재밌는 걸 튼다던가 … (중략) … (아까 이야기한 것처럼 잠드는 것도 일단은 그 순간을 정리하는 하나의 방법이겠네요) … (중략) … 고양이 생각하는 것 같아요. (… 중략 …그 순간에 자살위기에 대처할 방법들이니 꼭 지켜 주길 바라고, 혼자 해결할 수 없을 만큼 너무 힘들 때는 이전에 안내한 자살예방전화를 이용하도록 약속해요) … (중략) … 좀 더 긍정적이었으면 좋겠어. … (중략) … 부정적이고 저 자신에 대해 나쁘게 평가하는 것도 무시할 수 있었으면 좋겠어요.

● 2회기 - 발췌 축어록

상 1 음, 오늘은 2회기, 우리가 지난주 수요일에 만나고 오늘 두 번째 만나는데 그간 어떻게 지내셨나요?

내 1 어, 똑같이 지낸 거 같아요.

상 2 어, 그때 헬스도 하고 그런다고 (네네) 요즘에 일과는 어떻게 보내요?

내 2 똑같이 아침에 헬스 갔다가 밥 먹고 어제는 둘째 언니 만나러 갔다 오고 그랬어요.

상 3 아, 언니 (네) 음 그러면 지난 상담 이후에 기분이나 감정은 좀 어땠던 거 같나요?

내 3 어, 아직까지는 조금 힘들었어요.

상 4 음, 힘들었다는 것을 조금 구체적으로 표현하면 어떤 걸까요?

내 4 어, 물론 이제 상담 시작과 동시에 바로 나아지지는 않겠지만 지난주 금요일이나 주말도 조금 힘든 시간이 있었고 어… 그거를 조금 그래서 혼자 있으면 힘드니까 계속 다른 사람이랑 있으려고 했던 거 같아요.

상 5 음, 금요일이랑 주말에 조금 힘들었군요. (네네) 그러면 그때로 돌아가서 그때 어떤 일이 있었는지 이야기해 줄 수 있나요?

내 5 어, 네 좀 복잡한데요. 일이 좀 있었는데 그 제가 어 그 1월 달에 일이 있고 난 다음에 큰언니는 완전히 제가 그냥 놓고 지냈는데, 저희 둘째 언니는 저희 엄마한테도 화가 나 있었어요. 그렇다고 둘째언니야가 엄마한테 어떻게 해라고 그렇진 않지만 그 일에 관해서는 엄마가 잘못했다고 판단했었는데, 저는 그래도 엄마니까 하고 이제 있었는데, 이제 제가 과가 △△과고 제가 영상 분야에 관심이 있어서 프로그램을 이것저것 다룰 수 있어요. 엄마가 재혼하시는 분이 유튜브 시작하시려고 하는데, 도와달라고 하셨어요. 학기 중에는 아르바이트로 하기 힘든 상황에서 다른 일을 하기 힘들어서 계속 미루고 미뤘는데 (음) 5~6월 달쯤에 그러면 이제 내가 정당하게 이거를 일로 돈을 받고 기존의 다른 편집하는 사람이랑 똑같이 아마추어로 돈을 받고 아르바이트를 안 하는 대신에 이걸로 돈을 버는 걸로 일을 시작하겠다 그래서 그건 가능하다면서 당연히 정당한 보수를 줄 것이고…… 그래서 이제 저는 다른 편집자들은 어떻게 받나 이런 걸 찾아가지고 오케이 했어요.

상 7 정당한 일로 하기로 약속한 거군요.

······〈중략〉······

상 9 어… 정말 듣기만 들었는데도 저도 너무… 기가 빠지고 허탈한 게 크고…… 이게 사실 그냥 회사였다면 회사를 나오면 그만이겠지만, 이건 나의 가족 그것도 정말 뗄래야 뗄 수 없는 양육자인 어머니께서 어… 일단 느끼기에는 언니가 크게 도움을 주고 하는 건 잘한 거 같아요. 근로계약서를 쓰고 이런 거… 그렇지만 비단 아마 계약서를 쓰고 조항을 만든다고 해도 관계가 완전히 나아질 것 같지는 않아요. ○○ 씨를 사람이나 딸로 존중해주는 것이 아니라 외딴 편집자, 하나의 수단으로써 ○○ 씨가 쓰이고 있다는 느낌이 많이 드네요.

내 9 그래서 제가 지난주 금요일에는 거의 하루종일 운 것 같아요. (음) 제가 엄마를 계속 잡고 있었는데 짝사랑하듯이 혼자 잡고 있었는데, 그냥 내가 괜찮아질 때까지는 엄마도 놓아야겠다라고 제가 마음도 먹고 이제 주변 사람들한테 말하면서 그게 조금 힘들었던 거 같아요. (어어) 엄마니까 괜찮다가 아니라 내가 나아질 때까지 그냥 엄마를 붙잡고 있지 말아야겠다 하고…… 생각했어요.

상 10 음, 지금 말한 메시지가 굉장히 중요한 메시지 같아요. 보통 엄마를 짝사랑한다고 표현하기가 드물잖아요 사실. 서로 사랑하는 건데. 엄마를 짝사랑한다. 큰언니를 마음에서 놓듯이 엄마도 놓아줘야겠다라는 게 중요하게 생각이 되는데, 그러면 이전에도 일련의 ○○ 씨가 상처받을 만한 행동이 있어 왔겠군요?

내 10 네 있었어요.

상 11 요 최근에도 1월달 이런 거 말고 계속 있었는데, 그래도 ○○ 씨는 우리 엄마니까 하고 믿고 사랑하고 짝사랑하고 했는데, 결국은 지금까지 와버린 거군요. 음… 지금 이렇게 과정이 온 걸 다시 떠올려 보면 지금 마음이 어떤가요?

내 11 … 그냥 어 멀리서 보면은 이제 엄마가 재혼하고 이런 게 정말 잘 된 일이거든요.

상 12 음~ 아~ 어머님이 재혼하시는 거예요?

내 12 아 네네.

상 13 아 그렇군요 네네.

내 13 네 근데 이제 그 분도 부인이 병으로 돌아가셔서 사별한 지 한참 됐고, 그 분과 어머님은 어머니가 20대일 때부터 알고 지낸 아는 오빠였고, 그런데 이제 솔직하게 말하면 그 분은 돈도 많고 아들들도 전부 다 이미 손자도 있고 할 만큼 회사 다니고 자리 잡고 평범한 은퇴하실 나이의 어른들처럼 집도 있고 평범한데 저희는 아무것도 없잖아요. 저희 엄마한테 금전적으로 지원해 주시고, 일하지 말고 하고 싶은 거 해라. 하시니 정말 잘된 일인데, 어.. 그래서 뭐 변화가 많이 일어나면서 일이 시작된 거 같아가지고 저랑 저희 엄마 관계는. 그냥 이게 좋은 일이라고 해야 될지 잘 모르겠어요.

상 14 음, 내 엄마를 그 분에게 뺏긴 기분이 좀 드는군요.

·······〈중략〉······

상 19 어, 사실 원래는 직접 마주보고 있으면 의자를 마주보게 놓고 하니까 빈 의자를 앞에 놓고 하니까 지금은 줌이다 보니 어떻게 해야 할지 조금 막막하지만, 빈 의자를 비추도록 만들어 볼게요. 잠시만요. 지금 여기 보면 앞에 빈 의자가 보이죠. (네네) 이제 ○○ 씨는 눈을 감아 보세요. 눈을 감고 엄마가 지난 금요일부터 나한테 그렇게 뭐라고 하고 닦달하고 빨리 하라고 그러고 날 전혀 존중해 주지 않았던 그 순간들을 떠올리고, 그때 나에게 차올랐던 분노 감정을 떠올리고 그 분노를 적절하게 해소하지 못하고 꾹꾹 참고 할 일을 다 해냈던 그때의 나를 떠올리고 그 순간이 선명하게 떠오른다고 생각이 들면 눈을 뜨세요. (네) 눈을 뜨고 이제 이 의자 앞에는 어머니가 앉아 계신 거에요. 그때 금요일의 그때 어머니가 앉아 계신다고 상상하고 어머니에게 하고 싶은 말을 자유롭게, 화를 내도 되고 욕을 해도 되고 자유롭게 표현을 해 보세요.

내 19 (약 10초 침묵) 엄마······.

상 20 음··· 천천히 계속 해도 좋아요.

내 20 (10초 침묵) 엄마 나 죽고 싶었어······ (음) ··· (눈물) 엄마랑 그 분이랑 만나는 거 정말 잘된 일인데, 아주 정말 축복하는데, 음··· 난 엄마가 그렇게 평생을 버텨온 게 정말 대단한데, 지금 엄마는 하나님 뜻대로 살고 있는 게 아닌 것 같아. (음) 나는 아직 그 1월달에 큰언니야랑 같이 얘기했던 그 자리가 안 잊혀지고 사실 그 때 엄마 행동이 난 아직도 이해가 안 돼. 이해도 안 되고 그 시간들이 아직도 나를 괴롭히고 그래서 나 결국 상담받아. 내가 옛날에 한번 병원 가고 싶다고 말한 적 있잖아. 그때 나는 병원 가고도 싶었는데 엄마한테 도와달라고 말했던 거 같애. 근데 결국 나 혼자 상담받으러 왔어. (음) 아직도 엄마를 원망하거나 탓하고 싶은 건 아닌데.. 이제 엄마한테 어디까지 말하고 어디까지 말 안해야 될지를 모르겠어. (음) 엄마가 옛날에 나한테 뭐 고양이를 엄마보다 더 좋아하느니 막…… 그렇게 내 우선순위에 대해서 물었었잖아. (음) 사실 지금 엄마한테 물어보고 싶어. 엄마의 우선순위는… 뭔지 잘 모르겠어 난. (음) 그래서 이제는 어… 음 내가 스물네 살인데 엄마한테 우선순위를 바라면은 안 되는 건가 싶기도 해. 그래서 엄마 생각을 좀 듣고 싶어…… 네 선생님, 그만할래요.

상 21 음 좋아요. 지금 이야기하면서 기분이 좀 어땠나요?

내 22 조금… 생각정리가 조금 된 것 같아요.

상 23 아~ 머릿속에 정리가 된 느낌이 드는군요. (네) 감정은 좀 어떤가요?

내 23 조금 슬픈 것 같아요.

상 24 음… 왜 슬플까요?

내 24 음… 엄마한테 어.. 딸인 제가 가서 나 죽고 싶다라고 말하는 게…… 엄마한테도 상처가 될 텐데 저희 엄마한테 정말 큰 충격이 될 수도 있는데 그 말을 안 하면 안 될 것 같아서 조금 슬픈 것 같아요.

상 25 음 내가 지금 그걸 숨기면 안 될 지경에 이르렀다는 판단이 드는군요. (네……) 사실 저도 ○○ 씨의 이야기를 들으면서 많이 슬펐어요. 정말 마음에서 눈물이 날 정도로. 그래도 어떻게 보면 비단 이런 일을 혼자 참고 묵과하고 친구나 아무한테도 말하지 않고 참고 그러다가 극한의 상황으로 갈 수 있는데, 그래도 ○○ 씨는 다행히 주변에, 인복이라고 할까요. (네) 언니나 친구나 남자친구나 주변에 사람들이 지지를 해 주고 있는 것 같아서 다행이고, 그리고 중요한 건 엄마가 도움을 줬으면 좋겠지만 그래도 내가 내 발로 상담으로 찾아왔다는 거. 이건 사실 중요한 메시지거든요. 보통 사실 저희가 센터에 오세요~ 해도 상담실에는 무언가 큰 일이 있어야 올 것 같고 이렇게 문을 두드리는 것은 아주 쉬운 일은 아닌데 그것만으로도 ○○ 씨는 변화의 기로에 서 있다는 생각이 들어요. 상담을 지속하면서 엄마에 대한 마음, 큰언니도 그렇지만 이런 마음을 충분히 풀어내고. 어떻게 보면 지금 시기는 졸업이라는 시기가 맞물리면서 완전한 독립이라는 시점을 앞두고 있잖아요. 물리적으로는 자취방에 있으니 독립이 된 것 같지만 심리적으로도 완전한 독립의 길로 나아가는 게 이 상담의 목표가 아닐까 생각이 드네요. 그럼 ○○ 씨도 엄마로부터 조금은 자유로울. 물론 또 안 좋은 이야기를 들으면 상처받고 갈등요소는 있겠지만 그런 거에 덜 상처받고 의연하게 대처할 수 있는 그런 면들이 있으면 좋겠네요. 지금 제 이야기를 들으면서 아니면 떠오르는 말들이라든지 어떤 얘기가 하고 싶나요?

…… 〈중략〉 ……

내 31 네 이제는 그냥…… 네…… 그냥 기대 안 해요.

상 33 약속된 대로만 잘 들어오면.

내 33 네 계획은 완벽했어요. (음) 계획은 완벽했어요.

상 34 음, 어, 아 그런 금전적인 문제도 같이 달려있다는 말이군요. (네) 그래서 독립은 심리적인 독립이랑 물리적인 독립이 같이 이루어져야 된다는 생각이 더 많이 드네요. 일단 거리가 떨어져 있으니 물리적으로는 조금 떨어진 것 같고 이제 경제적인 부분을 위해 졸업 단계를 잘 거쳐야 되니까. 경제적으로도 충분히 바로 돈 벌 수 있는 상황이 되는 게 물리적 독립이라고 생각하고, 심리적 독립은 그렇게 해도 자꾸 집에 매여 있거나 그런 사람들, 보통 마마보이처럼 그런 것처럼 심리적으로도 부모님으로부터 벗어나서 완전한 독립이 되는, 가족을 싫어하고 멀리하라는 얘기가 아니라 엄마는 엄마고 언니는 언니, 나는 나, 감정적 융합이 적도록 하는 것이 필요하겠군요.

내 34 네네.

상 35 어 오늘은 이야기하다 보니까 ○○ 씨가 예상치 못하게 그런 스펙타클한 일들을 겪으면서 저도 들으면서 기가 차고 약간 화가 나기도 하고 아 정말 어떻게 이럴 수가 있나 하는 마음도 같이 들면서 이런 ○○ 씨의 감정을 표현하도록 하기 위한 시간을 가졌어요. 가상이기 때문에 현실보다 몰입하기는 다소 어려웠을 수 있지만 그렇게라도 감정을 쏟아내도록 장면을 만들었는데, 오늘 이렇게 함께하면서 들었던 생각이나 감정들 이야기하며 마무리하죠.

내 35 네?

상 36 음 오늘 우리가 지금까지 50분 넘게 하면서 지금까지 ○○ 씨가 느꼈던 감정들, 소감 듣고 마무리하죠.

내 36 아, 네. 저는 심리학의 이해 수업을 들어서 빈 의자 기법 말로만 들었는데, 해 보니까 조금 생각 정리가 되는 것 같아요. 좋았고 선생님이 말씀하신 대로 엄마는 엄마고 저는 저대로 그렇게 좀 분리되어서 생각할 필요도 있는 거 같고 저는 제가 그렇게 부당한 일을 당한 거에 대해서 친구들도 그렇고 제3자가 화를 내 주거나 공감해주는 것 자체가 많은 위로가 되는 것 같아서 많이 감사해요.

상 37 그래도 그렇게 정리가 되고 했다니 다행이네요. 어쨌든 중요한 건 이 상담이 끝나고 또 언제 무슨 일이 일어나고 갈등요소가 일어날지 모르죠. (네) 그럴 때는 지난번에 말했던 것처럼 ○○ 씨가 우울할 때 스스로 대처할 방법을 이야기했던 거 기억이 나나요? (네) 이떤 것들 말했는지 기억나나요? (네) 뭐가 있었죠?

내 37 산책도 하고 재밌는 거 찾아보고 그냥 고양이들이랑 놀기도 하고 생각하고 다른 사람이랑 같이 있기도 하고.

상 38 어 맞아요. 그러면서 일찍 잠들고 이런 것들. 이런 것들이 완전한 해결책이라거나 짠 하고 문제가 완전히 삭제되지는 않겠지만 그래도 내 스스로 대처할 수 있는 방법이니까 꼭 지켜줬음 좋겠어요. 그리고 그전엔 너무 잘 했어요. 친구들과 함께 있고 위로를 받은 것은. 잘했던 거만큼 혹시나 극한의 상황이 나타나면 스스로 대처해서 내가 스스로 감정의 롤러코스터에 빠지지 않도록 조절할 수 있었으면 좋겠네요. (네) 혹시 또 하고 싶은 이야기나 궁금한 이야기가 있나요?

내 38 아니요.

상 39 그럼 오늘은 여기서 마무리하는데, 저희가 상담 과정에서 내담자에 대한 이해를 돕기 위해 심리검사를 실시하는 경우가 있어요. 우리가 오랫동안 만나서 이야기할 수 없는 등 시간적 한계가 있다 보니 검사도구로 단시간에 지금 이 사람의 정서가 어떤지 등을 나타내는 검사를 사용을 하기도 하는데, 검사를 실시하는 것은 어떠신가요?

내 39 네, 저는 괜찮아요.

상 40 검사 실시에 대해서는 다시 한번 안내를 할게요.

내 40 네네.

상 41 음, 좋아요. ○○ 씨 수고 많으셨습니다.

2) 정보수집

다음의 양식에 신청서, 접수면접보고서, 심리검사, 1회기 요약, 2회기 축어록으로부터 수집한 정보를 각각의 항목에 맞추어 넣어 보시오. 여기에서는 정보수집의 단계이므로 인구학적 특성, 호소문제, 촉발상황 및 상담소 방문 과정, 현재의 진단적 정보, 임상적 정보, 상담 과정의 주의점으로 구분하여 항목을 제시하였다. 인구학적 정보와 호소문제, 촉발상황 및 상담소 방문 과정은 구성요소의 첫 번째 요소에 들어갈 내용이지만 때로는 진단적 기술과 임상적 설명에도 활용될 수 있기 때문에 보다 구체적으로 나누어 정보를 수집하도록 하였다. 물론 여기에는 상담 개입의 방향성은 빠져 있다. 이들 정보가 수집되고, 체계화되었을 때 비로서 상담 개입의 방향성이 나올 수 있기 때문이다.

인구학적 특성

대학교 4학년, 여성, 부모 이혼, 모두 결혼한 두 언니, 언니 모두 교사, 엄마와 둘이 살다가 엄마의 재혼 이야기 후 올 초 독립, 자취 시작함, 미술 전공

호소문제

자발적 상담, 가족, 성격 문제로 상담신청, 가족들에 대해서는 충동적인 면 평가

촉발 상황 및 상담소 방문 과정

엄마의 재혼으로 섭섭함 이야기하면서 엄마, 큰언니와 말다툼하였고, 큰언니가 '너 따위가 뭔데.'하면서 큰 소리 지르고 폭력적 언사와 행동이 있었고, 엄마와 언니 2:1로 싸움, '다 내가 잘못했어.'라고 수습하고 자취방으로 돌아옴. 그 이후 가족을 잃어버린 느낌, 죽고 싶다는 생각도 있고, 불안, 우울 높아져 상담 신청하게 됨. 몇 달 전부터 우울해져서 상담받고 싶었으나 시간과 경제적 여유가 없어 못하고 있다가 이번 일로 신청하게 됨.

현재의 진단적 정보
현재 감정은 우울, 불안, 서러움, 의기소침, 자살생각
우울, 불안 높고, 낮은 자존감.
친구들과도 잘 어울리다가도 자취방에 오면 우울해지고, 죽고 싶다는 생각.
아무 것도 하고 싶지 않고, 무기력, 식욕도 떨어짐.
자신이 작아 보임.

임상적 정보
가족 보고 살아왔는데 이제는 무엇을 위해 살아야 하나.
엄마를 짝사랑했는데 이제는 놓아야 할 것 같고, 그 날 이후 큰언니 놓았듯이.
엄마는 날 보러 온다고 하지만 실제는 유튜브 만드는 것에만 관심.
가난하게 살아도 네 명이 똘똘 뭉쳐 살았는데……

상담 과정의 주의점
대학 4학년으로 진로문제, 독립적 생활

3) 각 구성요소별 정보의 체계화 및 논리성 확보

이제는 각 구성요소별로 다음의 양식에 맞추어 수집된 정보를 체계화하여 기록하시오. 이때 현재-이유-미래의 논리성을 생각해 보시오.

사례개념화 양식

인구학적 정보 및 의뢰 과정
대학교 4학년, 여학생, 아빠와의 이혼 후 엄마, 언니 둘, 자기와 4명이 경제적으로 어렵게 살았고, 언니들은 모두 교사로 전문직들이며, 결혼 후 독립. 엄마와 둘이 살다가 최근 엄마의 재혼 이야기 나온 후 자취를 시작하였고, 엄마에 대해 섭섭함 마음 전하는 가운데 엄마, 큰언니 있는 데서 다투게 되었고, 그 이후 심하게 우울을 느끼고 무력하고 죽고 싶다는 마음까지 일어나 상담을 자발적으로 신청함

진단적 기술
우울하고 불안하며, 서러움과 의기소침, 자살생각이 있음
무기력하고, 아무 것도 하기 싫고, 식욕도 떨어짐
가족으로부터 실망하였고,
일에 대한 자신감도 떨어지고 자신이 작아 보임

임상적 설명
부모 이혼으로 가난하게 살아와서 여러 어려움이 있었지만 가족 4명이 똘똘 뭉쳐 살았고, 가족이 중심이었는데, 엄마가 재혼 결정으로 모든 관심이 내담자인 자녀에 대한 관심보다는 결혼할 분에 대한 관심이 더 커져 있음. 대학 4학년이고, 엄마의 재혼으로 인해 실제적으로 경제적, 육체적으로도 독립을 해야 되는 가운데 엄마와 큰언니로부터 정서적 지지보다는 오히려 질책을 받아 내동댕이쳐짐을 받은 것 같은 상실감으로 우울감과 불안감이 높아짐

상담 개입의 방향성
우울과 불안에 대한 타당화 부여하고 조절하여 실제 생활을 규칙적으로 하도록 조력. 엄마의 재혼으로 인한 상실감에 대해 충분한 이해 및 심리적 지지, 독립에 대한 부담감 이해 및 준비. 졸업 후의 구체적 진로 방향 점검 및 준비

상담 과정의 주의점
대학 졸업 후의 진로계획 점검. 언니들은 교사이고, 내담자는 진로가 불확실한 가운데 이번 일을 겪음. 둘째 언니 등 심리적 지지원들과의 관계 유지에 관심 갖는 것 필요함

4) 사례개념화

앞에서 이 사례에 대한 신청서, 접수면접기록지, 심리검사 결과, 회기요약 및 축어록 등 여러 가지 정보원으로부터 사례개념화의 구성요소에 맞춘 정보를 수집하고, 수집된 정보를 보면서 논리성을 생각해 보았다. 다음에 이것들을 가지고 사례개념화를 구성해 보았다. 여러분이 생각하고 기술한 것과 비교하며 평가해 보자.

대학교 4학년, 여학생, 초등학교 2학년 경에 부모가 이혼. 엄마, 언니 둘, 자기와 4명이 경제적으로 어렵게 살았다. 언니들은 모두 전문직 직장여성들이고, 결혼 후 독립하여 엄마와 둘이 살다가 최근 엄마의 재혼 이야기 나온 후 자취를 시작하였고, 엄마에 대해 섭섭함 마음 전하는 가운데 엄마, 큰언니 있는 데서 다투게 되었다. 그 이후 심하게 우울을 느끼고 무력하고 죽고 싶다는 마음까지 일어나 상담을 자발적으로 신청하였다.

현재 내담자는 정서적으로는 우울하고 불안하며, 서러움과 의기소침, 자살 생각이 있으며 무기력하고, 아무것도 하기 싫고, 식욕도 떨어졌다. 가족으로부터 실망하였고, 일에 대한 자신감도 떨어지고 자신이 작아 보인다. 친구들과는 여전한 모습을 보이지만 집에 혼자 있으면 심하게 우울감이 느껴진다.

부모 이혼으로 가난하게 살아오면서 여러 어려움이 있었지만 가족 4명이 똘똘 뭉쳐 살았고, 가족이 중심이었는데, 엄마가 재혼 결정으로 엄마의 모든 관심이 내담자인 자녀에 대한 관심보다는 결혼할 분에 대한 관심이 더 커져 있다고 지각하고 있다. 대학 4학년이고, 엄마의 재혼으로 인해 실제적으로 경제적·신체적으로 생활로도 독립을 해야 되는 가운데, 엄마와 큰언니로부터 정서적 지지보다는 오히려 질책을 받아 내동댕이쳐짐을 받은 것 같은 상실감으로 우울감과 불안감이 높아졌다. 이는 대학교라는 사회적, 조직적 울타리와 융합되다시피 한 엄마가 있는 가정이라는 정서적 울타리가 동시에 상실되는 경험을 하고 있어 두렵고, 아직 독립할 준비는 되어 있지 않아서 무력감과 우울을 경험하고 있다. 한편, 대학 4학년으로 졸업 후 진로에 대해서 불확실하며 언니들은 모두 안정적 전문직인 교사이므로 이 또한 부담으로 불안을 높였을 것이다.

이에 내담자의 우울과 불안에 대해 타당화를 부여하고 조절하여 실제 생활을 규칙적으로 하도록 조력. 엄마의 재혼으로 인한 상실감에 대해 충분한 이해 및 심리적 지지, 독립에 대한 부담감 이해 및 준비하도록 돕는다. 졸업 후의 구체적 진로 방향 점검 및 준비하도록 조력할 필요가 있다.

내담자는 대학교 졸업반이지만 진로계획이 불분명하며, 언니들은 모두 교사라는 점은 내담자의 불안을 가중시켰을 것이므로 대학 졸업 후의 진로계획을 점검해야 한다. 둘째 언니 등 심리적 지지원과의 관계 유지에 관심을 갖는 것이 필요하다.

2. 사례에 적용하여 통합 연습하기

앞의 사례를 통하여 통합 연습을 해 보았다. 이제는 연습 25와 26을 통하여 두 사례의 다양한 정보원을 가지고 통합 연습을 해 보자.

연습 25 통합 연습하기 1

다음의 사례는 상담신청서와 초기 3개 회기의 상담 내용 중 일부를 발췌한 내용을 제시하였다. 이 자료에서 여러분은 사례개념화에 필요한 정보를 구성요소에 배치해 보고, 그 후에 이 정보를 다시 논리적으로 체계적으로 기술해 보는 연습을 해 보자.

1) 상담신청서

상담 및 심리검사 신청서

신청일: 2020년   월   일

성명	김○○	1985년 월 일(35세)	성별	남,여	종교	무교
주소	○○시				연락처	
직장	회사원		주거형태		자가, 친척집, 자취, 기숙사	
찾아 온 경로	지역 상담센터 직접 방문					
찾아 온 목적	□ 심리검사	MMPI, MBTI, 적성탐색검사, 학습유형검사, PAI, 지능검사, 기타( )				
	□ 개인상담	학습, 진로, 성격, 이성관계, 대인관계, 가족, 정서, 시간관리, 중독, 기타( )				
	□ 집단상담	집단명:				

1. 귀하가 상담하고 싶은 관심분야나 문제는 무엇입니까?

"엄마 생각만 해도 가슴이 떨리고 덜컥 겁이 나요."

"제가 엄마를 닮을까 봐 겁이 나요. 엄마가 나한테 한 것처럼 내 딸에게 할까 봐…."

2. 상담(심리검사)이나 정신치료를 받은 경험이 있습니까?

　① 예 (언제: 4년 전, 어디에서: 유료 상담실, 무엇을: 유사한 문제, 얼마 동안: 3년 정도)

　② 아니요

4. 가족사항

3. 현재 복용 중인 약물이 있습니까?

　① 예 (무엇:　　　　　　　　　　　)　　　　　　✔ 아니요

4. 가족관계에 대해서 적어 주십시오(자신을 포함하여 적어 주세요).

관계	연령	학력	직업	성격	동거여부
남편	37세	대졸	회사원	수다스럽고 애정 표현, 적극적 성격	
딸	28개월			얌전하고 애교 많고 호기심 많음	

5. 접수자 소견(접수면접자)

2) 초기 3개 회기 상담 내용

〈1회기(발췌)〉

상　　비슷한 문제로 상담을 3년 정도 받으셨다고 하셨는데 다시 상담을 받으려
　　　고 하신 계기가 있나요?

내　　엄마한테 생활비를 조금씩 보내드리긴 하지만 제가 어디서 사는지 몰라
　　　요. 몇 달 전에 갑자기 어떻게 아셨는지 친정 엄마가 찾아왔었어요. 그때
　　　너무 무섭고 겁이 나서 경찰을 부르고 그랬어요. 지금은 그때보다 조금 나
　　　아지기는 했지만 이렇게 계속 있기가 어렵고 다시 엄마가 찾아오시면 어

떻게 해야 하나 덜컥 겁도 나고 그래서… 오게 되었어요.

상 지금도 떨림이 느껴집니다. 그동안 친정어머니와 연락이 없었나요?

내 제가 5년 전에 집을 나왔어요. 그때 나오지 않으면 평생 엄마한테 절절매며 살 거 같아서 집을 나오게 되었어요.

상 큰 결단을 하셨네요. 집을 나온다는 게 쉬운 일은 아니었을텐데. 집을 나오게 된 계기가 있나요?

내 결혼문제로 엄마와 다투고, 늘 그랬듯이 이모한테 갔어요. 그런데 이모가 엄마가 원하면 결혼을 미루는 게 좋겠다라고 말씀을 하시는 거예요. 딸이 엄마 마음을 헤아려 줘야지 누가 헤아려 주냐면서. 이러다가 여기서 평생 이렇게 살지도 모르겠다는 생각이 들었어요. 충격이었고 무서웠어요. 상견례 후에 가출을 했고 남편과 결혼을 하고 아이를 낳았어요. 그런데 이렇게 살고 있는 게 죄책감이 들어요. 엄마가 저를 키워주신 사랑에 대한 배신 같은 마음이요. "남자에게 미쳐서 갔다." "독하다." 이런 말을 들었고 저에게 다들 손가락질하는 것만 같아요.

상 어머니라는 존재에 대해 그리우면서도 엄마를 그리워할 수 없는 그 마음이 힘드셨겠다…. 엄마를 거의 5년 만에 만나신 건데 오랜만에 만난 느낌이 어땠어요?

내 5년 만에 본 건데 반갑다기보다 뭔지 모르겠는데 어딘가 당당하고 날 노려보는 것 같고 그런 느낌이었어요. 어릴 때 엄마가 나한테 폭언을 하고 비난하고 때리던 장면들이 막 생각이 났어요.

상 반가워야 할 엄마 얼굴을 보자마자 그런 생각이 떠올라서 많이 힘드셨겠어요.

내 지금 이 말을 하니까 가슴이 막 뛰는 거 같아요.

상 ○○ 씨의 떨림이 느껴집니다. 숨을 크게 한 번 쉬어 보시겠어요?

내 네. 조금 낫네요.

상 집에서 나올 때 누가 도움을 주셨나요? 혼자서 하기는 힘들었을 것 같은데…….

내 친정아빠가 상황을 다 들으시고 그 무렵 결혼을 준비하고 있을 때라 집을 얻는데 지원을 해주셨고 남편도 많이 도와주었어요.

상 ○○ 씨가 이렇게 당황한 모습으로 있다면 남편도 느끼셨을 것 같은데 남편은 어떠세요?

내　남편한테는…… (울먹임) 제 마음을 다 말할 수 없어요. 처음에 결혼을 망설였던 게 엄마 때문이기도 하다는 걸 알고 있거든요. 엄마가 왔다 가고 나서 남편이 걱정하고 염려하는 게 미안해요. 그리고 엄마의 실제 모습을 보면 저와 갈등으로 지칠까 봐 걱정돼요.

상　상담을 통해 어떤 것을 얻고 싶으신가요?

내　우리가 엄마나 아빠의 모습을 싫어해도 어느 순간 닮아가는 것을 보잖아요. 저는 우리 아이한테 엄마가 저한테 한 것처럼 하고 싶지 않아요.

상　엄마가 ○○ 씨에게 한 것처럼 하고 싶지 않다고 하셨는데요. 좀 더 설명해 주실 수 있으세요?

내　아이가 지금은 미성숙하고 부족하지만 언젠가는 똑똑하고 자기 역할을 할 수 있다는 것을 제가 아는 것, 그리고 아이를 내 소유물로 보지 않는 거요. 내 생각대로 되지 않는다고 강압하지 않고 때리지 않는 것. 특히 약한 상대에게 힘으로 누르는 거를 하고 싶지 않아요.

〈2회기〉

상　가족에 대해 소개해 주시겠어요? 누구 먼저 할까요?

내　딸이요. (좋아요) 딸은 네 살이구요. 아기를 처음 만났을 때 정말 너무 반갑고 좋았어요. 애교도 많고… 영리한 것 같아요. 그래서인지 얌전한데 호기심이 많아요. 좀 느린 편인데 그런 면이 저와 비슷한 것 같아요. '나를 편하게 해 주려고 그러나?' 하는 마음이 들어요.

상　다음은 누구를 소개해 주시겠어요?

내　남편이요. 귀엽고 저를 많이 좋아해요. 애정표현도 많고 가족이랑 보내는 시간을 좋아해요. 하고 싶은 거, 하고 싶은 말 다 하는 편이고 억지로 뭘 하기보다 마음이 내켜야 해요. 아이 같은 어른처럼 느껴져서 좀 힘든 점도 있지만 아기를 낳고 나서는 남편의 긍정적인 면을 많이 보게 되는 것 같아요.

상　남편의 가족분들은 어떠신가요?

내　시아버님은 저를 많이 좋아해 주시구요. 정확한 연세를 모르는데… 60대이시고, 친구 분과 사업을 하시는데, 호탕하시고, 기분파세요. 3남매 중에 막내이신데 서로 우애가 좋으셔요. 센스가 있으셔서 시어머니와 남편사

이에서 중재를 잘 해주세요.

상 남편과 시어머님 사이에 어떤 일을 중재해 주시나요?

내 시어머님이 사랑이 많으세요. 어떤 면에서는 간섭, 걱정이 많으시구요. 그런 걸로 남편과 많이 부딪혀요. 어머님도 3남매 중에 막내이신데, 신혼 초에 어머님이 참견을 많이 하셔서 좀 힘들긴 했어요. 시어머님 흉을 보다가도 한편으로는 어머님의 좋은 점이 생각이 나서 좀 그만두기도 하죠. 예단이나 혼수를 안 하기로 했는데 어머님은 자꾸 이런 거 저런 거 해주신다고 하셨어요. 제가 직접 응대하고 말하고 해야 해서 부모님이 계셨다면 하는 마음이 들었죠.

상 ○○ 씨의 부모님은 어떤 분이신가요?

내 아빠는 4남매의 둘째 아들이신데, 말수가 적고 표현은 잘 안하시는 편이세요. 그래도 속정이 많고 딸에 대해 미안한 마음을 갖고 계세요. 그래서인지 자꾸 돈을 주세요. 처음엔 너무 당황스럽고 부담스럽고 그랬는데, 아이가 태어나고 집에 돈이 좀 부족하고 그러다보니 아빠가 주시는 돈이 반갑더라구요. (호호)

상 시간이 되어서 어머니에 대해서는 다음 주에 말씀을 나눠야겠네요. ○○ 씨의 가족에 대해 얘기하시면서 어떤 것을 느끼셨나요?

내 내가 시댁을 좋아하고 있구나. 지금 내가 이렇게 살고 있는 게 시댁 덕이라고 생각하고 있구나. 그리고 친정 아빠가 우리 가정에 도움이 되는 것들을 제공해 주시고 계시는 구나. 우리 아빠가 속정이 깊으시구나.

상 그런 말을 하시는 ○○ 씨의 말 속에서 따뜻함이 느껴져요. 아까 시어머님에 대해, 그리고 따님에 대해 이야기하면서 좋은 관계에 대해 이야기 하셨는데, 그것과 관련해서 더 하시고 싶은 말씀이 있으실까요?

내 사랑과 관심 그리고 간섭과 걱정. 이거를 헷갈리지 말아야겠다는 생각이 들었어요. 엄마와 저와의 관계처럼 되고 싶지는 않아요.

상 '엄마와 저와의 관계'라는 것은 어떤 관계를 뜻하는 것인가요?

내 서먹한 관계. 힘든 관계. 간섭, 속박, 억압… 그런 거를 사랑인 줄 알고 살았어요. 우리 딸과는 그러고 싶지 않아요. 아이의 좋은 면을 보고 싶고.

상 예를 들면…….

내 아이가 밥을 먹으면서 가끔 자기 맘대로 안 되면 숟가락을 던질 때가 있어요. 음식을 많이 흘리거나… 그럴 때 제 마음에 아이가 너무 고집이 세다

는 생각이 들거든요. 이게 자연스럽다는 것을 머리로는 아는데 마음이 급
해서요. 그런데 달리 보면 자기 주관인데… 자연스럽게 크는 거고.

상 그런 마음이 드셨군요. 상담을 하시면서 어떤 점을 느끼셨을까요? 새롭게
알아차리게 된 것도 좋아요.

내 오늘은 엄마 얘기를 안 해서 그런지 내가 평범한 사람 같았어요. 뭔가 일
반 사람처럼 공통의 대화거리를 가지고 이야기를 한 것 같은 느낌이에요.
부모님 이혼 후 제가 평범하지 않다는 생각을 했었거든요.

〈3회기〉

상 ○○ 씨의 좋은 성격에는 어떤 것이 있을까요?

내 근면, 끈기, 상냥함, 자율, 책임감, 친절.

상 좀 더 설명하고 싶은 내용이 있을까요? 끈기?

내 어떻게 보면 집착이 심한데… 될 때까지 밥도 안 먹고, 해야겠다고 맘먹으
면 끝까지 해요. 그리고 모든 사람에게 상냥해요. 잘 보이기 위해서 그런
것도 있고, 좋은 게 좋은 거지 하는 마음도 있고. 의미 있는 사람들에게 친
절해요. 나는 불편해도 타인을 불편하지 않게. 착하다는 말을 들어요. 내
가 그 일을 해서 더 좋아졌다는 말을 듣고 싶어서 책임감이 강해요.

상 ○○ 씨의 좋은 성격에 대해 얘기를 해 보니 어떤 생각이 들어요?

내 앞으로 더 좋아질 것 같아요. 그리고 내가 용기가 적다고 생각을 했는데
지금까지의 나만으로도 두려움에 충분히 맞설 수 있을 것 같아요.

상 ○○ 씨의 목소리에서 힘이 느껴집니다. 어머니에게서 잘못된 정보를 받
았음에도 불구하고 따님과의 관계에서 좋은 모습을, 성숙한 모습을 보이
려고 애쓰시는 것을 보게 됩니다. 아직 부족하지만 기대하는 성격에는 무
엇이 있을까요?

내 평온함. 평온함은 상황을 냉정하게 보게 도와줄 수 있을 것 같아요. 제가
예기 불안이 많다는 말을 많이 듣는 편인데, 불안 때문에 커 보이는 것들
을 온도를 식혀 주는 역할을 할 것 같아요. 그래서, 일상으로 돌아갈 수 있
게 해 줄 것 같아요.

상 평온함에 대해 이야기하면서 어떤 느낌이 들었어요?

내 말랑말랑 부드러운 느낌? 구름이 생각이 났고 이 느낌에 갑자기 딸 이름

을 붙여 주고 싶다는 생각이 들어요.

상   자신이 가지고 있는 좋은 성격에 대해 이야기해 보았어요. 과거의 자신이 받은 상처와 아픔을 이겨내기 위해, 그리고 딸과 맺는 모녀 관계를 새롭게 하기 위해 이 힘들이 ○○ 씨에게 분명 큰 힘이 되고 용기가 되어 줄 거라는 생각이 들어요.

내   그리고 제가 가지고 있는 내면의 힘? 덕목들을 말하면서 느낀 점이 있어요. 제 성격에서 바꾸고 싶은 부분이 있어요. 너무 상대에게 맞추어진 내 모습을 봤어요. 나를 누르고 누르다 결국 쾅하고 터지기도 하는데, 내가 불편하지 않는 범위에서만 친절할래요.

상   정말 자신의 모습을 열심히 바라보려고 에쓰신 깃 같아요. 솔직하게 자신을 보려고 하셨다는 게 느껴지네요.

내   그리고 안 되는 것은 나중에 할 수도 있고 안 할 수도 있다는 생각이 들었어요. 엄마 때문에 안 되는 것에 대해 조바심내고 주눅이 들고 그랬는데… 인간적인 도리에 벗어나지 않는 범위에서 내 맘대로 할 것이다. 인간적인 도리라는 범위가 조금 애매하지만 그래도 이렇게 말하고 나니 마음이 좋아요.

상   오늘 상담을 하면서 어떤 점들을 새롭게 보셨나요?

내   남편이 저에게 기쁠 때 환하게 웃어 보라고 했어요. 말하면서 엄마가 제 맘을 지배하는 느낌이랄까, 자유롭고 싶다는 마음이 들었어요. 마음을 졸이지 않으면서 살고 싶어요.

〈정보수집〉

다음의 양식에 맞추어 상담신청서와 1, 2, 3회기 상담내용의 일부 축어록으로부터 정보들을 찾아 넣어 보시오.

인구학적 특성

호소문제

촉발 상황 및 상담소 방문 과정

현재의 진단적 정보

임상적 정보

상담 과정의 주의점

〈각 구성요소별 정보의 체계화 및 논리성 확보〉

이제는 각 구성요소별로 다음의 양식에 맞추어 수집된 정보를 체계화하여 기록하시오. 이때 현재-이유-미래의 논리성을 생각해 보시오.

사례개념화 양식

인구학적 정보 및 의뢰 과정

진단적 기술

임상적 설명

상담 개입의 방향성

상담 과정의 주의점

<사례개념화>

연습26 **통합 연습하기 2**

상담 및 심리검사 신청서

신청일: 20〇〇년   월   일

성명	이 〇〇	2000년 월 일 (만18세)	성별	남,여	종교	
주소	〇〇시				연락처	
직장	우수한 고등학교 2학년		주거형태		자가, 친척집, 사촌, 기숙사	
찾아 온 경로	두통으로 담임과 상담하다가 우울로 최근에 정신과 내원하여 약물처방 받은 것 이야기 하여 담임이 Wee 클래스 의뢰하고 다시 Wee 센터로 의뢰됨.					
찾아 온 목적	□ 심리검사	MMPI, MBTI, 적성탐색검사, 학습유형검사, PAI, 지능검사, 기타( )				
	□ 개인상담	학습, 진로, 성격, 이성관계, 대인관계, 가족, 정서, 시간관리, 중독, 기타( )				
	□ 집단상담	집단명:				

1. 귀하가 상담하고 싶은 관심분야나 문제는 무엇입니까?

   성적도, 인간관계도 나아지지 않아요.

2. 상담(심리검사)이나 정신치료를 받은 경험이 있습니까?

   ① 예 (언제: 중학교 3학년 때, 어디에서: 학교 Wee 클래스, 무엇을: 아버지와 갈등,

   얼마 동안: 한 학년 내내)

   아버지가 강압적이고 폭언을 하여 스트레스받았고, 언니와 차별하는 것 같다.

   ② 아니요

3. 현재 복용 중인 약물이 있습니까?

① 예 (무엇: 항우울제)   ② 아니요

4. 가족관계에 대해서 적어 주십시오(자신을 포함하여 적어 주세요).

관계	연령	학력	직업	성격	동거여부
부	52세	대졸	공무원	독선적.	
모	53세	대졸	주부	독선적. 공부할 때만 잘 챙겨줌	
오빠	21세	대학생	학생	기분파. 무던하다.	
본인	18세	고2		기분파. 혼자 있는 것 좋아하고.	
여동생	16세	중3		멋대로 한다.	

5. 접수자 소견(접수면접자:)

1) 심리검사 결과

(1) MMPI-A

타당도척도와 임상척도

척도	VRIN	TRIN	F1	F2	F	L	K	Hs	D	Hy	Pd	Mf	Pa	Pt	Pt	Ma	Si
원점수	4	9	7	9	16	4	11	16	38	31	24	29	11	36	28	18	49
성별규준T	46	51	61	60	62	53	46	58	76	62	55	38	45	71	53	43	73

내용척도

척도	A-anx	A-obs	A-dep	A-hea	A-aln	A-biz	A-ang	A-cyn	A-con	A-lse	A-las	A-sod	A-fam	A-sch	A-trt
원점수	15	13	19	13	11	1	7	14	1	11	10	21	13	10	11
성별규준T	63	70	69	55	65	40	43	60	32	61	62	75	57	60	52

성격심리 5요인척도와 보충척도

척도	AGGR	PSYC	DISC	NEGE	INTR			A	R	MAC-R	ACK	PRO	IMM
원점수	5	2	3	20	22			26	20	19	4	15	20
성별규준T	42	42	38	74	81			62	65	44	52	45	61

(2) SCT

구분	번호	내용
가족 관계	14	아빠와 나는 <u>그럭저럭 지낸다.</u>
	15	엄마와 나는 <u>잘 지낸다.</u>
	23	우리 엄마는 <u>잘해 준다.</u>
	27	우리 아빠는 <u>노력하고 있다.</u>
대인 관계	1	내가 가장 좋아하는 사람은 <u>없다.</u>
	8	다른 사람들은 나를 <u>좋아하지 않는다.</u>
	11	내가 가장 싫어하는 사람은 <u>친한 척 하는 사람</u>
	12	나를 가장 화나게 하는 사람은 <u>안 친하면서/모르면서 간섭하는 사람</u>
	13	담임 선생님과 나는 <u>잘 지낸다.</u>
	16	친구들과 나는 매우 <u>잘 지낸다(친한 친구들과).</u>
	18	내가 가장 따뜻하게 느끼는 사람은 <u>엄마</u>
	25	다른 사람이 내게 기대를 많이 하면 <u>나는 부담스러워 한다.</u>
	28	우리 선생님은 <u>정리를 잘 하신다/말을 조리 있게 잘 하신다.</u>
	34	내가 만약 외딴 곳에 혼자 살게 된다면, <u>무엇이든 잘 하는 사람과 제일 같이 살고 싶다.</u>
자아 개념	2	내가 백만장자라면 <u>하고 싶었던 것, 사고 싶었던 것을 이룬다.</u>
	3	이번 방학에 꼭 하고 싶은 것은 <u>계획했던 것(공부) 다 끝내기</u>
	4	내가 신이라면 <u>이런 세상은 안 만들었다.</u>
	5	내가 앞으로 하고 싶은 일은 <u>법을 배워서 만만해 보이지 않는 것이다.</u>
	6	내 생애에서 가장 행복한 날은 <u>아무것도 모를 때(어릴 때) 생일날</u>
	7	만일 내가 지금 나이보다 10살이 위라면 <u>변호사 자격증이 있을 것이다.</u>
	9	내가 가장 우울할 때는 <u>우울해질 때</u>
	10	내가 가장 성취감을 느낄 때는 <u>성적이 올랐을 때/기대하는 만큼 나왔을 때/목표한 일(계획)을 이뤘을 때</u>
	17	내가 가장 두려워하는 것은 <u>나의 의지가 약해지는 것이다.</u>
	19	아무도 모르게 내가 원하는 것은 <u>없었던 것처럼 사라지는 것</u>
	20	공부는 <u>잘 하진 못한다.</u>

21	내가 믿는 것은 △△ *친한 친구 이름
22	집에 혼자 있을 때, 나는 우울해진다.
24	내가 가장 자신하는 것은 계획 세우는 것
26	언젠가 나는 죽을 것이다.
29	내가 좀 더 어렸다면 제대로 살 것이다.
30	요즘 나는 우울하다.
31	내게 제일 걱정되는 것은 미래의 불확실성
32	나의 좋은 점은 정직한 것
33	나의 나쁜 점은 나쁜 생각을 많이 하는 것(일탈)
35	현재 나의 가장 큰 즐거움은 집중 잘 될 때 공부하는 것
36	나의 학교생활은 그다지 만족스럽지 않다.
37	무엇보다도 좋지 않게 생각하는 것은 추진력이 부족한 것
38	내 소원이 마음대로 이루어진다면, 첫째 소원은 하고 싶은 것을 다 하는 것 (작가, 상담사, 변호사, 인권운동가) 둘째 소원은 주변 사람들과 건강하게 (몸/정신 모두) 사는 것 셋째 소원은 사람들이 좀 착하고 순수해지는 것

〈1회기 축어록〉

상 1 지금 여기 앞에서 들어올 때쯤에는 생각을 해 봤을 거잖니. 오면서 어떤 마음이었니?

내 1 그냥 사실 집에서 학원 갔다가 바로 온 건데. 나올 때 지금이라도 안 한다고 해야 하나. '나 뭔가 지금은 괜찮은 것 같은데.' 싶기도 하고.

상 2 지금은 괜찮은 것 같은데. 괜히 한다고 했나? 이런 생각도 했을 것 같고. 갈까 말까 망설이는데도 일단은 와 줬구나.

내 2 일단은 상담 잡기도 잡았고.

상 3 일단 상담이란 것은 무엇보다도 너를 위한 시간이기 때문에 갑자기 그러면 곤란해지지 않을까 하는 생각 때문에 뭔가를 주저하기보다는 네가 드는 생각들이 있으면 편하게 얘기를 해 주면 조금 더 좋을 것 같아. 그래야 내가 네가 어떤 생각을 하는지 참고를 하고, 그걸 고려해서 너에게 도움이 되는 시간을 제공해 줄 수 있을 것 같아. 지금은 괜찮은 것 같은데, 아 이거 취소할까 말까 고민도 했고, 하지만 약속을 이미 한 거고 기다리고 할 테니 큰 맘 먹고 왔구나. 잘 왔습니다. (네) 최근 상담에 오기까지 과정에서 얘기 몇 가지 들었는데, 어머니께서는 상담에는 참여 안 하겠다고 하셨다고 했는데, 어머니께서 뭐라고 하면서 그렇게 얘기하시더니.

내 3   그냥 엄마가 말투 같은 게 그건 제 일이고 하니까, 굳이 막지는 않을 건데, 그렇다고 적극적으로 도와주지도 않을 거다라는 느낌.

상 4   그건 네가 알아서 할 일이지, 하겠다면 그래 해라, 근데 그건 네가 알아서 해라. 이런 느낌처럼 들렸다는 거구나. 엄마가 실제로 어떻게 얘기하셨는지는 나는 모르지만, 네가 그렇게 들렸을 때는 어떤 기분이었나?

내 4   그냥… 겨울방학이 되게 길었는데 그때 병원을 갔다고 했잖아요. 그 때 병원에 간 것만으로도 엄마는 충분히 할 만큼 했다고 생각하기는 해요.

상 5   이만하면 다 했지 뭐, 라고 느끼는구나. 엄마는 그게 네 일이다 했을 때, 아 그래 이건 내 일이다라고 받아들인 거구나.

내 5   살짝 서운하긴 했는데.

상 6   아, 서운하긴 한데.

내 6   그것도 틀린 말은 아니니까.

상 7   그럼 그 얘기는, 아 엄마가 그래도 자기 일처럼 조금은 신경 써 줬으면 했는데, 그렇게 얘기를 했을 때 별 수 없지 뭐 하고 납득할 수밖에 없다는 얘기구나. (내담자 고개 끄덕임) 서운한데 서운하다고 말도 차마 못 했겠다.

내 7   (내담자 웃음) 서운한 티는 냈죠.

상 8   어떻게?

내 8   그냥. (7초 침묵) 기억이 안 나요.

상 9   방법은 기억이 안나는데, 뭔가 티는 냈는데, 엄마는 알아차리시더나?

내 9   모르겠어요. 알아차렸…겠죠? 아빠도 아니고.

상 10   네가 서운해 하는지 아닌지… 아빠는 아니고는 아빠는 못 알아차렸을 거 같은데, 엄마라면 이 정도는 알겠지… (내담자 고개 끄덕이며 웃음) 그럼 엄마가 알아차렸으면 뭔가 반응은 있었을 텐데?

내 10   아무것도 없어요.

상 11   아는데도 반응을 안 해 준거야?

내 11　한 번 아니라고 하면 끝까지 아니라고 하는 스타일이라서.

상 12　다른 무슨 일에도 대체로 그런 거야? (내담자 고개 끄덕임) 그럼 네가 내 주장을 하기가 참 쉽진 않겠다. 그냥 한번 얘기해 봤다가 안 돼 하면 깨갱해야 되는데. (내담자 웃음) 엄마랑 협상하는 게 쉽진 않겠는데?

내 12　그러니까요.

상 13　아이쿠. 그래 뭐 엄마는 그래서 네가 상담 가는 것에 대해서 크게 막지도 않지만 도움을 주려는 마음까지는 없으시고. 아버지는….

내 13　사실은 그것도 공부하는 시간 뺏긴다고 한소리하기는 했어요.

상 14　공부하는 시간 뺏긴다….

내 14　집에 있어도 공부 안 할 건데.

상 15　엄마한테는 네가 상담을 받고 싶은 것보다는 공부시간이 조금 더 중요했으려나? (내담자 고개 끄덕임) 아버지하고는 혹시 얘기를 해 봤니? 상담을 가고 싶다든지 이런 얘기들을.

내 15　아니요. 아빠한테 그 여기 내는 서류 있잖아요. 그거 사인은 부탁하긴 했었어요.

상 16　아빠가 뭔지도 모르고 그냥 사인만 해 주신거야?

내 16　그냥 해달라니까 해야 되는 건가 보다 하고 했겠죠.

상 17　정말로 동의는 아니었을 수도 있겠네? 아빠한테 얘기 못 한 이유가 있을까?

내 17　그냥…. (8초 침묵) 제가 막 상담을 하고 병원을 가고 이런 거에서 죄책감 느낄 수도 있지 않을까….

상 18　죄책감? (네) 아빠가? (네) 왜 아빠가 죄책감을 느끼시지?

……〈중략〉……

상 19　아, 내가 이상한건가. 어떻게 보면 사과라는 걸 받았으면 뭔가 마음이 편해지고 해야 되는데, 불편한 감정들이 생기니까 아 이건 뭐야, 내가 이상한가? 하는 생각도 들었구나. 아니야, 이상하지 않아. 네가 말한 얘기들을 네가 뭐 때문에 불편하고 귀찮고… 설명들을 들으니까 그런 상황이라면 나라도 그런 마음이 좀 들 것 같아.

내 19　좀 그랬어요.

상 20   사람은 귀찮아할 수 있거든. 그게 아빠의 존재를 귀찮아한 것은 아니잖아.

내 20   그냥 밤 시간에 자야 되는데 계속 붙잡고 있는 게….

상 21   나 같아도 자는데 자꾸 건드리면 너무 싫어… 사람은 정상적인 반응이란
        다. 잠을 자고 싶은데 건드린다면 누구라도 짜증이 날 거야. 물론 그 짜증
        이 어느 정도에 나오는지는 사람마다 다를 수 있지만 일반적인 반응이야.
        이상한 거 아닙니다. 엄마는 그건 네 일이다 하는 이유가 있다면 어떤 이
        유 때문에 그랬을까?

내 291 그냥 엄마가 원래 다른 사람 일에 관여하고 그런 거는 안 좋아하기도 하
        고. 매사가 귀찮은 사람이라서.

상 22   매사 귀찮고. 관여를 잘 안하시고. 그건 아빠한테도, 오빠한테도? 동생에
        게도?

내 22   (내담자 고개 끄덕임) 그냥 집에 있을 때는 뭐든 하라고 시키고 잔소리하
        고 그런데 밖에 나가서는 알아서 해라 이런 느낌.

상 23   아니 근데, 엄마는 주부신데 시간이 많이 없으실 것 같진 않은데. 여기 잠
        깐 하루 일주일에 한 시간, 왔다 갔다 두 시간 정도가 많이 귀찮은 일이시
        려나 엄마한텐?

내 23   그런 것 같아요.

상 24   아 그래? 엄마는 그럼 계속 집에 계시는거야?

내 24   잠깐잠깐 밖에 운동하러 나갈 때 빼고는 집에 계속 있어요. 그래서 진짜
        짜증나요. (왜?) 뭐만 하면 공부 안 하냐 그러고. 학원 가라 그러고.

상 25   학원은 시간 맞춰서 갈 거 아니야?

내 25   학원은 시간 맞춰서 가는데 조금만 늦장 부리면 늦는다고 막 뭐라 하고 어
        차피 다른 애들도 다 늦는데 조금 늦는다고 뭐라 하고.

상 26   엄마가 네가 눈에 안 띌 때는 별로 크게 간섭을 안 하시는데, 눈에 띄일 때
        는 네가 공부를 하나, 학원 제대로 가나 그런 것은 신경은 쓰시는구나. 엄
        마가 그런 공부와 관련된 일은 아니다보니 굳이 신경을 안 쓰시는 편인가
        보다. 만약에 내가 엄마한테 통화 정도 한다면 그건 가능하려나?

내 26   통화를 하면서도 쌤한테는 되게 막 상냥하게 얘기하고, 하고 나서 저한테
        귀찮다고 다음부터는 전화하지 말라 그러라고 할 것 같긴 해요.

상 27   한번 기회 되면 통화를 해 보거나 할게. 정 귀찮다고 하시면 괴롭힐 순 없
        잖아. 학교 상담선생님한테는 어떻게 설명이 됐는지도 조금 궁금하다. 어

느 정도까지 학교 선생님께서 알고 계신거야?

내 27 상담하기 전에 병원 가서 우울증 약 받아 먹고 있고. 그런 이야기하긴 했어요.

상 28 병원을 갔다 그 얘기는 했고. 상담에 오기까지 보통은 상담선생님한테 상담 필요해요 하면 상담선생님이 보통 원래는 판단해서 보내 주시는데. 네가 희망하니 보내 주시긴 했어. 근데 보통은 뭐 때문에 상담을 받고 싶은지, 왜 거기 가고 싶은지, 그런 이유들도 물어보고 하시긴 한데. 그런 과정은 없었니?

……〈중략〉……

내 33 그냥 설명을 할 수가 없는데. 옆에 사람… 집에 있으면 사람도 있고 연락하면 연락할 친구도 있고 한데. 그냥 다 부질없다 이런 느낌.

상 34 주위에 사람은 있는데 부질없다는 거는. 그 사람은 있지만 네가 바라는 사람은 있진 않은가 보다.

내 34 그런 거라기보단 제가 진짜 안 외롭다고 할 수 있을 방법을 모르겠어요.

상 35 아, 이 텅 빈 마음이 단어로 표현하자면 외로움인거냐? 맞아?

내 35 그거랑. 그냥 좀. (외로움도 있고) 공허한 그런 거. 옆에 사람이 있었으면 좋겠다 막 그렇게 바라는. 그렇게 바라는데. 진짜 안 외롭게 해줄 사람이 없을 거니까. 이제는 기대해 볼 것도 없는 거죠.

상 36 그 기대해 볼 게 없는 그런 마음이 공허함인 거냐. (내담자 고개 끄덕임) 아, 내 가슴이 먹먹해진다 그 얘기 들으니까. 난 이런 걸 바라는데, 그것도 잘 안 되고 있고, 이걸 해결할 수 있는 뭔가 뾰족한 수가 있을 거란 기대가 잘 안 된다고 하는 것처럼 들렸어. 그런 얘기를 들으니. 뭔가 마치 깜깜한 곳에서 덩그러니 놓여져 있는 느낌이 들어서 뭐랄까 마음이 아프다고 해야 될까. 그러면 이걸 바꿔 말하자면 네가 이런 외로움, 공허함, 왠지나 혼자 그냥 주위에 사람이 있어도 왠지 나 혼자 있는 것 같은 느낌에서 벗어나고 싶고, 여기에서 벗어날 수 없을 것 같은 그 느낌에서도 벗어나고 싶단 얘기처럼 들린다. (네) 어떻게 보면 우리가 상담의 목표? 같은 게될 수도 있겠네. 최종적으로 상담이 끝났을 때 이 목표가 달성된다면 상담오길 잘했네 싶을 수 있겠다. 이런 게 불편하고, 혹시나 그 밖에 또 불편한것들이 있을까?

내 36 그 외에는 뭔가 습관적으로 계속 사는데 나아지는 게 없으니까, 성적도 그렇고 인간관계도 그렇고 계속 뭔가 예전에 알고 지내던 친구들이랑만 연락하고 하니까 지금 당장 옆에 있어 줄 수 있는 사람이 없기도 하고 계속 뭔가 멀어지고 있는 느낌.

상 37 알던 애들은 이제 학교가 안 그래도 가까운데 다른 고등학교들이 있는데 집에서 멀리 다니기는 하는 거야. 같은 학교에 다니는 친구가 없는 거야? 알던 친구 중에.

내 37 한 명은 있긴 한데 걔랑 이야기하면 계속 가라앉는 게 아니고 아예 저 땅을 뚫고 들어가는….

상 38 그 친구는 현재의 너에게 도움이 되는 친구는 아니구나. 안타깝게도. 네가 조금 의지할만한 그런 사람들이 가까이에 없는 것도 참 힘든 일일 수 있겠다. 계속 나아지는 게 없는 것 같은….

내 38 그냥 뭔가 답답하고. 나중에 제대로 살 수 있을까 싶기도 하고. 그냥 진짜 막막한 것 같아요. 앞으로 가야하는데 길이 없는 것 같은.

상 39 내가 이 세상 어떻게 살아가야 하나 하는 마음이 들 수 있겠구나. 이런 것들이 네가 느끼는 경험들, 불편함들이구나. 이런 게 대략 언제쯤부터 이런 일들이 있었니?

내 39 진짜 힘든 일이 있고 난 뒤에 그게 어느 정도 해결되고 나서 뭔가 그때 외로웠던 게 한 번에 없어질 순 없으니까 이렇게 뭔가 바뀐 것 같기도 하고. 앞으로 또 계속 그걸 대체할 게 없으니까 계속 막막하지 않을까 싶기도 하고.

상 40 방금 얘기는 내가 조금 놓친 것 같아. 진짜 힘든 일을 지나왔는데 그 뒤부터 한 번만 더 얘기해 줄 수 있을까?

내 40 진짜 힘든 게 어느 정도 다 끝났는데. 그걸 완전히 없애는 건 뭔가 정신적으로 받아들이지 못 해서. 자꾸 힘들려고 하는 것 같아요 혼자.

상 41 그럼 예전에 진짜 힘든 일이 사실은 지나갔는데도, 그게 계속 떠오른단 얘기냐?

내 41 그렇다기보다 그때 일은 이미 끝났고, 나는 지금 괜찮은 상태인데 머리로는 그걸 알고 있는데 마음은 그걸 못 받아들이고 계속 난 힘들다, 난 힘들다 이러고 있는 것 같아요.

상 42 사실은 그때랑 지금의 나는 다른데, 마치 내 마음은 그 당시 힘들었던 당시의 나의 마음과 비슷하다는 얘기구나. 그러니 그때처럼 마치 힘들어하는 것 같다는 얘기로 들리는데, 제대로 이해한 것 맞아? (네) 그 진짜 힘든 일이 아버지하고 관련된 일들을 얘기하는 거니? (네) 이런 불편함들이 아까 전에 물었던 거는 언제부터 내가 이런 것 때문에 불편하다는 것을 알게 된 것은 언제부터야?

내 42 사실… 그 중3 때 그때도 이런 마음이긴 했는데. 그때 당장 급한 건 아빠랑 일이니까 조금 가려져있었던 것 같아요.

상 43 중3 때도 그렇긴 했는데, 그때는 더 급선무인 일이 있어서 몰랐고. 이게 본격적으로 수면 위로 떠오른 것은 언제야?

내 43 고1 때 정도 되겠죠. 그때 그래서 상담… 학교에서 상담도 받고 했었어요.

상 44 네가 말한 이런 불편한 점들이 얼마나 자주, 얼마나 세게 오는지도 궁금하고.

내 44 한동안 괜찮다가 갑자기 한 번 딱 그렇게 되면 적을 때는 3일 정도 밤 동안에는 계속 그렇고, 길면 일주일 정도.

········〈중략〉········

상 52 그렇게 체력보충을 하는구나. 공부는 집중은 잘 되니? 공부든 아니면 숙제를 할 때든 뭐든.

내 52 집중을 안 할 수가 없는 게. 잡 생각이 많으니까 그것 때문에 시간을 허비하다가 막판에 돼서 결국에 다 해야 되니까 그때 그 순간에는 집중해서 끝내고 그러고 나서 다시 멍해져가지고.

상 53 종이 쳤구나. 얘기할 게 조금 남아서, 시간을 약간 오버해도 괜찮니? (네) 그 얘기는, 이것 때문에 집중이 안 되다가 하기는 해야 되니까 끝에는 바짝 집중을 해서 마무리를 어떻게든 하긴 한다는 것처럼 들리는구나. (네) 원래는 이걸 해야 되면 그때 그때 바로 할 수 있으면 참 좋을텐데….

내 53 그리고 따로 자습 집에서 자습을 하려고 하는데 시작할 때도 너무 하기 싫다가 겨우 하다가 할 때는 또 그래도 재밌어서 열심히 하는데 중간에 또 집중력 흐려지면 그 뒤로는 또 흐지부지돼가지고. 그렇기도 하고.

상 54 네가 뭔가 해야 되는 거를 시작에 들어가는 게 사실은 쉽지가 않구나 지금. 내가 혹시나 걱정이 돼서 그러는데, 아까 전에 사는 게 왜 사나 싶기도 하고 한데. 혹시나 자해라든지, 아니면 죽고 싶다 이런 생각을 해 봤다든지 그런 건은 없냐?

내 54 밤에는 생각은 좀 자주 하는 것 같은데. 옛날처럼 자해를 하거나 그러진 않아요.

상 55 자해를 하진 않고. 생각이란 건 어떤 생각을 하니?

내 55 그냥 이대로 대부분 힘들 때는 침대에 누워있는데 그냥 이대로 죽어버렸으면 좋겠다.

상 56 아. 침대에 누워있는 채로 갔으면 좋겠다. 그런 생각들을. 아이고 얼마나 힘들었으면. 그러면 그걸 위해서 네가 뭔가 시도를 해 보겠다 계획을 해 보거나 그런 깃은?

내 56 그냥 어차피 밤에는 마음이 힘들어서 그렇지 아침 되고 하면 다시 괜찮아질 거 아니까 굳이 그렇게까지 행동을 하고 그러진 않고 그때는 되게 그거 때문에 시간을 버리는 것 같아요.

상 57 지금 약 먹고 있는 것 어떤 약인지는 알고 있니?

내 57 약… 약봉지에 적혀있는데 지금 모르겠어요.

상 58 아니면 다음번에 올 때는 약봉지 한 번 챙겨 올 수 있을까? 어떤 약인지 한 번 확인을 해 보려고. 약 먹는 데 불편함은 없고? (네) 약이 맞은 없지?

내 58 약이 맛이 없는 게 아니고 아예 그냥 무맛이에요. 원래 먹던 게 되게 좀 약이라서 더 거부감을 느꼈는지 모르겠는데 좀 화한 느낌…인 거라서 그거 먹을 때 되게 기분 나빴는데 캡슐로 바꿔 달라고 해서 지금은 캡슐로 먹고 있어요.

상 59 다행이다. 맛이 쓰지는 않아서 다행이구나. 약을 먹어서 오히려 약이 쓰고 이런 것을 떠나서 약 먹고 나니까 조금 불편해지거나 그런 것은 없고?

내 59 약 먹고 나서 불편해진 건지 모르겠는데 그냥 사람 많은 데 있으면, 아니면 그냥 뭔가 좀 제가 남들한테 보이는 시간 같을 때 뭔가 숨이 막히기도 하고 몸이 덜덜 떨리기도 하고.

상 60 그건 약 먹은 이후부터 있었던 일이니?

내 60 그전부터 있었던 것 같아요.

상 61 알겠습니다. 내가 몇 가지를 더 물어보려고 했는데. 검사를 이번에 병원에 갔었을 때는 어떤 검사들 했는지 기억이 나니?

내 61 그냥 문진표 같은 걸로 해서 체크하는 걸로.

상 62 몇 개를 체크했는지는 기억이 나니?

내 62 두 쪽이 있었는데, 문항 수가 조금 많았고. 대체로 우울한 거랑 불안한 거랑 뭐 그런 거 물어봤던 것 같아요.

상 63 그것 외에는 다른 검사를 하진 않았고? (네) 혹시나 만약에 내가 네가 어떤 점이 불편한지를 확인하기 위해서 검사를 제안한다면 검사해 보는 건 어떨 것 같니?

내 63 괜찮아요.

상 64 문항이 좀 많아가지고 시간도 좀 걸리고 할 순 있는데, 괜찮다면 검사를 권해 보고는 싶고. 한다면 지금 어떤 점이 불편한지 알 수 있는 검사랑, 문장을 내가 완성해야 되는 글로 적는 게 있고, 그림을 몇 개 그려 볼 수 있는데, 괜찮을 것 같니? (네) 일단 우리가 시간이 조금 빠듯해서 충분히 너한테 얘기를… 너가 하고 싶었던 얘기를 충분히 할 수 있었는지를 모르겠다.

내 64 사실 아무 계획 없이 와 가지고 무슨 이야기를 해야 할지 모르겠어서…

상 65 일단 다음 주가 되면 내가 이 검사들도 한번 소개를 해 주고, 가능하면 바로 검사도 해 볼 거고. 오늘 상담에 온 것과는 조금 관련이 없진 않을 것 같긴 해. 네가 우울감이라고 하는 것과.

내 65 그때는 진로 이야기를 많이 했었어요. 친구들이랑 어울리는 거랑. 학교에 처음 가 가지고 아는 사람도 없고 하니까 같이 갔던 친구랑은 다른 반 됐거든요. 그래서 그거 때문에 어울리는 게 힘들다. 그니까 애들도 다 한 발짝씩 물러서서 이야기하는 것 같고 그런 거랑 진로 이야기랑. 그래서 그 검사도 했었어요.

상 66 알겠습니다. 우리 오늘 이렇게 이야기들을 조금 했는데, 조금 요약을 하자면 네가 상담을 할 때 지금 현재 불편한 것들은 외로움, 공허함으로 대표될 수 있는, 나 앞으로 어떻게 살아가면 좋을까요 하는 마음속의 걱정이라 해야 될까? 그런 것들이 조금 나아졌으면 좋겠다까지는 알겠고. 그리고 지금은 조금 괜찮긴 한데, 이 당시에 급하게 팍 상담받고 싶다 했을 때 어떤 일 때문에 그랬는지 조금 궁금하기도 한데, 그런 얘기들을 다음 시간에 마저 나눠 볼 것 같아. 오늘 자꾸 뭐가 힘드냐, 뭐가 안 좋냐 얘기만 해서 이야기가 이렇게 흘러갔는데. 괜찮았는지 모르겠다. 첫 시간 이렇게 마치기 직전인데, 소감 같은 건 어떠니?

내 66 그냥 평소에는 아무 생각 없이 그냥 우울하면 우울하다 이거밖에 없었는데, 왜 그런지 생각도 해 보고, 어떨 때 그런지라던가 그런 것도 생각해 보고 하니까 뭔가 답을 찾을 수 있지 않을까?

상 67 그래. 왜 그런지 알면 대비는 할 수 있으니까. 그런 것도… 꾕장히 똑똑하구나? 앞으로의 상담에 대해서 네가 바라는 점이나 기대하는 점이 있다면?

내 67 그냥 지금 저 고민들이 조금 덜해졌으면 좋겠어요. 아예 없어지는 건 안 될 것 같고.

상 68 바라기로는 아예 없어지면 좋긴 하겠지만, 조금이라도 덜어지고 네가 아이 그래도 이 성도면 세상 살만하네라고만 할 수 있다면 나도 더할 나위 없을 것 같다. 오늘은 시간을 이렇게 마치려고 하는데, 괜찮을까요? (네) 오늘 오느라 고생 많았고, 이제 집에 가는 길도 고생 좀 할 텐데. 먼 거린데 괜찮아?

내 68 그건 괜찮아요. 사람들이 좀 많은 거 빼고는.

상 69 집에 들어가면 잘 씻고, 집에 들어갈 때까지 이런데 잘 안 만지면 좋을 것 같아. 오늘 올 때 마음에 오늘 상담 취소할까 이런 생각도 들었다 했는데, 그건 어떠니 지금은?

내 69 그냥 적어도 제가 우울할 때는 생각을 못 하고 아닐 때는 바쁘게 움직여야 되니까 이런 걸 정리해 보고 할 시간이 없었는데. 이렇게라도 시간 내서 할 수 있으면 괜찮을 것 같아요.

상 70 혹시 나 듣기 좋으라고 그렇게 얘기하는 건 아니겠지?

내 70 아니에요.

상 71 아까도 말 했지만 저 사람 듣기 좋은 얘기해 주러 오는 것은 아니거든. 네가 느끼는 게 내가 이해한 거랑 다르면 그거 아니라고 얘기해 주면 오히려 내가 더 고마울 것 같아. 아 쌤 그거 이상해요. 그거 아니에요. 그건 별로에요 이런 얘기들도 괜찮단다. 자, 그럼 오늘 조심히 가고.

〈정보수집〉

다음의 양식에 신청서, 접수면접보고서, 심리검사, 1회기 요약, 2회기 축어록으로부터 수집한 정보를 구성요소에 맞추어 넣어 보시오.

인구학적 특성

호소문제

촉발 상황 및 상담소 방문 과정

현재의 진단적 정보

임상적 정보

상담 과정의 주의점

〈각 구성요소별 정보의 체계화 및 논리성 확보〉

이제는 각 구성요소별로 다음의 양식에 맞추어 수집된 정보를 체계화하여 기록하시오. 이때 현재 – 이유 – 미래의 논리성을 생각해 보시오.

사례개념화 양식

인구학적 정보 및 의뢰 과정

진단적 기술

임상적 설명

상담 개입의 방향성

상담 과정의 주의점

<사례개념화>

7장을 마치며

다음의 주제를 생각하면서 연습의 성과를 평가해 봅시다.

1. 이 장을 마치며 자신의 사례개념화 구성 역량이 발전하였습니까?
   발전하였다면 사례개념화 구성의 어떤 역량이 발전하였나요?

2. 이 장의 무엇이 자신의 사례개념화 구성 역량을 발전시켰나요?

3. 이 장의 아쉬운 점은 무엇인가요?

찾아보기

내용

저자 소개

금명자(Keum Myoung Ja)

서울대학교 심리학과 석사 · 박사(상담심리 전공)
전 한국청소년상담복지개발원(전 한국청소년상담원) 상담교수
    한국상담심리학회장
    전국대학교학생생활상담센터협의회장
현 대구대학교 심리학과 교수
    한국상담심리학회 이사장

〈저서 및 역서〉
상담연습교본(공저, 법문사, 2014)
전문적 상담 현장의 윤리(공저, 학지사, 2010)
상담클리닉의 개업과 경영(공역, 시그마프레스, 2012)

〈상담심리 관련 업적〉
CYS-net 모델 개발(2005)
Wee 프로젝트 모델 개발(2008)
북한이탈주민 전문상담사 활동 매뉴얼(2010)
전문상담교사 평가영역 및 평가내용 연구(2016)

상담 사례개념화 연습하기
Practice of Case Conceptualization

2021년 1월 25일 1판 1쇄 발행
2024년 8월 20일 1판 5쇄 발행

지은이 • 금 명 자
펴낸이 • 김 진 환
펴낸곳 • (주) **학지사**

　　　　04031 서울특별시 마포구 양화로 15길 20 마인드월드빌딩 5층

대표전화 • 02) 330-5114　　　팩스 • 02) 324-2345

등록번호 • 제313-2006-000265호

홈페이지 • http://www.hakjisa.co.kr
인스타그램 • https://www.instagram.com/hakjisabook

ISBN 978-89-997-2284-4 93180

정가 17,000원

출판미디어기업 **학지사**

간호보건의학출판 **학지사메디컬** www.hakjisamd.co.kr
심리검사연구소 **인싸이트** www.inpsyt.co.kr
학술논문서비스 **뉴논문** www.newnonmun.com
원격교육연수원 **카운피아** www.counpia.com
대학교재전자책플랫폼 **캠퍼스북** www.campusbook.co.kr